GUÍA DIARIA
DE SUS
ÁNGELES

GUÍA DIARIA
DE SUS
ÁNGELES

365 mensajes de los ángeles
para aliviar, sanar y abrir su corazón

POR DOREEN VIRTUE

HAY HOUSE, INC.
Carlsbad, California • New York City
London • Sydney • Johannesburg
Vancouver • Hong Kong • New Delhi

Derechos de autor © 2006 por Doreen Virtue

Publicado y distribuido en los Estados Unidos por: Hay House, Inc., P.O. Box 5100, Carlsbad, CA 92018-5100 USA • (760) 431-7695 ó (800) 654-5126 • (760) 431-6948 (fax) ó (800) 650-5115 (fax) • www.hayhouse.com®

Editado por: Jill Kramer • *Diseño:* Tricia Breidenthal
Traducido por: Adriana Miniño: **adriana@mincor.net**

Título original en inglés: DAILY GUIDANCE FROM YOUR ANGELS. 365 Angelic Messages to Soothe, Heal, and Open Your Heart

ISBN: 978-1-4019-1729-6

Impreso en los Estados Unidos

Impresión #1: Junio 2008
Impresión #7: Febrero 2015

CONTENIDO

INTRODUCCIÓN

Sin importar en qué parte del mundo me encuentre o cuál sea mi itinerario, comienzo cada día leyendo un libro que me inspire y luego meditando y orando. Adopté este sano hábito hace muchos años para asegurarme de que mis primeros pensamientos del día fueran positivos.

Al comienzo, a veces me saltaba una de mis mañanas de reflexión, pero luego advertía que ese día no era tan divertido ni tan satisfactorio. Cada vez que me dedicaba a mi estimulante práctica, era recompensada con un día mágico, nuevas oportunidades y un sentimiento profundo de realización. Ahora, ni siquiera se me ocurre dejar de realizar mi ritual de cada mañana.

Este libro es una forma de conectarnos a diario con la energía amorosa de nuestros ángeles guardianes. Lo ideal es que lea un pasaje cada mañana antes de comenzar su día. Puede leer las páginas en orden, o abrir el libro al azar permitiendo que esa lectura le indique el mensaje adecuado para ese momento de su vida. El mensaje diario es seguido de un pensamiento o de una oración, lo cual puede ayudarlo a profundizar la conexión con sus ángeles. Puede leer el mensaje en voz alta, escribirlo o pensar en él durante el día, en fin, haga lo que le parezca más natural, ya que los ángeles siempre lo pueden escuchar. No se preocupe si olvidó o no tuvo tiempo de seguir las sugerencias de los ángeles para ese día. El paso más importante es absorber su energía sanadora al leer sus palabras.

A pesar de que este libro está orientado hacia las meditaciones en la mañana, puede beneficiarse de él a cualquier hora del día o de la noche. Le sugiero que lo mantenga al lado de su cama o en su escritorio para consultarlo cada vez que le haga falta un abrazo estimulante desde el cielo.

Personalmente aprendí mucho de los mensajes que los ángeles me dictaron para este libro. Muchos de ellos contienen enseñanzas profundas, así como sugerencias para enfocar el día. Dios y los ángeles desean que llevemos vidas sanas y felices, y ellos están disponibles para nosotros a todo momento del día. Pido en mis oraciones que usted permita la ayuda, la guía y el amor del cielo en su vida. La lectura de este libro es una forma de responder a esta plegaria.

Doreen Virtue

Debes saber que
siempre estamos contigo

Nunca estás solo, especialmente cuando más nos necesitas. Siempre estamos a tu lado, envíandote energía alentadora y sanadora y esperando que nos pidas lo que deseas para dártelo. Un simple pensamiento de tu parte, incluso uno pasajero, nos hace actuar en tu beneficio.

Escucha en silencio nuestra guía, la cual viene volando hacia tu corazón, mente y cuerpo. Nuestros mensajes siempre hablan de amor. Vemos tu verdadera esencia: un magnífico ser de luz totalmente amoroso.

Vemos soluciones para todos los problemas. Nos encanta ayudarte y guiarte durante los momentos oscuros de tu vida, nos encanta regresarte a la luz, y podemos ayudarte a sentirte bien respecto a ti y a tus experiencias. Podemos ser de asistencia en tu toma de decisiones y en la búsqueda de respuestas.

Somos tus ángeles..., te amamos incondicional y eternamente. Mientras lees estas palabras, estamos justo a tu lado, pues siempre estamos contigo.

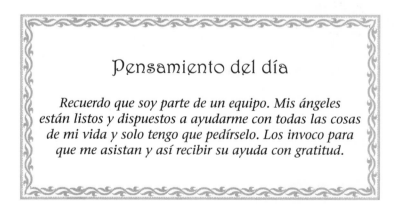

Pensamiento del día

Recuerdo que soy parte de un equipo. Mis ángeles están listos y dispuestos a ayudarme con todas las cosas de mi vida y solo tengo que pedírselo. Los invoco para que me asistan y así recibir su ayuda con gratitud.

Haz pausas con frecuencia

La ansiedad crea desasosiego, lo cual dificulta el enfoque y la concentración. En ocasiones, tu mente y tu cuerpo se sienten tan perturbados como un mar revuelto.

Estas sensaciones surgen de una búsqueda de paz, sin saber dónde ni cómo encontrarla. Es una búsqueda externa exhaustiva de perfección, y un deseo de control que está fundado en el ansia de serenidad. Pero, puesto que la paz es Dios, lo único que en verdad ansías con ardor es una conexión con lo divino.

Necesitas tomar una pausa en las situaciones intensas. Irónicamente, has creado estas circunstancias estresantes porque creías que te iban a brindar tranquilidad, o por lo menos te iban a distraer de la ansiedad.

Todo lo que ansías te está esperando en los momentos callados en que cierras tus ojos, respiras y calmas tu cuerpo y tu mente. Ahí es donde Dios se encuentra y en donde la paz reside..., eso es lo que tanto anhelas.

Haz pausas con frecuencias, cierra tus ojos y respira profundamente a lo largo del día (y especialmente durante situaciones difíciles o cada vez que te sientes ansioso). Y recuerda que puedes contar con nosotros y pedir "prestada" nuestra serenidad cada vez que así lo desees. Tu calma y tu apacibilidad son como chorros de agua que apagan incendios, atrayendo soluciones armoniosas a todos los problemas aparentes.

La paz es la respuesta a cualquier pregunta que tengas hoy... solo la paz.

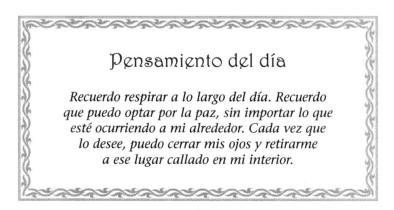

Pensamiento del día

Recuerdo respirar a lo largo del día. Recuerdo que puedo optar por la paz, sin importar lo que esté ocurriendo a mi alrededor. Cada vez que lo desee, puedo cerrar mis ojos y retirarme a ese lugar callado en mi interior.

3

Dedica este día

Puedes plantear la tónica de tu día dedicando una intención, lección o tema específicos que te gustaría experimentar. Por ejemplo: podrías consagrarlo a cultivar relaciones cálidas y amorosas; a ver la belleza en tu interior, en todos los demás, y en todas las situaciones; a cuidarte con esmero; a ganar mucho dinero haciendo algo que sea significativo para ti o a alguna otra cosa que sea importante en tu vida.

Al hacer una dedicación cada mañana, tu alma envía una señal al universo, como lo haría un pescador lanzando una gran red, atrayendo situaciones que corresponden con ese tema, es decir, con lo que has pedido. Las dedicaciones son una forma poderosa de comprender lo poderoso que eres y lo poderosas que son tus intenciones.

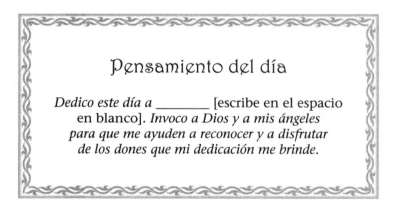

Pensamiento del día

Dedico este día a _____ [escribe en el espacio en blanco]. Invoco a Dios y a mis ángeles para que me ayuden a reconocer y a disfrutar de los dones que mi dedicación me brinde.

4

Incrementa la intensidad

Tienes la habilidad de regular tu energía, tu estado de ánimo, tus finanzas y muchas otras áreas en tu vida. Al igual que ajustas la temperatura de tu casa o de tu nevera cambiando la programación, puedes hacer lo mismo contigo.

Imagínate que tienes un interruptor en tu interior que luce igual que el de tu calefacción, el cual corresponde a algo en tu vida que deseas mejorar. Al visualizarte girando el botón hacia arriba (al igual que lo harías con el control de la temperatura de la habitación), le estás enviando una señal importante al universo.

Al incrementar la intensidad, asumes el control de la situación. Decides lo que estás dispuesto a aceptar, y fijas con firmeza tus intenciones en esa dirección. Tus decisiones claras como el agua atraen acciones más rápidamente que lo que cualquier cantidad de dinero puede comprar. Estas decisiones son más valiosas que un diploma de universidad o que cualquier otra medida de éxito terrenal.

Decide con claridad lo que deseas, y así incrementarás el día de hoy tu sintonía con la dirección de los resultados que deseas.

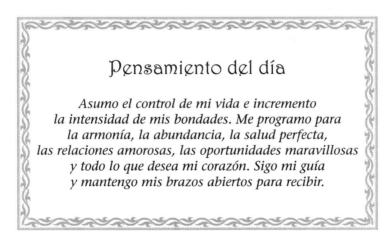

Pensamiento del día

*Asumo el control de mi vida e incremento
la intensidad de mis bondades. Me programo para
la armonía, la abundancia, la salud perfecta,
las relaciones amorosas, las oportunidades maravillosas
y todo lo que desea mi corazón. Sigo mi guía
y mantengo mis brazos abiertos para recibir.*

Mímate

Mereces recibir un tratamiento maravilloso, un cuidado especial, regalos magníficos y todo tipo de mimos del mundo. El precio a pagar por todos estos placeres es tu gratitud, la cual es una onda de dulce energía que conllevan todos estos dones hacia ti y hacia los demás.

Ahora es el momento de trabajar en aceptar con alegría los tesoros de tu vida. La verdadera aceptación significa la gratitud libre de culpa basada en el reconocimiento de que mientras recibes, estás permitiéndole a los demás el placer de dar. Dar sin recibir es bloquear la abundancia eterna. Y ya que no puedes contener el flujo infinito, rehusar recibir coloca una barrera a tu alrededor. La corriente luego te rodea y se extiende hacia los demás, parece como si te pasara por alto. Podrías sentir que el universo te ignora, pero en realidad esta acción se deriva de *ti*.

A través del proceso de mimarte, liberas los bloqueos que hayas podido tener respecto a recibir. Mímate hoy... y todos los días.

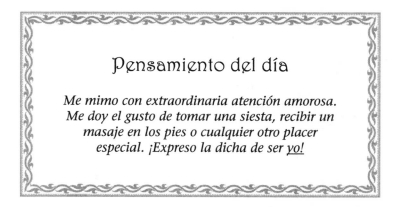

Pensamiento del día

Me mimo con extraordinaria atención amorosa.
Me doy el gusto de tomar una siesta, recibir un
masaje en los pies o cualquier otro placer
especial. ¡Expreso la dicha de ser yo!

Extiende la bondad

Una buena obra realizada cada día puede elevar tus niveles de energía, causando que te subas en una nube de gratitud originada por las personas que reciben tu bondad. Cuando actúas con compasión, estás literalmente dirigiendo tu poder hacia fuera, como un rayo de luz que apoya y anima a la otra persona. Cuando ese individuo luego extiende su aprecio hacia ti, te elevas en un rayo de energía muy poderoso. Cada vez que alguien piensa en ti con gratitud, *tu* espíritu también se eleva. Podrías notar que se suben tus ánimos o que tienes una sensación de calidez en tu corazón cuando la otra persona te envía gratitud.

Realizar cada día un acto de consideración hacia alguien es una inversión en tu propia ascensión y elevación del crecimiento espiritual. Por lo tanto, estás extendiendo la bondad hacia ti mismo. Es una situación en la que todos ganan.

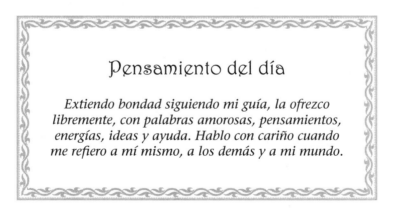

Pensamiento del día

Extiendo bondad siguiendo mi guía, la ofrezco libremente, con palabras amorosas, pensamientos, energías, ideas y ayuda. Hablo con cariño cuando me refiero a mí mismo, a los demás y a mi mundo.

Sé honesto con los demás

La *franqueza* es un término que describe la acción de moverse hacia la ecuanimidad. La energía de esta honestidad mueve tu vida hacia una dirección sanadora y positiva. Esta es la razón por la cual otra palabra para honestidad es *rectitud*.

Esta poderosa fuerza supera todos los bloqueos de salud, financieros y psíquicos, así como otros desequilibrios en tu vida. Envía una onda gigantesca de energía sanadora que envuelva a todos los involucrados, incluso a aquellos que no están de acuerdo o se sienten amenazados con tu verdad.

Es doblemente importante para ti como sanador ser honesto con los demás. Tu franqueza te mantiene sano y en equilibrio, pero también ayuda a que tus clientes confíen en ti (pues sienten tu nivel de integridad). Reprimir *tus* sentimientos por ahorrarle la molestia a otra persona te causa perjuicio y le hace daño a los demás.

Podemos ayudarte a guiar tus palabras para suavizar tu honestidad y ayudar a los demás a que escuchen tu verdad con amor. Sé honesto con los demás hoy, y permite que tu energía sea directa y franca.

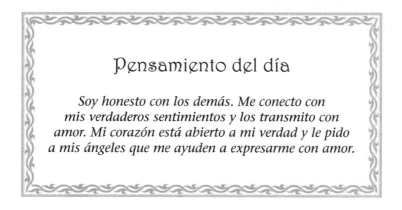

Pensamiento del día

Soy honesto con los demás. Me conecto con mis verdaderos sentimientos y los transmito con amor. Mi corazón está abierto a mi verdad y le pido a mis ángeles que me ayuden a expresarme con amor.

Ten paciencia contigo

Estás aprendiendo y madurando cada día, incluso cuando no estás consciente de tu progreso. Más tarde, cuando recuerdes este periodo de tu vida, comprenderás cómo todo era apropiado. Verás las bendiciones y las lecciones que obtuviste de este periodo.

Querido, ¡a veces eres demasiado duro contigo! Has llegado muy lejos y te castigas por no avanzar con mayor rapidez o con la suficiente velocidad. Por eso nuestro mensaje de hoy es que tengas paciencia contigo y con el proceso de la vida. Todas las cosas ocurren según la sabiduría divina, así como una rosa despliega sus pétalos en el momento justo, así tu vida progresa de manera perfecta. Si forzaras una flor a florecer separando sus pétalos con tus manos, se marchitaría rápidamente..., ocurre igual con tu vida.

Cuanto más paciente seas con el proceso de tu progreso, más abierto estarás a los umbrales energéticos de las bondades que están en tu camino. Entréganos tus ansiedades y permítenos transportarte a la energía eterna donde ocurre la magia.

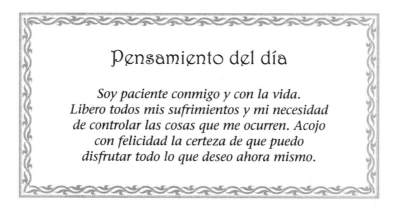

Pensamiento del día

Soy paciente conmigo y con la vida.
Libero todos mis sufrimientos y mi necesidad
de controlar las cosas que me ocurren. Acojo
con felicidad la certeza de que puedo
disfrutar todo lo que deseo ahora mismo.

Olvídate del tiempo

La medida del tiempo nos permite interacciones precisas en un nivel físico. Sin embargo, genera el efecto opuesto en los niveles no físicos. Tu alma viaja en el tiempo a grandes distancias cuando llega a un punto de saturación en el plano terrenal. Estos son los momentos en los cuales te sientes aburrido o distraído, porque tu alma viene de muy lejos.

Puedes superar el aburrimiento y sentirte más enfocado liberándote de la medida del tiempo. De esta manera, estás alineado con tu alma en vez de estarlo con tu cuerpo. Cuando te preocupas demasiado por la realidad temporal, tu cuerpo se enfoca en una dimensión y tu alma en otra. Experimentas "restricciones temporales" cuando tu ser físico y espiritual no están sincronizados entre sí.

Libérate de estas limitaciones hoy. En vez de preocuparte por el reloj, programa claras intenciones respecto a tu puntualidad. Afirma que todo fluirá con suavidad en el momento justo... y así será.

Pensamiento del día

Me olvido del tiempo. Me quito el reloj
y confío en la guía de mi reloj interno.
Soy divinamente puntual.

10

Libera con amor

Si tus deseos no se materializan tan rápidamente como lo deseas, pregúntate:

- *¿Estoy tratando demasiado de hacer que algo ocurra?*
- *¿Tengo miedo de que mis sueños no se hagan realidad?*
- *¿Tengo ideas fijas acerca de cómo quiero que mis deseos se materialicen?*
- *¿Estoy culpando a alguien (o a mí) por esta situación?*

Si respondiste "sí" a alguna de estas preguntas, indica que debes liberar tus deseos y entregarlos a Dios, al Proveedor Infinito. Cuando declaras tus sueños con claridad y luego los liberas al universo, pueden hacerse realidad muy rápidamente.

Hoy deseamos trabajar contigo a ayudarte a abdicar tus deseos. Algunas personas creen que entregar es igual a ignorar, y que liberar quiere decir: "Ya no me importa este sueño." Sin embargo, lo opuesto es lo que es cierto: cuanto más valoras un deseo, más importante es entregarlo al universo; de otra manera, tu preocupación podría invitar a toda una procesión de ansiedades, las cuales marcharían una y otra vez sobre tu sueño restringiendo su fuerza vital.

Hoy te ayudamos a liberar con amor, y te aseguramos que la Mente Infinita está ya proveyendo todas tus necesidades (aun aquellas provisiones que no son aparentes para ti).

Oración para hoy

Dios y los ángeles, Ahora libero mi sueño, el cual es _____ [escribe en el espacio en blanco]. Ustedes saben que deseo esto con ardor, y que me gustaría muchísimo que esto, o algo mejor, se manifestara en mi vida ahora mismo. Gracias por guiarme con claridad, y por ayudarme a que mi sueño se haga realidad ahora mismo.

Renuncia a tu necesidad
de controlar las cosas

Cuando deseas controlar las situaciones o las personas (incluido tú), es una clara señal de miedo y desconfianza. Ten compasión cuando esta tendencia se muestre en ti o en otra persona. Debes saber que tú o esa otra persona sencillamente necesitan la confianza de que el universo es organizado y confiable.

El amor, el cariño y la tranquilidad son el remedio para estas situaciones. Después de todo, la persona que trata de ejercer poder sobre algo a menudo se siente fuera de control. Podemos ayudarte e intervenir rodeando la situación con la visión cristalina del resultado deseado.

Si tu confianza ha sido perturbada y sientes la necesidad de garantías irrefutables, descansa en nuestra fe inquebrantable, nosotros podemos reabastecerte con nuestra fuente ilimitada. Ya verás, sabemos que todo saldrá bien, que el amor y el orden divino están totalmente a cargo de la situación. Cuanto más consciente estés de esta verdad, más en paz te sentirás. Y con la paz llega la sabiduría de que todas las cosas en verdad *están* bajo control.

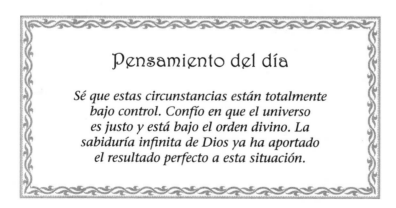

Pensamiento del día

Sé que estas circunstancias están totalmente
bajo control. Confío en que el universo
es justo y está bajo el orden divino. La
sabiduría infinita de Dios ya ha aportado
el resultado perfecto a esta situación.

Ten la certeza de que eres una bendición para el mundo

Estamos justo a tu lado día y noche, sin interrupciones. Te enviamos ondas de amor a todo momento, como los rayos continuos del sol. Nuestro amor por ti es permanente y eterno porque vemos tu verdadera perfección.

Eres un ser divino y resplandeciente que posee notables dones de gran gozo, sabiduría e inmensa compasión. Todos se benefician de tu presencia en este planeta, porque también irradias amor a lo largo del día.

Eres una bendición para el mundo de muchas maneras, algunas de las cuales desafían la lógica terrenal. Es suficiente con decir que tu existencia en este planeta es muy apreciada.

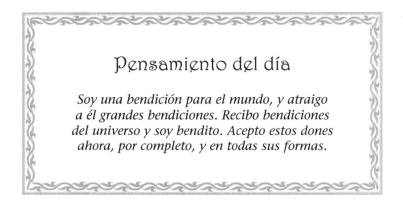

Pensamiento del día

Soy una bendición para el mundo, y atraigo a él grandes bendiciones. Recibo bendiciones del universo y soy bendito. Acepto estos dones ahora, por completo, y en todas sus formas.

Da un paso a la vez

Tienes sueños e intenciones hermosas, todos los cuales se están manifestando mientras lees estas palabras. No permitas que la cuantía de tus ambiciones te abrume..., ten la seguridad de que puedes lograrlas, siempre y cuando trabajemos estrechamente unidos.

Hoy te pedimos que hagas lo siguiente: decide que deseas algo sin duda alguna, ten la certeza de que te lo mereces, siente que su manifestación es posible, danos permiso de ayudarte, sigue tu guía, permite que todas las cosas buenas te lleguen. Cuando haces esto, te dirigimos de manera absoluta hacia las acciones que materializan tus sueños.

Toda gran aspiración consiste en muchos pasos pequeños, enfócate entonces en dar un paso hacia la dirección de tus sueños ahora mismo. Te apoyaremos con mensajes que te guiarán, los cuales recibirás en forma de un fuerte sentimiento, una visión, palabras u otras señales. Cuanto más rápidamente sigas nuestra guía, más rápidamente se harán tus sueños realidad.

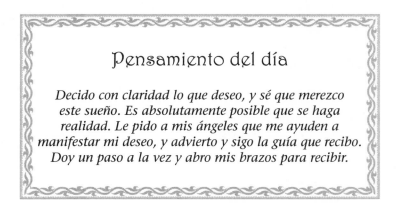

Pensamiento del día

Decido con claridad lo que deseo, y sé que merezco este sueño. Es absolutamente posible que se haga realidad. Le pido a mis ángeles que me ayuden a manifestar mi deseo, y advierto y sigo la guía que recibo. Doy un paso a la vez y abro mis brazos para recibir.

Encuentra luz en la oscuridad

Cuando el sol se oculta, el mundo parece un poco más oscuro y frío. Sin embargo, ese es el momento en que los rayos y los colores del sol son más visibles y notorios. Así ocurre con tu propia vida. Cuando tu estado de ánimo o tus pensamientos se perciben como oscuros, la luz brilla con más intensidad en tu interior y a tu alrededor.

Imagínate ahora mismo un hermoso atardecer en tu interior en tonalidades espectaculares de amarillo, naranja, rosa y violeta, y siente su calidez y su belleza irradiando en ti. Siente su atardecer interno cada vez más grande y más brillante, iluminándote desde el interior y a tu alrededor.

Cuanto más logres ver este brillo, más brillo encontrarás en tu vida, en tu estado de ánimo y en tus niveles de energía. Estamos a tu lado ahora, brillando con el amor de Dios por todos nosotros. Descansa en nuestra luz cada vez que así lo desees, y te guiaremos para que encuentres y te beneficies del resplandor que siempre brilla en tu interior.

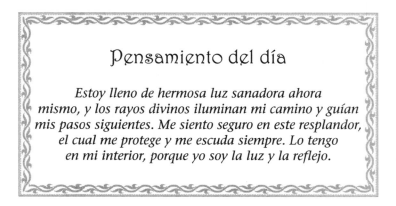

Pensamiento del día

Estoy lleno de hermosa luz sanadora ahora mismo, y los rayos divinos iluminan mi camino y guían mis pasos siguientes. Me siento seguro en este resplandor, el cual me protege y me escuda siempre. Lo tengo en mi interior, porque yo soy la luz y la reflejo.

Sé fiel contigo

Como un ser sensible, percibes lo que los demás desean y te gusta complacerlos. Hoy trabajaremos en desarrollar límites sanos, es decir, límites en los cuales retienes tu naturaleza servicial permaneciendo fiel hacia ti.

Te sientes embriagado de dicha cuando puedes ayudar a alguien a sanarse o a ser más feliz, esta es la expresión de tu ser superior y es parte del propósito de tu vida, y alentamos este hermoso aspecto de tu ser. Nuestro deber, como tus ángeles, es guiarte a través de esas situaciones en donde podrías crear resentimiento. Esto ocurre cuando estás demasiado cansado u ocupado para prestar ayuda, pero aun así lo haces. También ocurre en relaciones en donde sientes que das mucho más de lo que recibes (incluyendo alegría o satisfacciones). Estos son ejemplos o circunstancias en los cuales debes poner límites que pueden ayudar con tu salud y tu felicidad.

Cada vez que alguien te pida ayuda, tu intuición y tu cuerpo te guiarán hacia la mejor respuesta. Si sientes cualquier negatividad respecto a esa situación, es un momento de dudar antes de aceptar hacerlo. Durante esa pausa, invócanos: descarga en nosotros tus pensamientos y emociones relacionadas con la situación. Te ayudaremos a aclarar tu decisión y a sentirte bien ya sea que aceptes o rechaces la solicitud de ayuda.

Siendo fiel contigo, mantienes tu energía elevada y clara, y das un ejemplo constructivo a los demás sanadores y seres serviciales. La integridad hacia ti es un regalo al mundo.

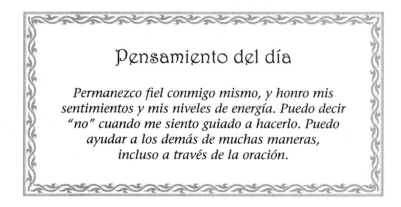

Pensamiento del día

Permanezco fiel conmigo mismo, y honro mis sentimientos y mis niveles de energía. Puedo decir "no" cuando me siento guiado a hacerlo. Puedo ayudar a los demás de muchas maneras, incluso a través de la oración.

16

Ten la certeza de que eres un ser divino

Venimos hoy a recordarte tu Divinidad. Eres un ser sagrado, nacido del Creador en una atmósfera de total amor y propósito. Tu alma eterna fue creada y bendita personalmente por Dios.

Tu creación fue llevada a cabo con toda la intención y con mucho cariño. Fuiste creado intencionalmente, es decir, todo tu ser fue cuidadosamente planificado y bien pensado. ¡Todo lo relacionado con tu verdadero ser es perfecto! Recuerda y honra tu Divinidad a lo largo del día y en todas tus acciones.

Ten la certeza de que cada ser es parte de tu familia sagrada. Mira la santidad en tu interior y en todos los demás, y tu día será verdaderamente divino.

Pensamiento del día

Soy divino y sagrado; Dios, personalmente,
me ha bendecido y soy Su creación perfecta y eterna.

Envíale amor a tu día

Tu energía de amor es tan poderosa que puede sanarlo todo, incluyendo tu futuro. Esta mañana, mantén la intención de enviar energía amorosa hacia el día que estás a punto de vivir. Extiende tu amor a cada uno de tus minutos futuros, envolviendo por completo los momentos con poder sanador.

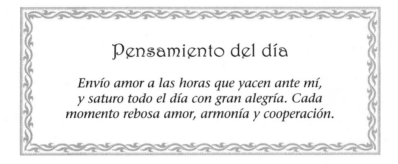

Pensamiento del día

Envío amor a las horas que yacen ante mí, y saturo todo el día con gran alegría. Cada momento rebosa amor, armonía y cooperación.

Proyecta palabras positivas en tu futuro

$\mathcal{D}$e igual manera que puedes enviarle energía amorosa a tu futuro, en donde se posará a esperarte, ajustando cada situación hacia su máximo potencial, así también puedes hacerlo con tus declaraciones. Como ya sabes, cada palabra que expresas, piensas o dices, tiene efectos poderosos..., es el equivalente a una solicitud de una orden de compra de lo que deseas experimentar.

Hoy escoge palabras que reflejen lo que verdaderamente deseas. Construye cada una de ellas desde ese ser amoroso que en verdad te ama y ama al mundo. Proyecta palabras positivas en tu futuro como un regalo hacia ti. Y al igual que cuando encuentras algo valioso, que habías escondido hace mucho tiempo y de lo cual te habías olvidado, los frutos de tus experiencias pasadas te acogerán en tu provenir.

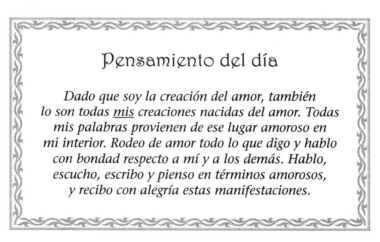

Pensamiento del día

Dado que soy la creación del amor, también lo son todas <u>mis</u> creaciones nacidas del amor. Todas mis palabras provienen de ese lugar amoroso en mi interior. Rodeo de amor todo lo que digo y hablo con bondad respecto a mí y a los demás. Hablo, escucho, escribo y pienso en términos amorosos, y recibo con alegría estas manifestaciones.

Háblate con palabras amorosas

Las palabras que usas para describirte afectan profundamente el sentido de amor por ti mismo y tu valor propio. Estas palabras incluyen lo que piensas, dices, escribes y hasta las bromas que haces respecto a ti.

Tú eres la persona que te cuida. Así como una madre o un padre crían a un bebé, así también tienes responsabilidades y obligaciones hacia tu propio ser. Tus deberes parentales incluyen hablarte con amor y gentileza, como si tú fueras tu propio bebé.

Hoy, usa solamente terminología hermosa para describirte. Esto no quiere decir que eres presumido, sencillamente estás reflejando tu naturaleza divina. Cuando usas palabras hermosas, hablas con la verdad. Esto eleva al máximo tu energía, al lugar en donde ocurren los milagros y las manifestaciones instantáneas.

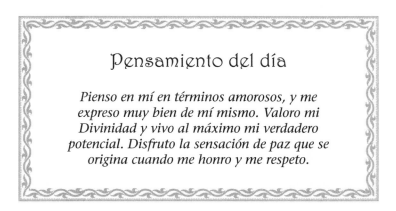

Pensamiento del día

Pienso en mí en términos amorosos, y me expreso muy bien de mí mismo. Valoro mi Divinidad y vivo al máximo mi verdadero potencial. Disfruto la sensación de paz que se origina cuando me honro y me respeto.

Permite que nosotros, los ángeles, te ayudemos

Eres un ser amado y nos interesa mucho tu seguridad, tu felicidad y tu tranquilidad. Cuando estás enojado, nos acercamos aun más a ti y te abrazamos con nuestro afecto. Incluso, cuando te sientes solo o incomprendido estamos contigo: te amamos sin cesar.

Somos tus compañeros de equipo, estamos siempre listos para recibir lo que nos lances. Cuando coordinas tus esfuerzos con nosotros, podemos ir aun más lejos. Esto significa mantener abiertas las líneas de comunicación a toda hora, especialmente cuando te sientes molesto o necesitas apoyo.

Cuando nos permites ayudarte con todo, ves la evidencia de la profundidad de nuestro amor por ti. Es tan grande, que excede la capacidad de lo que pueden expresar las palabras. Pero, cuando nos permites demostrarte nuestra devoción, lo sientes.

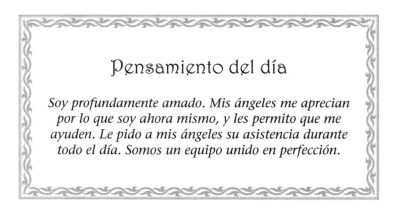

Pensamiento del día

Soy profundamente amado. Mis ángeles me aprecian por lo que soy ahora mismo, y les permito que me ayuden. Le pido a mis ángeles su asistencia durante todo el día. Somos un equipo unido en perfección.

Sé un ejemplo de paz

Cuando los demás te ven en paz, recuerdan el valor de la tranquilidad, es decir, *los* inspiras a estar en paz. Ya que atraes a las personas que buscan serenidad, terminarán pidiéndote ayuda con su propia conducta.

En todo lo que haces, siempre estás enseñando, deja entonces que tu lección de hoy se acerque a la paz. Toma los pasos necesarios para permanecer centrado: cierra tus ojos, ora, respira profundo, pasa un tiempo en la naturaleza, o haz algo acorde. Esos momentos son una inversión con el fin de mantener tus pavesas armoniosas ardiendo con gran resplandor.

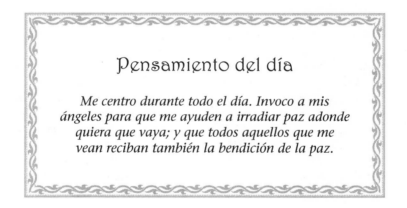

Pensamiento del día

Me centro durante todo el día. Invoco a mis ángeles para que me ayuden a irradiar paz adonde quiera que vaya; y que todos aquellos que me vean reciban también la bendición de la paz.

22

Encuentra el don recibido en las situaciones dolorosas

No hay ningún valor ni beneficio en quedarse estancado en cualquier tipo de dolor. El mérito se origina de la manera en que logras salirte del dolor, como una aeronave ascendiendo sobre un lecho de nubes. El dolor transmite un mensaje que exige tu atención, ignorarlo o enmascararlo no es la solución, pues encontrará otra forma de comunicación.

Hoy trabajamos contigo en reconocer el don que te han traído tus angustias, y en poder entonces liberarlas de forma compasiva. Ya sea que los sentimientos dolorosos surjan de una relación, de una situación financiera, una pérdida, preocupación por un ser querido o por un desequilibrio en tu cuerpo, el método es idéntico.

Ahora mismo, respira profundamente y dirige tu conciencia hacia el área del conflicto. Acalla tu mente lo máximo que puedas, y luego descubre el don que yace en la situación dolorosa. Siempre hay una bendición escondida, ya sea una lección de paciencia, compasión, perdón, fortaleza, etcétera.

Una vez que has reconocido el don en el interior del dolor, éste no necesitará clamar tu atención. Ha enviado su mensaje y puede retirarse. Cuando este "mensajero" parte, la paz que siempre ha residido en tu interior se vuelve más aparente. Esta es la base para la solución de cualquier problema.

Juntos, liberamos la situación dolorosa a Dios, confiando que ya ha sido resuelta en el plano espiritual, pero sabiendo que se está manifestando ahora también en el plano físico. Abrimos nuestros brazos al don de la resolución pacífica, de la sanación y los milagros.

Pensamiento del día

Veo los dones en todas las situaciones que encuentro. Soy fuerte, seguro y estable; y Dios ya sabe la solución a todos los problemas de mi vida. Le entrego con amor y fe esta situación a la Divinidad, a la infinita sabiduría de Dios. Gracias, Señor, por ayudarme siempre. Ahora acepto tu ayuda por completo.

Disfruta la verdadera intimidad

Una "conexión desde el corazón" con otra persona es uno de los mayores placeres de la vida. Es el don de la verdadera intimidad que se entregan mutuamente, y es real en todo tipo de relaciones, ya sean familiares, entre amigos o amorosas.

Nosotros, los ángeles, compartimos este tipo de unión con ustedes, aunque a veces no sean conscientes de nuestra presencia en sus vidas. Estamos íntimamente conectados con todas sus emociones, pensamientos y acciones. Dado que los amamos incondicionalmente, nuestro amor por ustedes nunca desfallece. En cada momento, es tan firme y fuerte como el siguiente.

Busca hoy momentos de verdadera intimidad con otra persona (o con nosotros). Comienza esta conexión mirando a los ojos de alguien y diciendo lo que sientes en tu corazón. Siente la energía elevada que surge cuando hablas desde un lugar de la verdad. Esta es una conexión desde el corazón...: la verdadera intimidad.

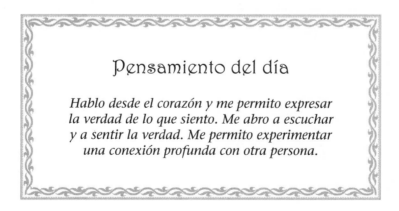

Pensamiento del día

Hablo desde el corazón y me permito expresar la verdad de lo que siento. Me abro a escuchar y a sentir la verdad. Me permito experimentar una conexión profunda con otra persona.

24

Sé amable contigo mismo

Amado, tienes un alma sensible y un corazón que palpita, así que por favor trátate con gentileza. Aunque no eres frágil de ninguna manera, mereces el respeto que la compasión otorga. Al igual que sostendrías en tus manos una hermosa paloma con cuidado, así te pedimos que extiendas el mismo tipo de tratamiento hacia ti.

Tómate el tiempo hoy y no te afanes ni te apresures: toma las cosas con calma. Eres un precioso hijo de Dios, y mereces la magnífica recompensa de la amabilidad.

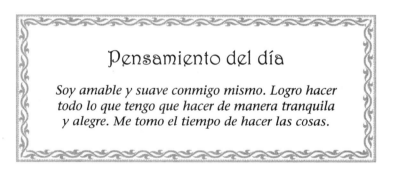

Pensamiento del día

Soy amable y suave conmigo mismo. Logro hacer todo lo que tengo que hacer de manera tranquila y alegre. Me tomo el tiempo de hacer las cosas.

Recuerda tu magnificencia

Tu alma es divinamente magnífica en todas sus formas. Irradias la luz de Dios con todo su esplendor en el planeta, aun cuando no eres consciente de ese don que ofreces.

Tu grandeza está siempre asegurada, independientemente de lo que ocurra a tu alrededor. Ninguna opinión de ti, excepto el amor puro e incondicional, refleja tu verdad eterna. Eres un hermoso ejemplo de la obra manual de Dios, completamente perfecto, y contemplarte es todo un placer.

Hoy, nos gustaría recordarte tu perfección divina e invocarla para apoyarte. Observa este mismo ideal en cada persona que encuentres, y descubrirás que todas tus relaciones se elevan hacia experiencias profundamente alegres.

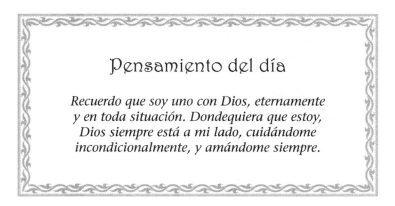

Pensamiento del día

*Recuerdo que soy uno con Dios, eternamente
y en toda situación. Dondequiera que estoy,
Dios siempre está a mi lado, cuidándome
incondicionalmente, y amándome siempre.*

26

Invoca a tus ángeles en busca de ayuda

Si te descubres quejándote por condiciones materiales tales como: dinero, trabajo, tu casa, o tus posesiones, por favor recuerda que hay otra forma de conseguir todo esto. La misma energía que se desperdicia en la ansiedad puede usarse en oraciones y afirmaciones, herramientas que brindan soluciones y ayuda real.

Al momento que te des cuenta de que te estás preocupando (sientes temor, por ejemplo, o sientes que se te aprieta el estómago o la quijada), detente e invócanos. Te recordamos que todas tus necesidades son cubiertas a lo largo del camino. Te ayudaremos a calmarte y a aclarar tu mente para que puedas recibir la guía intuitiva que aliviará la situación.

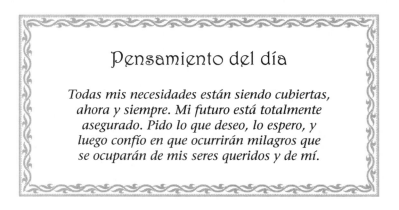

Pensamiento del día

Todas mis necesidades están siendo cubiertas, ahora y siempre. Mi futuro está totalmente asegurado. Pido lo que deseo, lo espero, y luego confío en que ocurrirán milagros que se ocuparán de mis seres queridos y de mí.

No te guardes nada

Tienes muchas conversaciones internas, muchas de las cuales ni siquiera percibes. Compartir contigo es de vital importancia, ¿qué te gustaría aceptar de ti mismo en este momento? Algunas veces es cuestión de darte la oportunidad de practicar la honestidad contigo mismo.

Algunas de tus emociones pueden preocuparte, atemorizarte o intimidarte, y entonces las alejas de tu percepción consciente. Podrías sentir vergüenza de tus sentimientos, pero admitirlos es importante para tu felicidad y sanación. (No tienes que hacer nada con esas emociones, pero sí *es* importante admitirlas ante ti.) Al hacerlo, comprenderás las razones por las cuales éstas surgen, y lograrás sentir compasión por ti mismo

La honestidad contigo mismo es el principio básico de la conciencia personal, la cual es, a la vez, la base del amor hacia uno mismo. Cuando sabes quién eres, puedes aceptarte más fácilmente. Hoy ten la intención personal de entrometerte en tus propias conversaciones personales, e intentar mantener el sentido del humor, la compasión y el amor hacia ellas. No te guardes nada, y conversa cándidamente sobre cada tema, sacando al aire tus sentimientos más profundos; y luego tómate el riesgo de expresarlos por medio de la escritura, el canto, la danza o cualquier otro medio creativo.

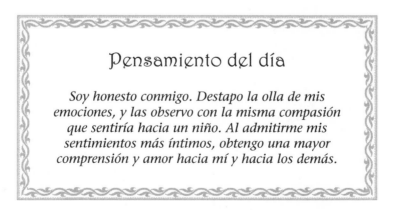

Pensamiento del día

Soy honesto conmigo. Destapo la olla de mis emociones, y las observo con la misma compasión que sentiría hacia un niño. Al admitirme mis sentimientos más íntimos, obtengo una mayor comprensión y amor hacia mí y hacia los demás.

Despídete de la culpa

La culpa ocurre cuando te juzgas por una situación conflictiva. Es una carga muy pesada de llevar, además de ser malsana e inútil. La culpa es muy distinta al sentido de la responsabilidad: la *culpa* implica ira, vergüenza, reproche y juicio; mientras que la *responsabilidad* se relaciona con el amor, compartir y la acción positiva.

Hoy, nosotros los ángeles te quitamos la carga del reproche de tus hombros. Respira profundamente mientras te liberamos de los efectos de la culpa, y visualízate en la luz celestial de perdón total. Todos tus errores han sido como niños que se chocan torpemente entre sí. En verdad, todos ustedes son inocentes y están libres de culpa. Y al vivir en libertad y alegría, atraes muchas bendiciones a muchas vidas, incluyendo la propia.

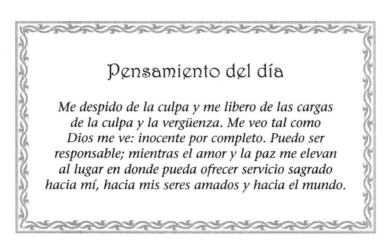

Pensamiento del día

Me despido de la culpa y me libero de las cargas de la culpa y la vergüenza. Me veo tal como Dios me ve: inocente por completo. Puedo ser responsable; mientras el amor y la paz me elevan al lugar en donde pueda ofrecer servicio sagrado hacia mí, hacia mis seres amados y hacia el mundo.

29

¡Ten la certeza de que puedes hacer cualquier cosa!

Tus habilidades y tu poder son ilimitados, puedes hacer lo que decida tu mente (y tu corazón). Enfoca con desenfado cada situación. Simplemente enfócate en tus metas como si ya se hubieran manifestado en forma material.

Sea lo que sea que desees, sencillamente afirma que ya ha ocurrido, esto incluye conductas y acciones. Por ejemplo, en vez de decir: "Me gustaría hacer más ejercicios", pon la mira en que ya es así. Mírate y siéntete totalmente motivado para ejercitarte, y como si ya estuvieras disfrutando la experiencia. Agradece que tu hábito de hacer ejercicios ya es un hecho.

Aplica lo mismo para todo lo que desees. Mírate y siéntete paciente, próspero, sano, feliz, disfrutando de tu trabajo y de tus relaciones, y todo lo demás que deseas.

El término *Espíritu* tiene sus raíces en las palabras *inspirar* y *aspirar*, y por eso cuando aspiras a algo, ¡te inspiras por el Espíritu! Estás siendo apoyado por esta fuerza eterna, la misma fuerza que compartes con Dios, con los ángeles y con todas las personas del planeta.

Tú, como Espíritu Divino, ¡puedes lograrlo todo!

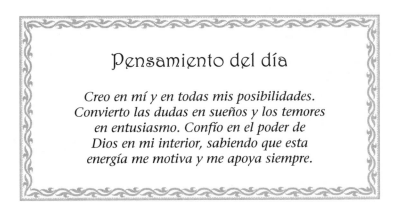

Pensamiento del día

Creo en mí y en todas mis posibilidades.
Convierto las dudas en sueños y los temores
en entusiasmo. Confío en el poder de
Dios en mi interior, sabiendo que esta
energía me motiva y me apoya siempre.

Habla con los ángeles

Escuchamos y respondemos todas tus oraciones y solicitudes de ayuda. Aunque puede que no veas ni sientas nuestra presencia, estamos a tu lado ahora.

Cuando nos hablas, abres la puerta a la conexión angélica. Cuanto más nos hablas, más estás consciente de nosotros. No importa de qué manera te comuniques, ya sea por medio de la escritura, de la palabra o de tus pensamientos... escuchamos todo lo que diriges hacia nosotros.

Siempre te respondemos, y al comienzo podrías sentir nuestra respuesta en tu corazón o pensarla en tu mente. Estos son mensajes reales de nuestra parte, te los enviamos usando alas de amor puro e incondicional.

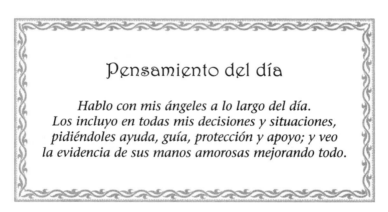

Pensamiento del día

Hablo con mis ángeles a lo largo del día.
Los incluyo en todas mis decisiones y situaciones,
pidiéndoles ayuda, guía, protección y apoyo; y veo
la evidencia de sus manos amorosas mejorando todo.

31

Entrégale tus preocupaciones a Dios

Cuando te quedas con tus preocupaciones en tu interior, se ulceran dentro de un recipiente cerrado, volviéndose cada vez más oscuras y grandes hasta que te acosan con un estrés incesante. Entonces, en vez de embotellar estas preocupaciones, ¡entrégaselas a Dios!

La sabiduría divina infinita contiene todas las soluciones. Hasta las situaciones más aparentemente desesperadas se resuelven pacíficamente cuando se las entregas al cielo, porque para cada problema posible, ya se ha creado una solución.

En el mundo del Espíritu, no hay problemas reales, todo es pacífico, armonioso y sano. Cuando giras tu mente hacia el cielo, te conectas con esta verdad y la experimentas por ti mismo. Toda preocupación o dificultad es un recordatorio de tornarnos hacia el amor del cielo..., es una oportunidad de escoger la paz y la serenidad en vez del estrés y la tensión. Eres parte de un equipo glorioso de ángeles y de otros seres amorosos que acuden de inmediato en tu ayuda tan pronto permites que ellos intervengan.

Que este sea el día cuando le entregues todas tus cosas a Dios. No esperes un momento más antes de liberar cada ápice de temor o duda en los brazos del cielo que te está esperando.

Pensamiento del día

*Le entrego todas mis preocupaciones a Dios.
No me quedo con nada. Todo, desde lo más
pequeño hasta lo más grande, es despojado de mi
conciencia. Como un pequeño niño, permito que
me cuiden por completo. Confío en la sabiduría
y el amor infinitos del Creador para que me
cobijen y se realicen todas mis necesidades.*

Usa palabras amorosas

Las palabras que dices de ti mismo, de otras personas y de las situaciones en tu vida son como cuando pasas un pedido en un restaurante: determinas lo que recibes. Cuando hablas reflexivamente, tu vida está llena de experiencias amorosas y armoniosas. Cuando hablas con dureza, el resultado es energía negativa.

Hoy hazte el propósito de escoger solamente palabras amorosas cuando hablas. Advierte cómo las situaciones que antes te molestaban cambian como respuesta a esto. Podemos ayudarte con este proceso, recordándote que veas lo mejor en todas las personas y en todas las cosas. De esta manera, ¡*te* llegará toda la grandeza!

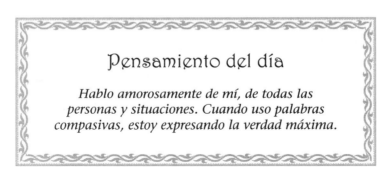

Pensamiento del día

Hablo amorosamente de mí, de todas las personas y situaciones. Cuando uso palabras compasivas, estoy expresando la verdad máxima.

Dale brillo a las joyas en
el interior de tus pensamientos

En todo lo que haces, estás siendo apoyado por completo. Hay momentos en que no lo sientes, crees que estás luchando en un vacío de soledad. Puedes sentir que el cielo te ha abandonado y que tus oraciones no han sido respondidas, sin embargo la energía universal te sostiene manifestando todos tus pensamientos y emociones. Muchas veces te observamos inactivo mientras tomas decisiones que no desearíamos para ti, no obstante, tu libre albedrío dicta que recibes todo lo que piensas. Esto ocurre porque eres un creador, y generas continuamente lo que estás contemplando.

Si lo solicitas, tus ángeles estamos disponibles para guiarte hacia un patrón gozoso de creación. Invócanos para darle brillo a las joyas en el interior de tus pensamientos y emociones, porque en el interior de cada temor o preocupación existe energía resplandeciente de amor. Podemos guiarte para que crees conscientemente experiencias que te atraigan alegría y bendiciones.

Hoy, sé consciente de tu fascinante poder de manifestación. Ten la certeza de que todo lo que piensas y sientes es totalmente apoyado por todo el universo.

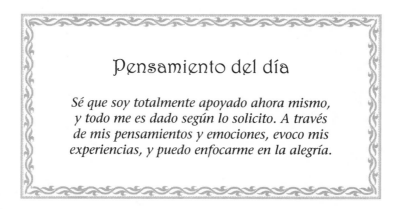

Pensamiento del día

*Sé que soy totalmente apoyado ahora mismo,
y todo me es dado según lo solicito. A través
de mis pensamientos y emociones, evoco mis
experiencias, y puedo enfocarme en la alegría.*

Recuerda que los ángeles están aquí mismo

El cielo no es un lugar lejano: es una dimensión que existe a tu alrededor. Por lo tanto, hay momentos en que sientes nuestra presencia o ves evidencia de que estamos aquí a tu lado.

Nos movemos a tu paso y siempre estamos a tu lado. Aunque nunca interferimos con tu libre albedrío, estamos listos para ayudarte a cada momento... lo único que tienes que hacer es pedir.

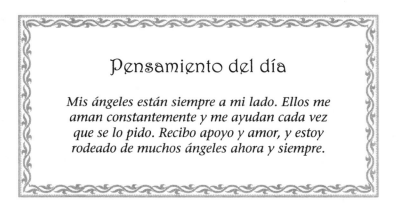

Pensamiento del día

Mis ángeles están siempre a mi lado. Ellos me aman constantemente y me ayudan cada vez que se lo pido. Recibo apoyo y amor, y estoy rodeado de muchos ángeles ahora y siempre.

35

Cambia la energía negativa a positiva

Preocupaciones, ira, rencor y sentimientos similares son llamados "emociones negativas" porque drenan el tiempo y la energía, es decir, su negatividad se refiere a la dirección de su energía. Por el contrario, debido a que los sentimientos de alegría, entusiasmo y esperanza incrementan tus niveles de poder, son llamados "positivos."

La preocupación es algo tan común que es un hábito esencialmente normal. Sin embargo, su efecto es indeseable, incluye estrés, tensión, envejecimiento, adicciones, insomnio y desperdicio de tiempo. Y ocurre igual con todas las emociones negativas.

Puedes transformar estos sentimientos en algo positivo recordando lo siguiente: por lo general, la ansiedad es la base de una emoción negativa. Es el miedo a perder algo o alguien, o a no poder retenerlo. Es una afirmación de que hay un poder más fuerte que el tuyo que ha tomado el control.

¿Qué tal si en vez de sucumbir a la preocupación, dejaras de hacerlo y oraras pidiendo ayuda? Los efectos de tus oraciones pueden detener rápidamente la causa de tu estrés, trayendo a tu vida ayuda real y permanente, y transmitiéndote energía positiva.

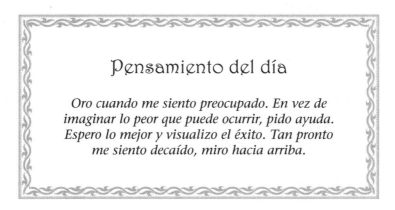

Pensamiento del día

Oro cuando me siento preocupado. En vez de imaginar lo peor que puede ocurrir, pido ayuda. Espero lo mejor y visualizo el éxito. Tan pronto me siento decaído, miro hacia arriba.

36

Disfruta de la verdadera seguridad

Tu intuición te guía a través de todas las situaciones con seguridad, siempre y cuando la escuches. Somos tu fuente de respaldo de protección, y cuidamos atentamente de tu bienestar. Nosotros te avisamos si te acecha un peligro, ayudándote a escuchar mejor tu sexto sentido.

Siente tu seguridad, sabiendo que tus ángeles y tu intuición te advertirán si hay algún peligro ante ti. Hasta entonces, relájate en la sabiduría de que estás siendo protegido...; estás en buenas manos.

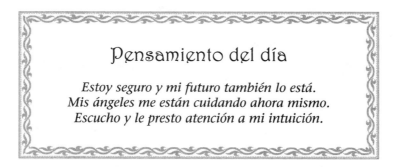

Pensamiento del día

Estoy seguro y mi futuro también lo está.
Mis ángeles me están cuidando ahora mismo.
Escucho y le presto atención a mi intuición.

Advierte la belleza

Hay belleza infinita en tu interior y a tu alrededor a toda hora. Ella posee gran poder, al cual puedes conectarte y del cual puedes beneficiarte. Cuando adviertes esta belleza, de inmediato te transmite su energía. Puedes encontrarla en los colores de la naturaleza o en las creaciones humanas. También podrías notarla en la manera en que las experiencias se presentan con tal sincronismo, que puedes ver el orden divino en todo lo que te ocurre.

Eres un ser de gran belleza. Nos dejas sin aliento con tu luz interior resplandeciente, tus intenciones amorosas, ¡y las bendiciones radiantes que les traes a los demás! Esto se demuestra en el brillo de tu mirada, de tu rostro, de tu postura, de tus acciones y de tu corazón.

Dedícate hoy a la belleza. Mientras la tienes en cuenta todo el día, la extiendes dondequiera que vayas. Esto purifica tus pensamientos, tus emociones y tus intenciones, al comprender que todo es divino, y que todos y todo son parte de un solo hermoso Espíritu.

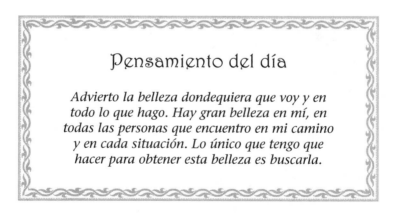

Pensamiento del día

Advierto la belleza dondequiera que voy y en todo lo que hago. Hay gran belleza en mí, en todas las personas que encuentro en mi camino y en cada situación. Lo único que tengo que hacer para obtener esta belleza es buscarla.

Disfruta de las nuevas amistades

Tus ángeles somos tus compañeros porque vemos tus maravillosas cualidades, y a muchas personas también les gustaría conocerte y llegar a ser tus amigos.

Para atraer relaciones maravillosas, desarrolla y manifiesta las cualidades que deseas en un amigo. Usa palabras estimulantes y positivas que son atractivas para las personas que te rodean. Para *tener* amigos, debes ser un amigo para los demás.

Te guiaremos en todas tus relaciones y también te ayudaremos a que consigas nuevos amigos.

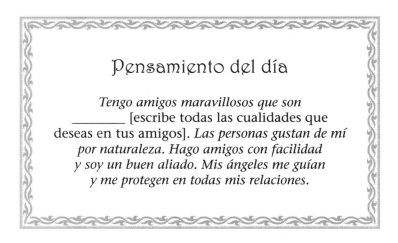

Pensamiento del día

Tengo amigos maravillosos que son
_____ [escribe todas las cualidades que deseas en tus amigos]. *Las personas gustan de mí por naturaleza. Hago amigos con facilidad y soy un buen aliado. Mis ángeles me guían y me protegen en todas mis relaciones.*

Mereces lo mejor en tu vida

Eres amado con la misma intensidad que cada una de las creaciones de Dios, aunque a veces te sientas que eres menos que otras personas. Estas opiniones son ecos de tus miedos y no son tu verdadera descripción. El hecho es que Dios desea solamente lo mejor para ti, al igual que unos padres amorosos desean las mejores experiencias para sus hijos. Mereces lo mejor al igual que cualquier otra persona merece apoyo, amor y cuidado.

Cuando recibes, llenas el pozo de bendiciones que te permite ayudar a los demás. Tu receptividad también realiza el deseo de Dios. Al permitirte recibir, te sintonizas con la música del universo, el cual envía siempre vibraciones armoniosas a todo el mundo.

Eres totalmente merecedor de amor y libre de culpa. No has hecho nada malo, y no hay nada malo en ti. Eres un ser inocente, precioso y un hijo muy amado de Dios. Entrégate hoy a las bondades... abre tus brazos, recibe y di "Gracias."

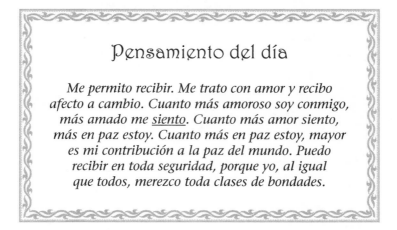

Pensamiento del día

Me permito recibir. Me trato con amor y recibo afecto a cambio. Cuanto más amoroso soy conmigo, más amado me <u>siento</u>. Cuanto más amor siento, más en paz estoy. Cuanto más en paz estoy, mayor es mi contribución a la paz del mundo. Puedo recibir en toda seguridad, porque yo, al igual que todos, merezco toda clases de bondades.

Toma el riesgo

¿Cuál es el deseo secreto que te gustaría manifestar en forma y realidad? Quizá temes desilusionarte, y por eso has estado renuente a admitir tu deseo más íntimo o a tomar acción hacia su realización.

Amado, te apoyamos y apoyamos tus aspiraciones. Toma el riesgo y date permiso de soñar, imaginando tu deseo realizado, y *haz* algo para ayudar a que se haga realidad.

Lo que haces es secundario, lo primordial es el simple acto de moverte hacia la dirección de tus deseos más profundos. Ya sea realizando una llamada telefónica, escribiendo, investigando, afirmando o cualquier cosa hacia la cual te sientas atraído, la energía que gastas programa al universo a que actúe en tu beneficio.

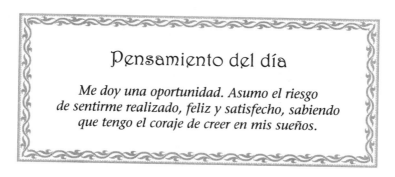

Pensamiento del día

Me doy una oportunidad. Asumo el riesgo de sentirme realizado, feliz y satisfecho, sabiendo que tengo el coraje de creer en mis sueños.

Respira profundo

La respiración es el puente que conecta el mundo espiritual con el mundo físico. Tu respiración transporta tu sustento espiritual hacia tu ser físico, alimentando tu alma, tu mente y tu cuerpo.

Respirar profundamente es semejante a tomar vacaciones, esa es la razón por la cual, las llamamos "un momento de respiro." Hazte consciente de tu respiración, y profundízala ahora mismo. Haz pausas entre la inhalación y la exhalación, deleitándote en el placer del aire.

Llena tu vida de aire fresco. Pasa algún tiempo en el campo, coloca plantas vivas en tu hogar y oficina o invierte en un purificador de aire. Mantén en cuenta que los ambientes cercanos a corrientes de agua (incluyendo tu ducha o tina) están llenos de moléculas poderosas que apoyan tu salud y tu felicidad.

Haz hoy el propósito de permanecer consciente del ritmo y la tasa de tu respiración. Si sientes estrés, asegúrate de inhalar profundamente. El oxígeno relaja tu cuerpo, le da vigor a tus niveles energéticos y hace surgir ideas y soluciones creativas.

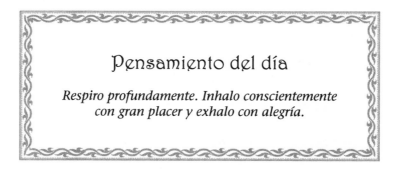

Pensamiento del día

*Respiro profundamente. Inhalo conscientemente
con gran placer y exhalo con alegría.*

Sueña en grande

Tu imaginación es el lugar en donde se construyen tus experiencias futuras. Eres como un gran chef que controla lo que colocas en una creación, independientemente de las influencias o circunstancias externas.

¿Qué te gustaría preparar en tu mente? Esta decisión tiene repercusiones en tus experiencias futuras. Naturalmente, preferirías producir eventos felices, pero... ¿comprendes realmente que tú puedes asegurarte de que así sea?

Hoy es el día en que puedes asumir el control de tu mundo y vislumbrar un futuro exótico ¡por más complejo que sea tu deseo! Te guiaremos, y te ayudaremos a evitar que hoy coloques elementos indeseados en la preparación para que así puedas soñar en grande. Ya sea que tengas planes de una experiencia tranquila y calmada o de una que presente más retos, toma las decisiones que verdaderamente reflejen tus sentimientos más íntimos.

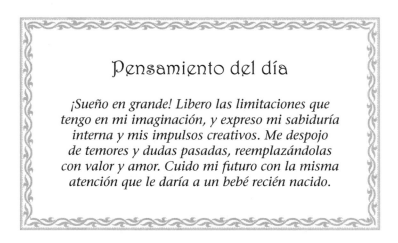

Pensamiento del día

¡Sueño en grande! Libero las limitaciones que tengo en mi imaginación, y expreso mi sabiduría interna y mis impulsos creativos. Me despojo de temores y dudas pasadas, reemplazándolas con valor y amor. Cuido mi futuro con la misma atención que le daría a un bebé recién nacido.

Da el diezmo

La energía de este planeta es dual y puede resumirse en el sencillo ejemplo de dar y recibir. Es magnífico observar la fuerza del Creador, extendiendo su luz para que sus pavesas ardan con audacia y resplandor, como al añadirle combustible y oxígeno a un fuego. El poder de la receptividad es más fresco y, sin embargo, es igualmente hermoso de contemplar, evocando la sensación de la luz azul sobre la nieve y el hielo. Atrae hacia sí el sustento, en donde puede ser usado con grandeza, antes de extender de nuevo la energía a través del proceso de dar. Ambas fuerzas se ayudan mutuamente, es decir, debes dar para recibir y viceversa. El ciclo está íntimamente intrincado en las fibras de la existencia física para así activar el flujo de lo que estás recibiendo, solamente debes incrementar tus ofrendas.

Dar el diezmo es la antigua tradición de contribuir el diez por ciento de tus ingresos a una causa de tu elección, pero en verdad significa mucho más que eso energéticamente, porque puedes dar de muchas maneras. Si anhelas tener más tiempo, entonces ofrécete como voluntario para ayudar a los demás. Si deseas más ropa, muebles o cualquier otra cosa material, entonces dona artículos similares a organizaciones caritativas o a individuos que lo necesiten. Si deseas más dinero, haz una contribución financiera según te sientas guiado.

Obsequiar presentes pone en marcha la abundancia que está siempre pulsando a través del universo físico. Comienza a funcionar de inmediato para todos aquellos que se mueven en estos ciclos naturales. Hoy, ofrece con alegría, no solamente con el propósito de recibir, sino por el puro placer de gozar del ritmo inherente de la vida.

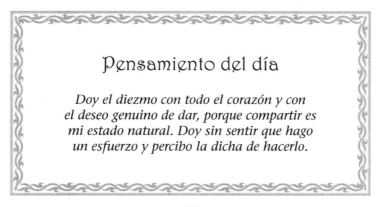

Pensamiento del día

Doy el diezmo con todo el corazón y con el deseo genuino de dar, porque compartir es mi estado natural. Doy sin sentir que hago un esfuerzo y percibo la dicha de hacerlo.

Invoca al arcángel Miguel

Todos los ángeles son poderosos, al igual que los humanos, y el arcángel Miguel es reverenciado por ser especialmente fuerte puesto que él decide resplandecer en toda pureza y reflejar la grandiosa energía del Creador. Su propósito es tan grande como su estatura. Él te presta su fortaleza durante los momentos en que has olvidado temporalmente tu propio poder. Su amor profundo te envuelve protegiéndote, escudándote de cualquier manifestación de miedo.

Invoca hoy a Miguel para que permanezca a tu lado. Pídele que te dé fortaleza y valor, especialmente cuando consideres seguir tus deseos más profundos. Él puede ayudarte a caminar en tu sendero en toda seguridad a través del umbral de los cambios de la vida.

Habla con Miguel acerca de tus miedos, dudas o inseguridades. Él los alejará de ti e inflamará tu fuego interno, mostrándote la energía y el poder que residen en tu interior.

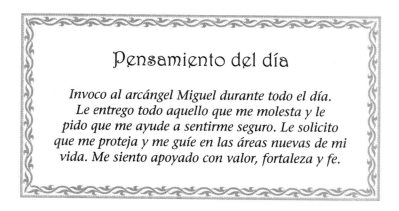

Pensamiento del día

Invoco al arcángel Miguel durante todo el día. Le entrego todo aquello que me molesta y le pido que me ayude a sentirme seguro. Le solicito que me proteja y me guíe en las áreas nuevas de mi vida. Me siento apoyado con valor, fortaleza y fe.

45

Abre tu corazón

Fuiste creado por el amor de un Creador amoroso. Todo en ti está basado en amor, y sentirlo significa que estás consciente de tu propio ser. Te encuentras con Dios cuando sientes amor, pero para hacer esto, tu corazón debe estar abierto, lo cual parece difícil y hasta peligroso si te has cerrado para protegerte contra el dolor emocional.

Los ángeles podemos ayudar a abrirte de manera que te sientas seguro y a salvo. Sigue tu propio ritmo con nosotros como tus guías constantes y eliminaremos tus antiguos dolores y resentimiento mientras te guiamos hacia situaciones y relaciones confiables. Lo único que necesitamos es que permanezcas en comunicación cercana con nosotros, diciéndonos tus deseos y emociones. (Aunque ya sabemos lo que sientes, no podemos actuar sobre tus deseos sin tu consentimiento.)

Un corazón abierto es la creación más hermosa de Dios, porque refleja el amor celestial en la Tierra.

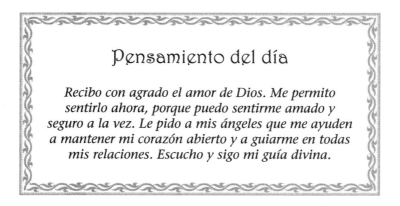

Pensamiento del día

Recibo con agrado el amor de Dios. Me permito sentirlo ahora, porque puedo sentirme amado y seguro a la vez. Le pido a mis ángeles que me ayuden a mantener mi corazón abierto y a guiarme en todas mis relaciones. Escucho y sigo mi guía divina.

Invoca al arcángel Rafael

Puesto que la mira de Rafael está enfocada en la sanación, su energía tiene un efecto curativo. También puedes enfocar tu atención de esta manera, tal como puede hacerlo cualquier persona que desee proyectar una presencia terapéutica. Sencillamente, afirma y ora a diario pidiendo que puedas servir como un agente de sanación para los demás, y así será. Esto ocurre porque tu exterior refleja tu interior, en otras palabras, lo que oras y pides para ti es lo que se manifiesta en tu campo energético y en tus experiencias. Esta es la base de toda sanación.

También puedes invocar a Rafael para incrementar tu resolución de enmendarte y de enmendar a los demás. Si tu fe vacila o tu mente oscila hacia el negativismo, él puede recordarte tu propósito. Este arcángel también puede guiarte y dirigirte en todas las actividades y aspiraciones que promueven tu bienestar.

Invoca hoy a Rafael para que alivie y calme tu mente. Él puede calmar cualquier preocupación que puedas tener acerca de enfermedades, finanzas, relaciones y otras áreas de tu vida. Al recuperar la calma en tu mente, la sanación aparecerá con claridad en tu horizonte.

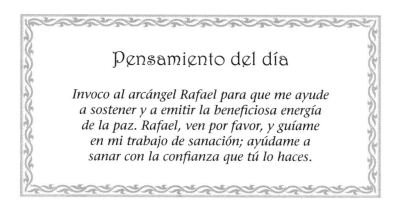

Pensamiento del día

Invoco al arcángel Rafael para que me ayude a sostener y a emitir la beneficiosa energía de la paz. Rafael, ven por favor, y guíame en mi trabajo de sanación; ayúdame a sanar con la confianza que tú lo haces.

Agradece al universo

El universo es la energía floreciente y eterna de la Divinidad, magnificada en cada forma de vida. Eres una extensión de este poder y un reflejo perfecto del resplandor de Dios.

Tu gratitud existe en la misma longitud de onda que la del universo, y por esta razón te conectas con este flujo y te aseguras que sigas teniendo experiencias que inspiren tu agradecimiento.

Crea hoy una lista llamada "¡Gracias universo!" la cual contenga todo lo que tienes que agradecer. Haz que éste sea un proyecto constante al cual añades cosas gradualmente. Lee tu lista cada vez que desees levantar tu ánimo, y tu gratitud te elevará de nuevo.

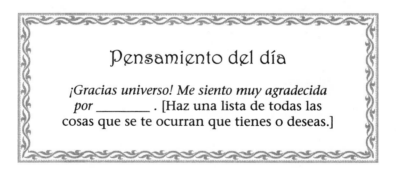

Pensamiento del día

¡Gracias universo! Me siento muy agradecida por _____ . [Haz una lista de todas las cosas que se te ocurran que tienes o deseas.]

Trabaja con el arcángel Azrael

Azrael brinda consuelo al dolor y regocija los corazones abrumados por la pena. Le ofrece la luz celestial a cada Espíritu que toca, y su simple presencia puede ser suficiente para ayudar a una persona afligida a recuperar la fe en un mañana más luminoso.

Azrael necesita asistencia humana para entregar su mensaje de esperanza. Debido a que las personas abrumadas por el dolor a veces no pueden escuchar las voces del reino del Espíritu, necesitan escuchar los mensajes divinos por medio de los seres humanos. Puedes actuar como un ángel terrenal pidiéndole a Azrael que guíe tus relaciones con las personas que están tristes o deprimidas. Él hablará a través de ti, diciéndote las palabras justas, acompañadas de su energía sanadora.

Hoy invoco al arcángel Azrael, y trabajo con él para incrementar la energía de las personas necesitadas. Él purificará los residuos de dolor de tu propio corazón y luego trabajará en equipo contigo para eliminar también el dolor de los demás. Azrael te recuerda que la felicidad es sagrada, y que la mejor forma de honrar a los seres queridos que han muerto, es disfrutando tu vida.

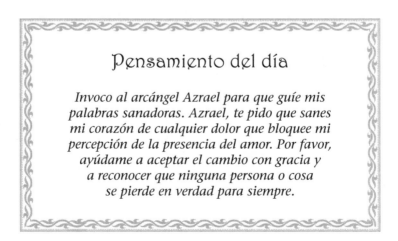

Pensamiento del día

Invoco al arcángel Azrael para que guíe mis palabras sanadoras. Azrael, te pido que sanes mi corazón de cualquier dolor que bloquee mi percepción de la presencia del amor. Por favor, ayúdame a aceptar el cambio con gracia y a reconocer que ninguna persona o cosa se pierde en verdad para siempre.

Eres valioso

Eres un milagro de Dios en forma humana, la personificación viva del amor divino. ¿Por qué sería entonces de extrañar que tengas ángeles asignados a tu lado como los guardianes de un fuerte militar muy bien resguardado? Eres valioso, amado y querido más allá de toda comparación. Los ángeles conocemos tu verdadera esencia y es totalmente perfecta.

Eres un niño precioso que ha sido enviado a la Tierra porque tu pura existencia y aliento manifiestan amor en este planeta. Cada pensamiento, palabra o acción amable de tu parte tiene efectos sanadores.

Eres valioso no solamente para Dios y para nosotros, sino también para todos los demás. A nivel del alma, cada persona sabe que está aquí para un propósito importante. Aun en el caso de que alguien no te demuestre comprensión o aprecio a nivel superficial, el Espíritu de ese individuo sabe lo valioso que eres.

Cada uno de los hijos de Dios es un milagro precioso, y eso definitivamente te incluye.

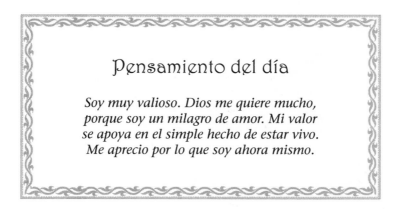

Pensamiento del día

Soy muy valioso. Dios me quiere mucho,
porque soy un milagro de amor. Mi valor
se apoya en el simple hecho de estar vivo.
Me aprecio por lo que soy ahora mismo.

Conéctate con el arcángel Ariel

Ariel se encarga de la naturaleza y el ambiente, ella comparte los atributos de las hadas. Es modesta pero poderosa, femenina en su gracia y fortaleza, y mágica en su habilidad de hacer que sus deseos aparezcan en forma material.

Ariel ayuda a reavivar la llama del asombro ante las maravillas y de la fe absoluta, de manera parecida a como nos sentíamos cuando éramos niños. Ella te demuestra la manera en que creer en lo divino es ahora una decisión consciente que te permite escapar del razonamiento rígido que puede haber frustrado tus esfuerzos de producir manifestaciones.

Hoy, invoca a Ariel para que despierte de nuevo tu sentido infantil de asombro y embelesamiento. Cuando lo hagas, sigue tu guía interna que te impulse a bailar, cantar o jugar, pues estas acciones estimularán el progreso de tus sueños.

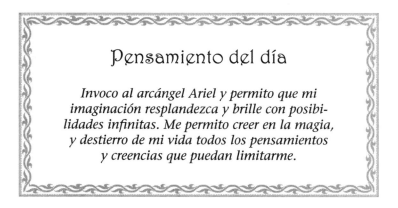

Pensamiento del día

Invoco al arcángel Ariel y permito que mi imaginación resplandezca y brille con posibilidades infinitas. Me permito creer en la magia, y destierro de mi vida todos los pensamientos y creencias que puedan limitarme.

Siente el amor de los ángeles

Te estamos enviando amor mientras lees estas palabras. Conéctate con tu respiración y con tu cuerpo, y advierte las emociones que recibes con cada inhalación. Estás siendo atraído hacia nuestro amor, recibiéndolo en tu cuerpo para brindarle calidez, equilibrio y sanación.

Hoy te enviamos este sentimiento a lo largo del día. Si dejas de sentir nuestra presencia, no te preocupes. Mas, ten la certeza de que estamos aquí cuando necesites elevar tus ánimos o recuperar tu calma.

Con cada inhalación se va impregnado nuestro amor... *siéntelo.*

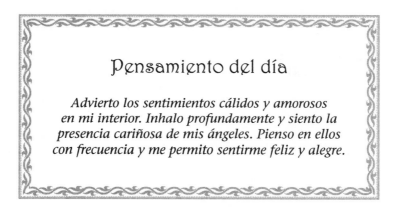

Pensamiento del día

Advierto los sentimientos cálidos y amorosos en mi interior. Inhalo profundamente y siento la presencia cariñosa de mis ángeles. Pienso en ellos con frecuencia y me permito sentirme feliz y alegre.

Conéctate con los ángeles
de la naturaleza

Los seres que cuidan los reinos vegetal, mineral y animal son conocidos como *hadas*, *elementales* y *ángeles de la naturaleza*, y son tan sólidos y reales como tú. Al igual que tú, estas criaturas tienen propósitos importantes. En primer lugar, ellos aseguran la armonía y el sustento de lo que ustedes llaman "naturaleza", y también pueden *ayudarte* a crecer y a prosperar.

Ellos aportan aventura y diversión al planeta, lo cual puedes percibir cuando pasas tiempo en la naturaleza, rodeado de plantas o animales (domésticos o salvajes). Puesto que estos espíritus residen en la tierra, son oyentes compasivos, y te asisten con los asuntos materiales. A ellos les encanta ayudarte con temas relacionados al amor y al dinero, por ejemplo.

Los elementales pueden percibir cuando una persona desea con sinceridad apoyar las causas ambientales involucrándose en actividades tales como reciclar, el buen trato hacia los animales y similares. Estas acciones generan favores de los ángeles de la naturaleza, y una vez obtenidos, te brindarán muchas recompensas.

Hoy, pasa tiempo con estos ángeles. Dale a tus relaciones con ellos la oportunidad de desarrollarse, como lo harías con nuevas amistades humanas, y llegarás a confiar en ellos, a ayudarse y a amarse mutuamente. Cuando llegues a tener una relación íntima con los elementales, comenzarás a compartir su enfoque alegre y mágico hacia la vida que es, en todo caso, ¡el mejor de los enfoques!

Pensamiento del día

Me conecto con los ángeles de la naturaleza.
Disfruto pasar tiempo con las plantas y los animales;
hablo mentalmente con los elementales y les permito
llegar a conocerme a su propio ritmo. Advierto los
sentimientos que brotan en mi corazón y las sensaciones
en mi cuerpo que confirman que estoy verdaderamente
conectado con estos seres mágicos y amorosos. Les
agradezco su presencia en mi vida y en este planeta.

Simplifica

¿Qué cosa cambiarías en tu vida para hacerla menos complicada? Advierte la primera frase que se te cruza por la mente, y reconoce que los ángeles podemos ayudarte a convertir eso en realidad. En verdad, puedes tener una vida más simple y aun así cumplir con tus responsabilidades mientras realizas tus deseos.

Enfócate hoy en la simplicidad. Pregúntate si existe una forma más fácil de enfocar cada situación. Destierra la creencia de que es necesario sufrir en tu vida, y abre tus brazos hacia la armonía en tus acciones. Te ayudaremos a cumplir con esta meta si tan solo lo pides.

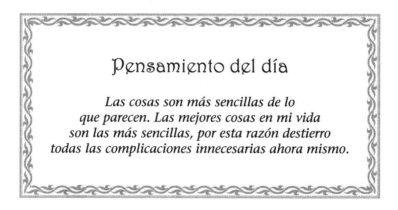

Pensamiento del día

Las cosas son más sencillas de lo que parecen. Las mejores cosas en mi vida son las más sencillas, por esta razón destierro todas las complicaciones innecesarias ahora mismo.

Reorganiza tus rutinas

Aunque las rutinas son reconfortantes, también pueden cegarte ante las variedades de la vida. Los patrones habituales embotan tus sentidos para que no percibas las cosas fuera de lo ordinario. Despierta tu percepción, y siéntete más vivo reorganizando tus actividades normales.

Diviértete cambiando creativamente todas las cosas hoy. Cambia tu programación habitual, tus hábitos normales de comidas, y la manera en que acostumbras hacer las cosas por formas nuevas de hacerlas. Podrías sentirte un poco extraño cuando intentes hacer algo nuevo, pero también sentirás la emoción de explorar formas nuevas de vivir. Es probable que regreses a algunas de tus rutinas reconfortantes, pero también es probable que incorpores nuevos enfoques. En otras palabras, a través del proceso de experimentación, puede ser que descubras nuevas formas maravillosas de vivir.

Una de las razones por las cuales las celebraciones y las vacaciones son tan tonificantes es porque involucran la exploración de nuevos lugares, personas, comidas y actividades recreativas. Puedes crear esta misma energía cambiando ahora mismo las cosas.

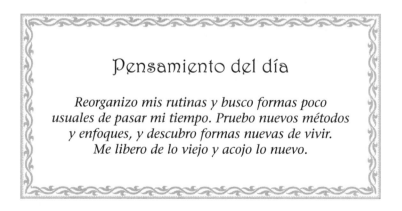

Pensamiento del día

Reorganizo mis rutinas y busco formas poco usuales de pasar mi tiempo. Pruebo nuevos métodos y enfoques, y descubro formas nuevas de vivir. Me libero de lo viejo y acojo lo nuevo.

Escucha nuestros mensajes

S iempre respondemos tus peticiones y tus oraciones. Por lo general, nos comunicamos contigo de manera silenciosa a través de una energía que se transfiere en tus sentimientos. Pero si nos damos cuenta de que no estás escuchando nuestros mensajes, te los entregamos en formas menos sutiles.

Hoy nos comunicaremos contigo a través del mundo físico. Advierte los significados intrínsecos en las cosas que te dicen las personas, así como en las conversaciones y en las canciones que oyes casualmente. Sabrás que la información proviene de nosotros, puesto que tu corazón resonará con esta verdad.

Nuestras misivas viajan a través de la energía del amor desde nuestro corazón hacia el tuyo. Confía en las impresiones que recibes que te estimulan para que vivas de manera amorosa, esos son mensajes nuestros para ti.

Pensamiento del día

Advierto las expresiones amorosas que percibo en mi mente y con mis oídos físicos. Confío en esas palabras cariñosas que escucho, sabiendo que mis ángeles están usando su ingenio para enviarme sus mensajes de maneras creativas.

Entrega tus cuitas

Tus inquietudes son una carga demasiado pesada para llevar sobre tus hombros tú solo. Imagínate una sábana blanca muy grande en seda que se extiende ante ti y en donde colocas todas tus preocupaciones. Luego enrolla la sábana y entréganosla. Cuando lo hayas hecho, advierte lo ligero que te sientes.

Nos llevaremos tus cuitas al cielo. Una vez que han sido transportadas a un plano más elevado, también tu enfoque se elevará. Esta nueva perspectiva te ayudará a pensar con mayor claridad y creatividad, permitiéndote atraer y manifestar todas las cosas buenas que deseas.

En vez de lidiar con cuitas y afanes que nublan tu mente, dánoslos a nosotros. Como un equipo muy unido que trabaja con precisión a tu lado, jamás podemos interferir en tu libre albedrío. Pero sí permitirte ejercitar tus ideales más elevados.

Deja que este sea el último día en que cargues innecesariamente tus agobios por ti solo. Permítenos tomar por completo el peso de tus hombros y elevar tu mente y tu corazón hacia la luz.

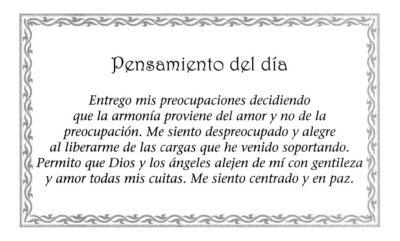

Pensamiento del día

*Entrego mis preocupaciones decidiendo
que la armonía proviene del amor y no de la
preocupación. Me siento despreocupado y alegre
al liberarme de las cargas que he venido soportando.
Permito que Dios y los ángeles alejen de mí con gentileza
y amor todas mis cuitas. Me siento centrado y en paz.*

Ya ganaste

Cuando ves un anuncio que dice que puede ser que hayas ganado el premio mayor de la lotería, tu cuerpo se llena de emoción. De hecho, es verdad: ¡Ya *ganaste*!

Todo premio que puedas imaginar en tu vida ya es tuyo, ya no tienes que seguir buscando. Ya eres el ganador, y puedes reclamar tu premio usando pensamientos afirmativos y emociones positivas. Imagínate como se siente nadar en el océano de tus deseos manifestados. Guarda esa sensación al lado de tu gratitud, y así será.

Eres un ganador hasta la médula. Cuanto más te hagas consciente de este hecho, más lo *vivirás*.

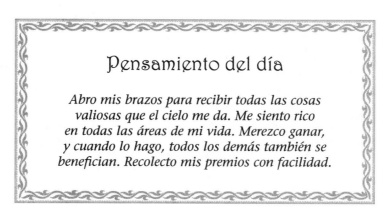

Pensamiento del día

Abro mis brazos para recibir todas las cosas valiosas que el cielo me da. Me siento rico en todas las áreas de mi vida. Merezco ganar, y cuando lo hago, todos los demás también se benefician. Recolecto mis premios con facilidad.

Dale rienda suelta a tu imaginación

El mundo interno de tu imaginación es como un lago profundo y cristalino sustentado por tus emociones, sensaciones físicas, experiencias y pensamientos. Es el lugar de donde surgen las emociones que son el producto de las reacciones a los eventos de tu vida.

Puede ser que hayas escuchado epítetos despectivos para referirse a la imaginación tales como "inválida" o "irreal." Sin embargo, es el centro de operaciones donde se realiza la conexión con Dios, permitiendo que te alejes de tus sentidos físicos y que explores otros reinos. Tu imaginación hace posible lo imposible y lo ilógico hasta que logra llevar a cabo nuevas creaciones.

No temas que tus exploraciones mentales te guíen por el camino errado, porque la verdadera imaginación es transmitida a través de las alas de los ángeles. Es pura e infantil en el más profundo sentido. También es indómita y no tiene restricciones, aunque trates de reprimir tu ser creativo, siempre está trabajando durante tus sueños y tus momentos de plácida contemplación.

Permite que el mundo de tus fantasías se desboque, y pon atención a sus ingenuas creaciones. Ellas son dones del Espíritu concebidas e incubadas mentalmente que luego se convierten en una realidad material. Cuando le sueltas las riendas a tu imaginación, te liberas... y eres capaz de vivir sin límites y llegar así a surcar los cielos.

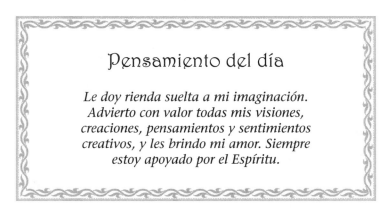

Pensamiento del día

Le doy rienda suelta a mi imaginación.
Advierto con valor todas mis visiones,
creaciones, pensamientos y sentimientos
creativos, y les brindo mi amor. Siempre
estoy apoyado por el Espíritu.

Medita

Aborda la meditación con facilidad y como un momento de alegría en el que te escapas de lo que te rodea pues, después de todo, ya has practicado esta actividad natural en los momentos en que estás soñando despierto o en la conciencia lúcida. No te preocupes por reglas ni normas a fin de que no se convierta en una tarea dura. Más bien, permite que tu mente se calme a su propio ritmo, y deja que tu cuerpo se calme a su propio paso: esto es meditar. Es un momento en que tu mente está totalmente conectada con su hogar celestial. Es como cuando un auto está conectado a la manguera surtidora de gasolina, en ese momento tú te estás llenando de energía, ideas y tranquilidad.

Hay maneras muy variadas de calmar tu mente y tal como acabamos de decir, no deberías mortificarte con inquietudes acerca del método específico. Lo más importante es *que* medites y no la forma en que lo hagas. Cerrar tus ojos y respirar profundamente es una técnica, al igual que lo es sentarse ante un altar o relajarse en la naturaleza.

Las palabras *meditar* y *medicar* comparten la misma raíz por una buena razón, pues las dos se enfocan hacia la salud. La meditación es tu agente sanador gratis y portátil cuyos únicos efectos secundarios son paz mental y rejuvenecimiento. Aborda la meditación como lo harías ante una deliciosa comida, porque es un banquete espiritual verdadero. Disfruta hoy de tu momento de tranquilidad en el Espíritu que alimenta tus necesidades y deseos.

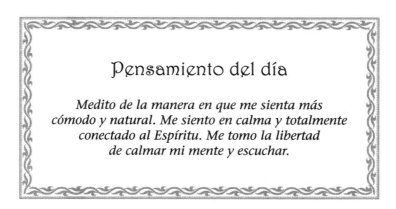

Pensamiento del día

Medito de la manera en que me sienta más cómodo y natural. Me siento en calma y totalmente conectado al Espíritu. Me tomo la libertad de calmar mi mente y escuchar.

Ora

*O*rar significa comunicarte con lo divino a través del diálogo. Es tu método de transmitir tus esperanzas, sueños y deseos al mundo espiritual, en donde los ángeles aman asistirte. No tienes que decirnos lo que deseas, porque es evidente ante todos los que estamos sintonizados contigo. Sin embargo, el decreto divino señala que debes darnos la señal de que eres accesible y sensible a la ayuda. Eso es lo único que esperamos, y luego nuestra asistencia será tuya.

La oración puede ayudarte a aclarar tu interior durante momentos de confusión o indecisión. Es un proceso de reflexión personal y honestidad, en el cual bajas tu guardia y admites tus sentimientos y deseos más profundos.

A pesar de que ya conocemos tus verdaderos sentimientos, este es un medio de comunicación con el Espíritu, especialmente tu ser superior, con un sentido profundo de aceptación. Esto te permite llevar la luz a tus sombras, en donde descubres que no hay nada que temer.

La oración es un acto de entrega, pedir ayuda y estar abierto a recibir asistencia. La receptividad permite que la Gran Luz acuda a fluir en tu conciencia, en donde tus pensamientos y emociones son llevados a niveles superiores.

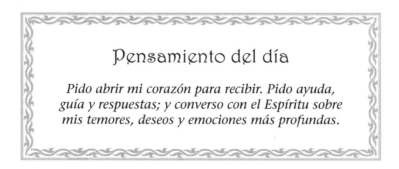

Pensamiento del día

Pido abrir mi corazón para recibir. Pido ayuda, guía y respuestas; y converso con el Espíritu sobre mis temores, deseos y emociones más profundas.

Estírate

Hoy trabajaremos contigo en estirarte como un medio para abrirte aún más a la información, sentimientos y actividades maravillosos. El enfoque está en estirar tu cuerpo, así como tu imaginación, a intervalos regulares.

Estirarte involucra extenderte, lo cual produce el efecto general de estimularte para que alcances nuevas metas tanto en tus experiencias como en tus niveles de energía. También reorganiza tus rutinas, ayudándote a tener acceso a ideas frescas.

Este es el día de expandir tu imaginación y pensar en situaciones ordinarias de maneras nuevas. Invéntate nuevas maneras de vestirte, de trabajar y de hablar con las personas. Dale rienda suelta a tu imaginación y estira tu cuerpo y tu mente con mucha alegría.

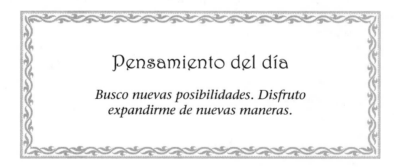

Pensamiento del día

*Busco nuevas posibilidades. Disfruto
expandirme de nuevas maneras.*

Dale tiempo a tus prioridades

Tienes sueños, actividades y relaciones que son importantes para ti. Te importan mucho, y te sientes feliz pensando en ellos...: son tus *prioridades.* Cuando los cultivas, no solamente te sientes más alegre, sino que, además, te sientes positivo. Es un acto de cuidado personal para dedicarle tiempo a lo que consideras valioso para ti.

A pesar de que parezca lo contrario, en verdad eres dueño de tu tiempo. Puedes prestarle atención a lo que tú decidas, y los ángeles alejaremos las interrupciones y te ayudaremos a asegurarte de que cumplas con tus responsabilidades.

Reconoce los temores y las inseguridades que activan el hecho de que dejes las cosas importantes para después, y comprende que esas son emociones perfectamente naturales y normales que apenas representan la resistencia a tu felicidad, y nada más que eso. Envía amor y ríete de tus preocupaciones, y luego sigue adelante con tus sueños más amados.

Incluso, pasar unos pocos momentos haciendo lo que es importante para ti puede ayudarte a elevar tu ánimo, tu autoestima y tus niveles energéticos. Dedicar tiempo a tus prioridades se convierte entonces en un hábito sano que desarrollas gradualmente, ten entonces paciencia contigo si en alguna ocasión vuelves a tus antiguas costumbres, y sigue tu camino hasta llegar a prestarle toda tu atención a tus prioridades.

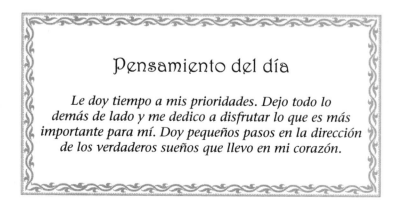

Pensamiento del día

Le doy tiempo a mis prioridades. Dejo todo lo demás de lado y me dedico a disfrutar lo que es más importante para mí. Doy pequeños pasos en la dirección de los verdaderos sueños que llevo en mi corazón.

Disfruta un día de amor

¡Hoy es el Día del Amor! Nosotros tus ángeles, hemos dedicado el día de hoy a honrar esta emoción. Para celebrar la ocasión, enfócate en el cariño. Por ejemplo, advierte las demostraciones de afecto, expresa tus sentimientos a tus amigos y familiares, y actúa bondadosamente hacia ti y hacia los demás.

Experimenta todas las maneras en las cuales se puede demostrar esta cualidad, en todas sus variedades de formas y colores. Deléitate en esta celebración, y comprende que tú juegas un papel importante en hacer que cada día sea el día del amor.

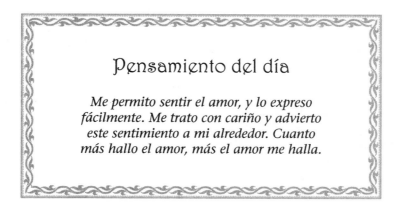

Pensamiento del día

Me permito sentir el amor, y lo expreso fácilmente. Me trato con cariño y advierto este sentimiento a mi alrededor. Cuanto más hallo el amor, más el amor me halla.

Reconoce tu genio interior

Tienes un genio en tu interior, un ser sabio y conocedor que disfruta de aprender, enseñar y estimular su intelecto. Enfócate hoy en cuidar de este ser.

Considera aprender algo nuevo, una palabra, una técnica, una canción o una habilidad. Felicítate por esta experiencia, siente la dicha que provoca este genio interior, y ¡comprende que este resplandor eres *tú*!

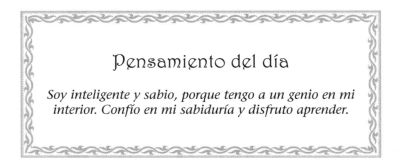

Pensamiento del día

Soy inteligente y sabio, porque tengo a un genio en mi interior. Confío en mi sabiduría y disfruto aprender.

Canta

La música de tu alma desea libertad. Tu melodía interna no se preocupa si cantas desafinado ni si se te olvidan las letras, solamente desea expresarse en voz alta para que pueda flotar sobre la tierra y unirse a las demás notas musicales del universo.

Cantar te permite transmitir emociones profundas que sobrepasan las fronteras del lenguaje. Aun en el caso de que sientas vergüenza de tus habilidades, date permiso de cantar hoy. Une tu voz a la música que escuchas en tu equipo de sonido, o canta *a cappella* (sin acompañamiento). Tararea en la ducha, con tus amigos o en soledad, la manera en que lo hagas no tiene importancia. Lo que *sí* importa es el hecho de expresarte musicalmente.

Piensa que es yoga para el alma, una oportunidad de expandirte y de reflexionar sobre tu Espíritu más íntimo. Advierte las canciones por las que te sientes atraído ya que sus letras, melodías y sentimientos, contienen mensajes para ti.

Tus ángeles te agradecen tu contribución musical con las ondas energéticas positivas del mundo.

Pensamiento del día

Canto por el placer de hacerlo. Dejo de juzgarme y me permito sentirme libre y alegre. Envío mi aliento al mundo, remontándome en la cresta de mi música.

Baila

Cuando mueves tu cuerpo, te elevas por encima de tu ritmo cardíaco; también elevas tus ánimos y tus niveles energéticos. Te sientes más liviano y vivo; y al elevar tu espíritu también crece tu poder. Esta fuerza, la cual siempre posees y compartes con todos los seres, te permite manifestar conscientemente tus sueños.

Toma tiempo para bailar hoy. Pon música y comienza a bambolearte, permitiendo que te expreses de forma espontánea a través de movimientos físicos. Si eres tímido respecto a tu cuerpo, hazlo mientras te encuentres solo, pero con práctica, tu entusiasmo por los efectos sanadores de esta forma de arte se convertirá en algo que desearás compartir con los demás. Esta es la razón por la cual muchas de las culturas antiguas veneran esta actividad como una costumbre sagrada básica para su espiritualidad.

Bailar te ayuda a recuperar una conexión con tu esencia física divina. Tu cuerpo es una extensión de tu ser, y es importante que lo honres percibiendo su presencia. Tus movimientos atraen tu conciencia de una manera agradable. Aprenderás que eres gracioso, atractivo y elegante, cualidades que el Creador te otorgó hace mucho tiempo. Capturar de nuevo el reconocimiento de estos dones te ayudará a brillar con más intensidad.

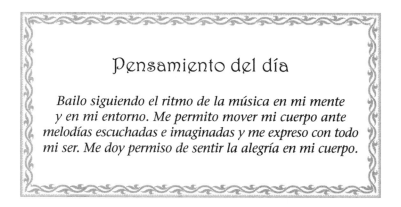

Pensamiento del día

Bailo siguiendo el ritmo de la música en mi mente y en mi entorno. Me permito mover mi cuerpo ante melodías escuchadas e imaginadas y me expreso con todo mi ser. Me doy permiso de sentir la alegría en mi cuerpo.

Despeja el desorden

Tu impulso interno de orden proviene del conocimiento interno que tienes sobre el flujo de energía. Puedes sentir la diferencia cuando estás en una habitación ordenada o en una desordenada, sintiendo el efecto del desorden en tu armario, en tu garaje, alacena u otras áreas. La organización es una forma de perfilar tus procesos mentales para que no se convierta en una batalla campal el hecho de vestirte, encontrar un documento o preparar la cena.

Sin embargo, el peligro de esto es que algunas personas están tan obsesionadas con el orden que pierden su espontaneidad. En tales casos, limpiar y arreglar todo se convierte en una táctica para retrasar el trabajo interior relacionado con el propósito y la felicidad. Debe haber un equilibrio entre el goce y la *necesidad* de organización.

La energía fluye a través de las estructuras físicas de la misma forma en que lo hacen el agua y el aire. Cuando hay demasiados objetos en cualquier ambiente, este poder se obstruye. Los efectos de este bloqueo incluyen fatiga física, dificultad en la concentración, incremento del apetito y manifestaciones más lentas.

Te ofrecemos toda esta información para ayudarte a sentir la motivación de limpiar el desorden en tu casa o en cualquier otra área de tu vida. Incluso un pequeño cambio como arreglar un armario, despejar un escritorio o regalar algo que ya no desees te ofrecerá beneficios. Al incrementar tu energía a raíz de estos pequeños esfuerzos, descubrirás que tienes el tiempo y la iniciativa para ocuparte de proyectos más grandes.

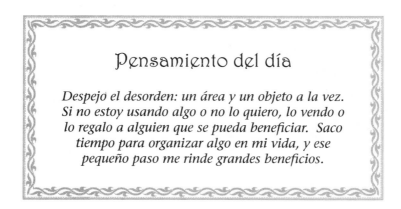

Pensamiento del día

Despejo el desorden: un área y un objeto a la vez. Si no estoy usando algo o no lo quiero, lo vendo o lo regalo a alguien que se pueda beneficiar. Saco tiempo para organizar algo en mi vida, y ese pequeño paso me rinde grandes beneficios.

Haz algo fuera de lo ordinario

Imagínate lo que te gustaría hacer si todas las cosas fueran posibles de forma instantánea. Y bien, ¿adivina qué? Todo *puede* ocurrir, y este es un buen día para aprovechar todas las oportunidades. Tus ángeles podemos guiar y apoyar tus acciones para que puedas lanzarte y disfrutar actividades extraordinarias.

¿Qué te gustaría hacer hoy? Toma un momento para advertir todo lo que pasa por tu mente cuando respondes a esta pregunta. Luego decide una meta, y toma la acción en la dirección de tu selección sin esperar un segundo.

Date permiso hoy para hacer algo fuera de lo ordinario. La nueva perspectiva que obtendrás te ayudará a ver toda tu vida desde una nueva óptica, y te beneficiarás de un aprecio renovado por todo y por todos los que te rodean. Acercarte a lo desconocido para ti también te muestra tus talentos y fortalezas escondidos, y esto puede ser un catalizador para nuevas y maravillosas posibilidades.

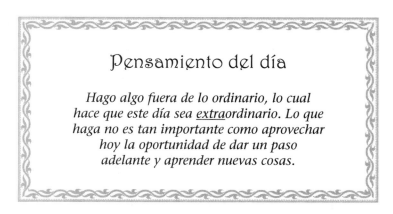

Pensamiento del día

Hago algo fuera de lo ordinario, lo cual hace que este día sea extraordinario. Lo que haga no es tan importante como aprovechar hoy la oportunidad de dar un paso adelante y aprender nuevas cosas.

Deja que llegue a ti

En vez de luchar por lograr tus deseos, relájate y deja que te lleguen. No tienes que sufrir para encontrar lo que buscas, simplemente mantén clara la visión de que ya es tuyo, mantén la fe en que llegará a ti con facilidad y sin esfuerzo, y sigue cualquier guía que recibas.

Hoy, libérate de tus métodos antiguos de satisfacer tus necesidades. Sé como el astuto pescador que usa la carnada correcta (en este caso, tus pensamientos cristalinos), lanza la caña al lago (lo cual corresponde al acto de entregarle tus deseos al Espíritu), y espera con paciencia su recompensa.

Determina lo que deseas... y comprende que siempre y cuando estés buscándolo, estás enviando una señal de que no lo tienes. Así es que agradece al universo, y siente agradecimiento por el hecho de que ya tienes lo que deseas. Este proceso causará la manifestación de tu deseo, a menudo en formas que exceden tus expectativas.

Escribe una descripción detallada de lo que deseas hoy y fírmala con un "gracias." Llena tu corazón con sentimientos de gratitud y disfruta de la respuesta rápida que recibes del universo.

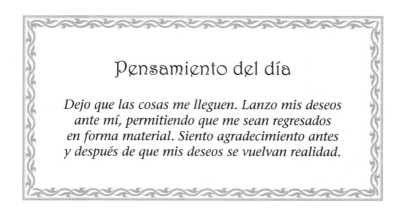

Pensamiento del día

Dejo que las cosas me lleguen. Lanzo mis deseos ante mí, permitiendo que me sean regresados en forma material. Siento agradecimiento antes y después de que mis deseos se vuelvan realidad.

Planta una semilla

¡Una planta es un símbolo poderoso de tu vida! La forma en que la pequeña semilla brota bajo la tierra y se empuja hacia el exterior siguiendo la luz, refleja muchos aspectos de tu propio desarrollo.

Esta es la razón por la cual te estamos guiando para que literalmente, plantes hoy una semilla. Compra una bolsa de semillas en el mercado, o usa una de una fruta o de una verdura fresca. Antes de plantar tu semilla en la tierra, trae a tu mente un nuevo proyecto que tengas la intención de comenzar. Mantén la semilla en tu mano e imprégnala con tus oraciones por ti y por la planta. Luego, colócala en la tierra de forma ceremonial.

Alimenta tu planta y tu nueva intención. Aunque no puedas ver cómo crece bajo la tierra, sabes que están ocurriendo cambios. La incipiente planta necesita cuidados para irrumpir en la superficie, y así mismo ocurre con tu aspiración. Al tiempo que cuidas tu jardín, toma también acciones diarias hacia la realización de tu meta.

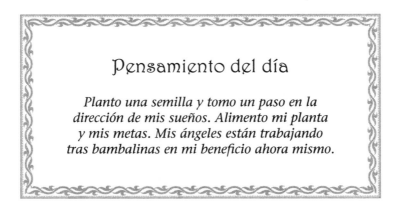

Pensamiento del día

Planto una semilla y tomo un paso en la dirección de mis sueños. Alimento mi planta y mis metas. Mis ángeles están trabajando tras bambalinas en mi beneficio ahora mismo.

Sé intrépido

A veces te resistes al cambio porque lo desconocido parece incómodo. Sin embargo, crear y aprender son dos experiencias terrenales que tu alma ansía. Aunque puedas sentirte raro ante el advenimiento de una novedad, también es emocionante enfrentarse a ella.

Sé intrépido hoy y explora algo nuevo. Inscríbete en alguna clase interesante, contacta a alguien que admires, viaja a un destino desconocido, vete a una excursión o planifica unas vacaciones exóticas. Lleva tus límites hasta el punto de la euforia. ¡Siéntete vivo!

Te admirarás por haber tomado pasos valientes porque al hacerlo, incrementas tu autoestima y tu confianza. Estos sentimientos te apoyarán para seguir con tu propósito de vida, ya que comprenderás que estás verdaderamente capacitado para concederte bendiciones en forma significativa.

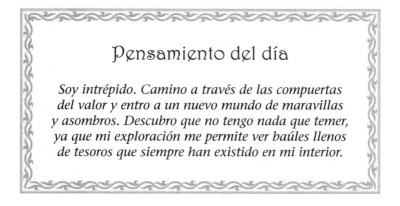

Pensamiento del día

Soy intrépido. Camino a través de las compuertas del valor y entro a un nuevo mundo de maravillas y asombros. Descubro que no tengo nada que temer, ya que mi exploración me permite ver baúles llenos de tesoros que siempre han existido en mi interior.

Desacelera

Tratar de meter demasiadas cosas en un armario solamente da como resultado la frustración, y ocurre lo mismo cuando programas demasiadas cosas para hacer. Para combatir problemas potenciales, te aceleras y te enfocas en realizar todas las actividades diarias en vez de disfrutar de ellas.

Por esta razón los ángeles te guiamos a romper este ciclo disfrutando de un "día lento." Como una danza pausada que evoca profundos sentimientos, permite que tu ritmo desacelerado te reconecte con las riquezas de cada momento. Por ejemplo, disfruta de las sonrisas que provocas cuando permites que alguien pase delante de ti en una fila, cuando haces señales para que otros conductores salgan antes que tú en un estacionamiento y cuando permites que las personas hablen mientras las escuchas.

Haz las cosas con calma, y advierte las diferencias entre tu estado de ánimo hoy y como normalmente te sientes. Quítate el reloj, cubre todos los relojes y calendarios de tu casa y disfruta de la atemporalidad que es la verdadera naturaleza del universo.

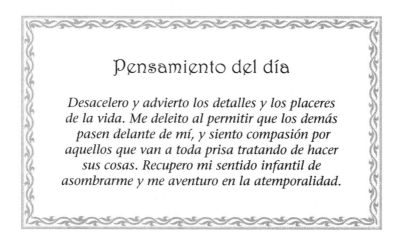

Pensamiento del día

Desacelero y advierto los detalles y los placeres de la vida. Me deleito al permitir que los demás pasen delante de mí, y siento compasión por aquellos que van a toda prisa tratando de hacer sus cosas. Recupero mi sentido infantil de asombrarme y me aventuro en la atemporalidad.

Sueña despierto

Cuando evitas que tus pensamientos floten tan libres como cometas bajo una brisa veraniega, no llegas nunca a conocer la inspiración creativa que puedes encontrar. Entonces, dale hoy rienda suelta a tu imaginación y observa a dónde esto te lleva.

Las grandes obras han sido concebidas mientras personas que han tenido el coraje de simplemente observar (en vez de tratar de controlar) sus pensamientos, han soñado despiertas. Comienza por programar tu intención y luego cálmate y ponte cómodo. Piensa en un escenario como "¿y qué tal que...?" en donde no haya límites, imagina que tu sueño más grande se cumple y sigue la historia a partir de ahí.

La magia de este proceso es que te conectas conscientemente con la Mente Universal, un proceso que por lo general ocurre por accidente. Mantén un papel y un lápiz cerca para que puedas escribir tus experiencias en un "diario de mis sueños despierto." Aunque a menudo es considerada una actividad frívola, descubrirás instrucciones prácticas, guía y respuestas durante cada sesión. ¡Dulces sueños despierto!

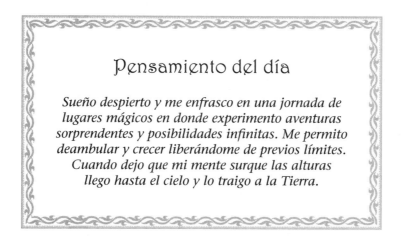

Pensamiento del día

Sueño despierto y me enfrasco en una jornada de lugares mágicos en donde experimento aventuras sorprendentes y posibilidades infinitas. Me permito deambular y crecer liberándome de previos límites. Cuando dejo que mi mente surque las alturas llego hasta el cielo y lo traigo a la Tierra.

Sorprende a alguien

Al igual que te encantan las sorpresas agradables, a los demás también les encanta disfrutar de algo que no esperaban. Planificar un regalo es un acto de amor y cariño: recibes inspiración referente a la naturaleza del regalo, pasas tiempo organizando sus detalles y luego disfrutas de la alegría de compartirlo con quien lo recibe. Las sorpresas espontáneas tales como un elogio sincero o una oferta inesperada de ayuda también son invaluables.

Cuando le das algo a alguien, en verdad te lo estás dando a ti mismo, pues tú y el que recibe son uno. También estás enviando energía al universo que señala que disfrutas de sorpresas placenteras. La vida te responde de manera similar entregándote maravillosas delicias en un flujo abundante de dar y recibir.

Disfruta hoy de algo inesperado tanto en lo que das como en lo que recibes. Mantente alerta y advierte cualquier cosa hermosa o poco usual... las sorpresas vienen en muchas formas.

Pensamiento del día

Disfruto al máximo al crear una sorpresa agradable para alguien especial. Cuando comparto este regalo me transporto momentáneamente al lugar del asombro infantil, y el universo también me entrega cosas maravillosas.

75

Escucha la sabiduría de tu cuerpo

Detente un momento y advierte las sensaciones de tu cuerpo. Permanece callado y presente mientras te sintonizas con todas las áreas que sientes relajadas, así como con las áreas que sientes tensas. Luego, inhala profundamente e imagínate que tus pulmones están llenos de luz sanadora. Cuando exhales, dirige tu energía y tu aliento hacia cualquier área en donde sientas tensión en tu cuerpo.

Siente cómo se relajan tus músculos mientras envías amor y atención de esta manera, y pregúntales por qué están tensos. Es muy probable que su respuesta revele algunos temores escondidos que deben ser enfrentados. Sé un confidente y escucha tu cuerpo con compasión. Tranquiliza a tu ser físico diciéndole que está seguro y protegido, y luego toma un momento para considerar cualquier dato que hayas recibido de sus mensajes.

En muchas maneras, tu cuerpo es sabio y honesto, siempre te dirá la verdad. Basado en tus descubrimientos, ¿sientes que debes hacer algún cambio en tus planes para hoy? ¿Deseas pedir ayuda adicional de otras personas o de nosotros, tus ángeles?

Observa tu interior con frecuencia el día de hoy. Conversa en silencio con cualquier área de tu cuerpo que pida tu atención. Escucha sus mensajes y toma pasos de acuerdo a su guía. De esta manera, tu cuerpo no tendrá que enviarte señales de tensión o dolor sino que más bien, trabajará mano a mano y en armonía contigo.

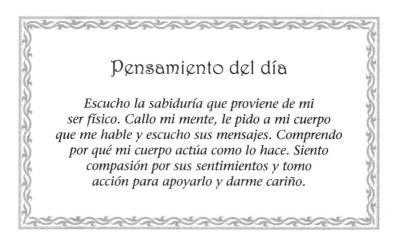

Pensamiento del día

*Escucho la sabiduría que proviene de mi
ser físico. Callo mi mente, le pido a mi cuerpo
que me hable y escucho sus mensajes. Comprendo
por qué mi cuerpo actúa como lo hace. Siento
compasión por sus sentimientos y tomo
acción para apoyarlo y darme cariño.*

¡Siente tus deseos hacerse realidad!

No tienes que luchar, forzar, ni sufrir por nada. La energía del esfuerzo arduo puede alejar de ti las bondades, mientras que la fortaleza de la gratitud puede atraer cosas positivas. Puedes lograr muchas cosas con facilidad manteniendo el sentimiento y el pensamiento de sentirte agradecido porque tu deseo ya ha sido otorgado. No te preocupes por la forma en que este sueño se hará realidad, solo imagina que ya ha ocurrido. Cuanta más emoción, pasión y fervor puedas añadir a tu gratitud, más rápidamente se harán realidad tus deseos.

Cada anhelo envía una versión etérea de sí mismo al universo, mientras que su esencia permanece a tu lado y se solidifica en forma material. Cuanta más energía le envíes a tu deseo, más rápidamente se manifestará. Pero el negativismo, el pesimismo y la duda lo borran, volviéndolo a convertir en un éter nebuloso.

Alimenta hoy tus deseos pensando en ellos con frecuencia y rodeándolos de pensamientos y emociones positivos. Dale las ¡gracias! al universo por su apoyo continuo y constante.

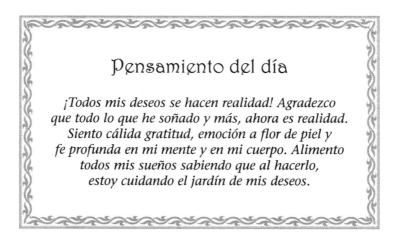

Pensamiento del día

¡Todos mis deseos se hacen realidad! Agradezco que todo lo que he soñado y más, ahora es realidad. Siento cálida gratitud, emoción a flor de piel y fe profunda en mi mente y en mi cuerpo. Alimento todos mis sueños sabiendo que al hacerlo, estoy cuidando el jardín de mis deseos.

Valórate

Eres una joya radiante en la familia real de las creaciones celestiales, y tu luz brilla y resplandece entre nosotros. Tus ángeles te cuidamos con admiración, respeto y mucho amor, es natural para nosotros desear lo mejor para ti.

A veces te vemos tomando decisiones comprometedoras, porque crees que no mereces nada mejor. Temes que si recibes bondades, te privarán de algo a ti o a alguien más. Amado, créenos cuando te decimos que cuando te das, también le das a los demás. Tú y toda la raza humana comparten un mismo espíritu, un aliento y una verdad. Es imposible separar lo que haces por ti de lo que haces por los demás; es como tratar de alimentar y cuidar de unas cuantas hojas de un árbol y no de las demás. Obviamente, eso es imposible, pero es exactamente lo que tratas de hacer cuando tratas de ser el último en merecer algo.

Cuídate como una manera de cuidar a tu familia, a tus amigos y a toda la población. Valórate como una manera de querer a todos en la Tierra; hónrate con el fin de pagarle un tributo a los demás.

Cuanto más te das, más sientes un gran amor, y esa emoción es la clave de la felicidad y la paz. Eso no quiere decir que pienses: *soy mejor que los demás*. Sino que más bien significa: *amo lo que veo en mi interior y en los demás*. Cuidarte hace que se extienda la chispa gozosa de la creación para el beneficio de todos.

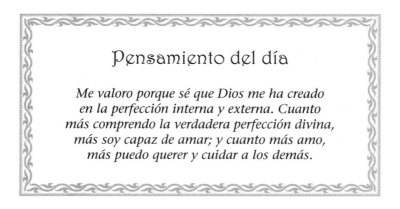

Pensamiento del día

*Me valoro porque sé que Dios me ha creado
en la perfección interna y externa. Cuanto
más comprendo la verdadera perfección divina,
más soy capaz de amar; y cuanto más amo,
más puedo querer y cuidar a los demás.*

Expresa tus sentimientos en formas creativas

Tus sentimientos son energía pura, como los rayos del sol, que desean expresarse y expandirse. Los sentimientos aprisionados crean condiciones físicas tales como: fatiga, irritabilidad y adicciones, hazte pues amigo de tus emociones hoy. Hónralas, incluso aquellas que te hacen sentir incómodo, y comprende que cada una de ellas tiene una razón divina de ser. Cuando sientas compasión y respeto por tus sentimientos, su poder te apoyará.

Tus sentimientos, como tus energías, deben ser dispersados hacia fuera. De lo contrario, tienden a quedarse atrapados como vapor en una olla que se calienta demasiado y marchita los vegetales que estás cocinando.

Saca lo que tienes en tu corazón usando la creatividad. La manera de expresarte es secundaria a la acción, siempre y cuando esto te traiga alegría. Tus emociones reaccionarán con fuerza a la forma creativa que tomes... y las posibilidades son infinitas. Puedes intentar: fotografía, diseño de joyas, teñir telas con los colores extraídos de las flores, coser, escribir, cantar, tocar un instrumento musical, practicar la danza del viente, hacer arreglos florales, dibujar, decorar, pintar, hacer vitrales, tejer, realizar maquillaje artístico, bordar o cualquier otra cosa que desee tu corazón.

Pensamiento del día

*Expreso mis sentimientos en formas creativas.
Me permito divertirme y jugar. Mientras creo y me
calmo alegremente, me recargo y me rejuvenezco.*

Advierte tus pensamientos

Los ángeles estamos aquí para guiarte hacia la respuesta a todas tus oraciones. No obstante, nosotros solos no podemos hacer tus deseos realidad, tu cooperación es totalmente indispensable. Si pides algo pero al mismo tiempo temes recibirlo, no podemos hacerlo realidad. Tus temores crean una barrera a la manifestación de tus oraciones.

Podemos, sin embargo, ayudarte a superar tus preocupaciones, ¡solo tienes que pedirlo! Cada vez que sientas que estás en un "tira y hala" contigo mismo, invócanos para vencer ese tormento interno. Esto se empieza advirtiendo en tus pensamientos, así es que ten cuidado con tus divagaciones mentales, porque ellas pueden conllevarte tanto a lugares felices como a lugares temerosos.

Tu cuerpo te señala cuando tienes miedo: tus músculos se tensan, tu aliento se acorta y tu pulso se incrementa. Es el momento de pedirnos ayuda. Al momento en que piensas en los ángeles, tu mente se llena de la energía del amor, lo cual es parte del proceso de recuperación.

Advierte hoy tus pensamientos: si sientes temor, piensa: *ángeles, por favor, ayúdenme a tener pensamientos de paz,* y vendremos de inmediato a tu ayuda. No podemos ni queremos controlar tu mente; pero sí podemos elevar tu energía para que refleje tu verdadera Divinidad. De esta manera, tus pensamientos se basan en el amor lo cual atrae y crea experiencias positivas.

Pensamiento del día

Advierto mis pensamientos y converso todo el día con mis ángeles. Pido de buena gana y estoy abierto para recibir manteniendo mis intenciones claras y consistentes. Le doy la bienvenida cordial y con los brazos abiertos a mis deseos y a mis plegarias respondidas.

Libera tus miedos

Todos los temores se basan en la creencia de que estás aislado y solo. Puedes temer que no puedes hacer algo o que no vas a lograr lo que deseas, pero tus preocupaciones están enraizadas en falacias. Estás conectado eternamente a Dios, a los ángeles y a los demás: nadie está solo jamás. Siempre tienes aliados poderosos a tu lado que están dispuestos a ayudarte si lo pides.

Puesto que estás conectado a la energía máxima del universo, eres un poderoso creador de tus deseos, anhelos, pensamientos y sentimientos. Hoy, los ángeles deseamos trabajar contigo para purgar tus miedos, única razón por la cual tus oraciones y tus afirmaciones parecen no haberse manifestado. Cuando te hagas consciente de tus inseguridades, por favor inhala profundamente y luego invócanos mentalmente al exhalar. Al hacer esto, estás enviándonos tu incomodidad. Manténte exhalando tus miedos hasta que percibas un sentido renovado de paz.

Podemos ayudarte a revelar tu ser interno verdadero, la parte de ti que es confiada, segura y fuerte porque sabes que tienes todo el amor, el poder y el apoyo que siempre necesitas.

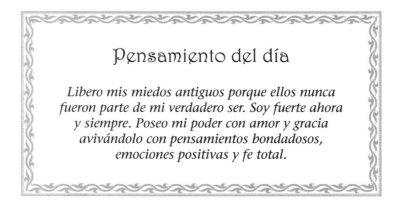

Pensamiento del día

Libero mis miedos antiguos porque ellos nunca fueron parte de mi verdadero ser. Soy fuerte ahora y siempre. Poseo mi poder con amor y gracia avivándolo con pensamientos bondadosos, emociones positivas y fe total.

81

Huele las rosas

La frase: "detente y huele las rosas" es sinónimo de disfrutar la vida y es un mensaje de que los ángeles nos comunicamos continuamente contigo. Hoy, no obstante, estamos tomando esta guía un paso más adelante y te pedimos que sigas este consejo *literalmente*.

La fragancia de estas flores entra en tus fosas nasales y va directamente a tu corazón. Las rosas te ayudan a florecer en la manifestación total de sentimientos amorosos. Esta es la razón por la cual se asocian con el romance.

Considera hoy aspirar este maravilloso aroma. Busca algunas rosas que tengan un dulce olor e inhala profundamente el regalo de su esencia. Advierte cómo sus variados colores evocan emociones distintas. ¿Cuál es la fragancia que más te atrae?

Trae la energía de estas flores a casa comprando rosas o plantándolas, o comprando un frasco de aceite esencial puro de rosas. Recuerda inhalar este aroma sanador a menudo durante el día, y permanece consciente de la alegría abundante de tu corazón.

También puedes advertir una esencia floral en habitaciones en donde no hay flores físicas. Es nuestra señal de que estamos cerca, y es la forma de recordarte que te tomes el tiempo de seguir nuestro consejo de hoy.

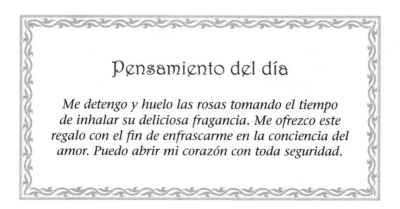

Pensamiento del día

Me detengo y huelo las rosas tomando el tiempo de inhalar su deliciosa fragancia. Me ofrezco este regalo con el fin de enfrascarme en la conciencia del amor. Puedo abrir mi corazón con toda seguridad.

Alimenta a los pájaros

Los ángeles trabajamos de cerca con las aves para enviarte señales de amor. Cuando veas un pájaro actuando de forma extraña o encuentres plumas en lugares inesperados, puedes estar seguro de que somos los causantes.

La razón por la cual tanto los pájaros como nosotros somos representados con alas, es porque ambos surcamos las alturas por encima de las limitaciones y los problemas. No obstante, siempre mantenemos la vista en ustedes; aunque no sufrimos en carne propia, los estamos apoyando a través de todas las cosas que les ocurren.

Cuando te relacionas con las aves, puedes sentir nuestra energía con mayor claridad. Estas criaturas te ayudan a comunicarte con los ángeles de la naturaleza y con los arcángeles, así como con tus ángeles guardianes y con tus ancestros. Alimenta hoy a los pájaros y pasa tiempo en su compañía. Ellos apreciarán tu generosidad, y sentirás los beneficios de su canto, su presencia y su dulce energía.

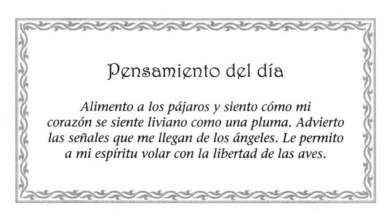

Pensamiento del día

Alimento a los pájaros y siento cómo mi corazón se siente liviano como una pluma. Advierto las señales que me llegan de los ángeles. Le permito a mi espíritu volar con la libertad de las aves.

Revisa lo aprendido

Cuando eras niño probablemente tus padres te preguntaban: "¿Qué aprendiste hoy?" y tú les hacías un recuento de algunas de las lecciones que habías aprendido en la escuela. Pero, incluso en el caso de que negaras haber aprendido algo, muy dentro de ti sabías que habías descubierto algo nuevo.

Obtienes sabiduría de todas las experiencias, incluso de las más duras. Cuando mires hacia atrás y observes los eventos dolorosos, detente y pregúntate: *¿Qué aprendí?* Esta pregunta te ayudará a ver el don tras la situación y sabrás que no sufriste en vano.

Cada circunstancia te enseña paciencia, compasión, fortaleza y otras lecciones valiosas. Toma un momento para revisar toda la sabiduría que has obtenido últimamente. ¿Qué aprendiste ayer? ¿Y hoy? Todas las lecciones son tesoros valiosos que jamás perderás. Disfrútalas y aprécialas.

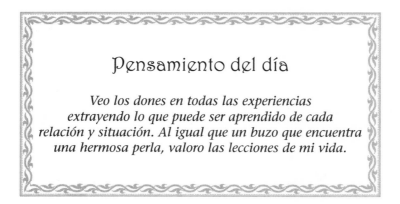

Pensamiento del día

Veo los dones en todas las experiencias extrayendo lo que puede ser aprendido de cada relación y situación. Al igual que un buzo que encuentra una hermosa perla, valoro las lecciones de mi vida.

Date permiso

Cuando eras niño, esperabas que tus mayores te dijeran qué hacer y te dieran permiso para hacer las cosas, condescendiendo a su autoridad. Este hábito ha continuado hasta tu edad adulta, hay una parte tuya que desea que los demás te den su aprobación.

Hoy recupera la dirección total de tu tiempo, de tus actividades y de tu vida. Eres ahora tu propia figura de autoridad, y puedes darte el permiso de avanzar para seguir tus sueños y tu guía interna.

¿Qué clase de permiso te gustaría pedir? Entiende que tienes el poder de seguir tu guía divina sin buscar la aprobación ajena. Puedes tomar las decisiones sobre tu vida a beneficio de tu salud, tu felicidad y tu paz.

Los ángeles te ayudamos con este proceso si lo pides. Podemos apoyar tu valor y tu fortaleza para realizar cambios, pero al fin de cuentas eres tú quien decide. ¡Puedes hacerlo!

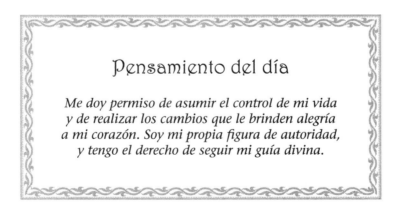

Pensamiento del día

Me doy permiso de asumir el control de mi vida y de realizar los cambios que le brinden alegría a mi corazón. Soy mi propia figura de autoridad, y tengo el derecho de seguir mi guía divina.

Da un paseo

Algo mágico ocurre cuando das un paseo. Tu mente se relaja, se reducen tus niveles de tensión y adviertes detalles a tu alrededor.

El puro acto de caminar es una meditación rítmica que te ayudará a escuchar lo que piensas. Cuando compartes esta actividad con un amigo, tu conversación también añade un elemento terapéutico. Terminas refrescado, renovado y agradecido por haber aprovechado esta oportunidad de cuidar de ti mismo.

Hoy, toma tiempo para dar un paseo, que es como una versión más lenta de caminar para ejercitarte. Deambula un rato, detente para hablar unos minutos con los vecinos, y permítete el lujo de oler algunas rosas o de acariciar algunos animales en el camino. Puede ser que esto no sea un ejercicio cardiovascular, pero definitivamente incrementa la capacidad de amar de tu corazón.

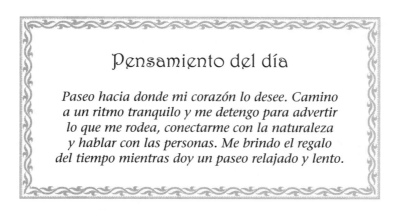

Pensamiento del día

*Paseo hacia donde mi corazón lo desee. Camino
a un ritmo tranquilo y me detengo para advertir
lo que me rodea, conectarme con la naturaleza
y hablar con las personas. Me brindo el regalo
del tiempo mientras doy un paseo relajado y lento.*

Honra tus compromisos

Cuando honras tus compromisos, tu ser interno sonríe. Tu confianza se incrementa cada vez que mantienes una promesa, pues has aprendido a tener fe en ti.

Cuando tratas a los demás con respeto y justicia, así también el universo te devuelve lo mismo, es decir, tus acciones son una inversión en tu propio ser y en tu futuro. Ellas te enseñan que siempre y cuando continúes actuando con sabiduría a través de obras honorables, puedes confiar en los demás y en el mundo.

Las promesas más importantes son las que te haces a ti mismo. Cuando te comprometes a realizar cambios positivos, como por ejemplo, adoptar hábitos más sanos, tu ser interior se emociona como un niño cuyos padres le han prometido una recompensa agradable. Cuando mantienes estos compromisos, tu alma se siente segura y amada, y brilla de la felicidad.

Hoy, mantén las promesas que te haces y que le haces a los demás. El esfuerzo que genera hacerlo es valioso por las recompensas que cosechas... ¡te lo prometemos!

Pensamiento del día

Mantengo las promesas que me hago y que le hago a los demás. Honro mis compromisos y mantengo mi palabra, y me siento bien al respecto.

Bendice tus alimentos

El acto de agradecer tus comidas es una tradición ancestral que se remonta a los primeros días de la humanidad. Es una respuesta intuitiva a la intimidad involucrada en el consumo de alimentos y bebidas.

Puedes elevar la energía de tus comidas a través de oraciones y afirmaciones. Los científicos de la Tierra, ahora han recopilado evidencia concreta que documenta los efectos beneficiosos de bendecir tus comidas; pero la prueba mayor es el fortalecimiento del ánimo y la energía que sientes de la comida que ha sido bendecida.

Crea hoy la nueva y sana costumbre de bendecir tus comidas. No importa el método que uses para imbuirlas con pensamientos y deseos amorosos. Lo importante es que uses algún medio de invocar intenciones amorosas hacia todo lo que comes y bebes.

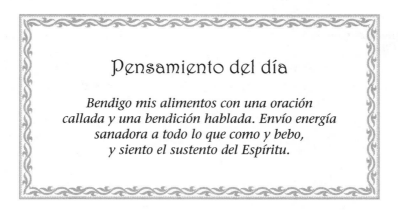

Pensamiento del día

Bendigo mis alimentos con una oración callada y una bendición hablada. Envío energía sanadora a todo lo que como y bebo, y siento el sustento del Espíritu.

Perdónate

Al final de cuentas, todos los resentimientos que llevas en tu interior se devuelven como un bumerán y se convierten en enojo interno, el cual se filtra a la superficie y se va impregnando en tu vida diaria. Estos sentimientos pueden enceguecerte ante las alegrías del diario vivir que te esperan en el mundo.

Por esta razón, tus ángeles estamos guiándote continuamente para que te perdones y liberes la dosis nociva de resentimiento en tu mente y cuerpo. Esta es la máxima desintoxicación que te brinda todo lo que buscas: más energía, mayor enfoque, mayor habilidad de concentración, sentido de alegría renovado, amor, dinero... ¡lo que sea que se te ocurra! Las recompensas del perdón surgen con la misma velocidad que cuando una luz inunda una habitación al encender una lámpara.

Amado, eres demasiado duro contigo. Crees que la perfección es un requisito para ser de valor, pero comprende que eres totalmente adorable mientras tropiezas, aprendes, creces y avanzas. Esta es la razón por la cual el acto de perdón más importante es aquel que diriges hacia ti mismo. Cuando aprendes a acoger con amor cada parte de ti, tu chispa interior resplandece con la intensidad de un reflector, sanando y atrayendo a otros que se benefician de tu calidez y sabiduría.

Libera hoy los resentimientos que sientes hacia ti. Libera cualquier sentimiento de culpa o de reproche, y sumérgete en el amor que tanto mereces.

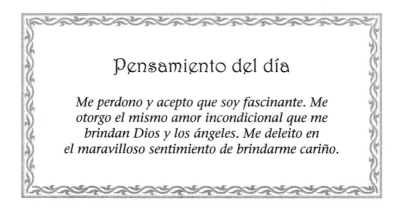

Pensamiento del día

Me perdono y acepto que soy fascinante. Me otorgo el mismo amor incondicional que me brindan Dios y los ángeles. Me deleito en el maravilloso sentimiento de brindarme cariño.

Tómalo con calma

Algunas veces sufres y luchas por lograr tantas cosas que te bloqueas sin querer. Esto es cierto en especial cuando deseas algo con tanto ardor que tratas una y otra vez de que ocurra.

El universo responde al miedo impreso en la energía del sufrimiento. La ansiedad subyacente de que quizá tu deseo no llegue a materializarse es reflejada de vuelta hacia ti en forma de limitaciones, retrasos y manifestaciones poco satisfactorias.

Esta es la razón por la cual entregarse al Espíritu brinda resultados inmediatos. Cuando le entregas tu deseo al universo, también liberas los miedos que te estaban bloqueando. Dejar que las cosas ocurran sin presiones, es decir: "Sé que mi deseo se está manifestando de la mejor manera posible, aunque no estoy seguro de la forma en que va a ocurrir." Esta fe es semejante a abrir la puerta de la casa y darle la bienvenida a tu deseo.

Tómate el día de hoy con calma y permite que el universo haga el trabajo de crear tus sueños. Tu labor fue completada una vez que pediste tu deseo; ahora entrégate a Dios y disfruta de las formas creativas en que tus oraciones pueden ser respondidas.

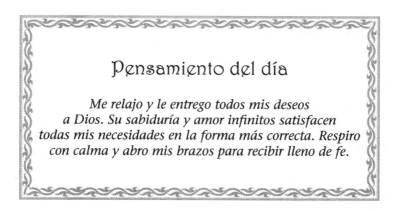

Pensamiento del día

Me relajo y le entrego todos mis deseos
a Dios. Su sabiduría y amor infinitos satisfacen
todas mis necesidades en la forma más correcta. Respiro
con calma y abro mis brazos para recibir lleno de fe.

Perdona un resentimiento

Cuando la conducta de una persona te ocasiona dolor, puedes crear resentimiento hacia esa persona. Pero a la única persona que hieres con esta emoción, eres tú mismo, ya que descienden tus niveles de energía, entusiasmo y productividad. Cualquier obra o palabra descortés que un individuo dirige hacia ti es solamente el reflejo de esa persona, su conducta no es una declaración de su verdadero ser.

Cuando las personas actúan de forma descortés, eclipsan la luz y el amor de sus vidas, lo cual atrae entonces más experiencias que atizan su descontento. Cuanto más infelices parezcan las personas, más amor *necesitan*, el cual sana la infelicidad y aviva la calidez de sus corazones.

Sin embargo, esto no quiere decir que debes pasar tiempo en compañía de aquellos que parecen actuar de forma descortés hacia ti. Puedes enviarles pensamientos cariñosos desde una distancia segura y seguir logrando tus metas. Cuando diriges amor hacia alguien por quien antes sentías resentimiento, la sanación ocurre en tres niveles:

1. Te liberas del dolor y de la angustia de la ira.

2. Rompes patrones indeseables, puesto que siempre atraes lo que piensas.

3. Ayudas a sanar a la otra persona.

Hoy perdona a alguien. El beneficio que se deriva de este acto excede por mucho cualquier placer que puedas sentir por mantener ese resentimiento. ¡Libérate y sé feliz!

Pensamiento del día

Perdono, liberando el primer resentimiento que me llega a la mente. Transformo la ira vieja en energía de amor sanador. Estoy dispuesto a perdonar.

Eres adorable

Para nosotros tus ángeles, tú eres la persona más adorable que se pueda imaginar. Vemos la bondad en tu corazón y en la forma que expresas y recibes afecto. Cada aliento que exhalas envía tu hermosa energía hacia el exterior.

Eres totalmente digno de amor. Tu personalidad, tus pensamientos y sentimientos son fantásticos y cautivadores, y tu ser físico es totalmente perfecto. Cada parte de ti es completamente gloriosa.

Somos tus ángeles, estamos siempre a tu lado y siempre te amaremos.

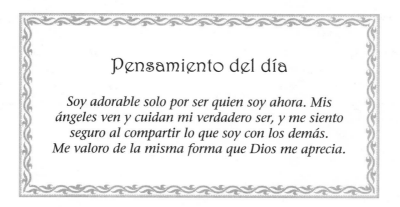

Pensamiento del día

Soy adorable solo por ser quien soy ahora. Mis ángeles ven y cuidan mi verdadero ser, y me siento seguro al compartir lo que soy con los demás. Me valoro de la misma forma que Dios me aprecia.

Escribe

La palabra escrita es una forma maravillosa de expresión, enseñanza e incluso aprendizaje. También es una forma de conectarnos con el cielo a través del proceso de canalización de la información divina. Es probable que a lo largo de tu vida hayas reconocido que escribir es parte de tu naturaleza y de tu propósito. Este es un mensaje para que hoy te tomes el tiempo de sentarte y tomar tu pluma.

El proceso de escribir te abre a recibir nuevas ideas e información. Te conectas con tu maestro interior, así como con la sabiduría del universo, luego no vale la pena que te preocupes por el tema. Sencillamente, siéntate al frente de tu computadora o cuaderno y comienza a transcribir todo lo que te llegue a la mente. No importa si tus palabras no tienen mucho sentido o si comenzaste con pensamientos o sentimientos confusos. La dirección de tu escritura se irá aclarando una vez que comiences.

Haz que esta actividad sea parte de tu vida; si es posible, haz de esto un hábito diario. Toma hoy el tiempo de escribir, y advierte los beneficios emocionales y de autoestima que llegan como resultado de esto.

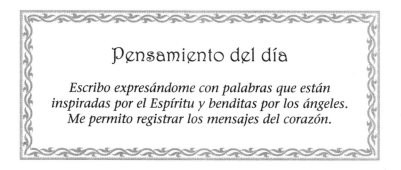

Pensamiento del día

Escribo expresándome con palabras que están inspiradas por el Espíritu y benditas por los ángeles. Me permito registrar los mensajes del corazón.

Crea un tablero de tus sueños

Un *tablero de tus sueños* es una herramienta maravillosa que te ofrece una representación visual de tus metas, oraciones y deseos. Usa una base de cartulina firme o de madera en donde puedas pegar fotografías, dibujos, palabras y otras imágenes que representen tus deseos. Hojea algunas revistas para encontrarlas y diviértete colocándolas.

Después de terminar tu tablero, cuélgalo en un lugar notable donde puedas observarlo a diario. Cada vez que pases por ahí, detente y visualiza tus deseos ya manifestados. Siente gratitud y dale las "gracias" al universo por convertir tu sueño en realidad.

Entrégale al cielo cualquier preocupación o duda que tengas respecto a la materialización de este deseo. Coloca todo tu enfoque en sentirte agradecido por el hecho de que este deseo ya se ha convertido en realidad, y luego dale la bienvenida tan pronto llegue a tu vida.

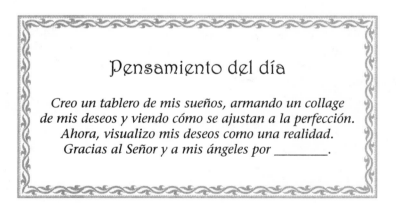

Pensamiento del día

Creo un tablero de mis sueños, armando un collage de mis deseos y viendo cómo se ajustan a la perfección. Ahora, visualizo mis deseos como una realidad. Gracias al Señor y a mis ángeles por _____.

Evoca uno de tus recuerdos favoritos

La dulzura de los recuerdos sentimentales evoca muchos sentimientos placenteros. Hoy, recuerda con cariño una ocasión en que te sentías seguro y totalmente amado, y trae a la mente un momento en que disfrutaste por completo de tu vida. No recuerdes solamente tus pensamientos, sino también tus sentimientos.

Pasa algún tiempo disfrutando de tus recuerdos y deja que tu mente divague a voluntad. Hazte las siguientes preguntas y observa las respuestas que surgen espontáneamente:

- *¿Cuál fue uno de mis cumpleaños favoritos?*
- *¿Cuándo me sentí más orgulloso de mí mismo?*
- *¿Cuál sería un recuerdo placentero en la naturaleza?*
- *¿Cuál es un recuerdo maravilloso de mi vida amorosa?*
- *¿Qué momento fue cumbre para mí?*

Sigue recordando, quizás escribiendo en un diario o compartiendo esto con un ser amado o con nosotros, tus ángeles.

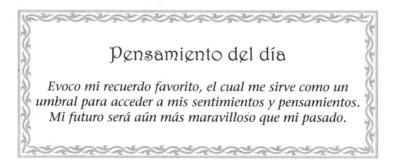

Pensamiento del día

Evoco mi recuerdo favorito, el cual me sirve como un umbral para acceder a mis sentimientos y pensamientos. Mi futuro será aún más maravilloso que mi pasado.

Regálate las palabras: *te amo*

*A*marte es un término que escuchas con frecuencia, pero a veces no sabes cómo practicarlo. Una de las formas más sencillas de hacerlo es decirte *te amo*. Puedes expresarlo en silencio, en voz alta o por medio de la escritura.

A todo el mundo le encanta escuchar afirmaciones de cariño, y esto incluye tu ser interior. Cuando expresas dichos sentimientos, tu alma resplandece de alegría. Todo tu campo de energía se amplía, lo cual incrementa tu sanación y tus habilidades de manifestación.

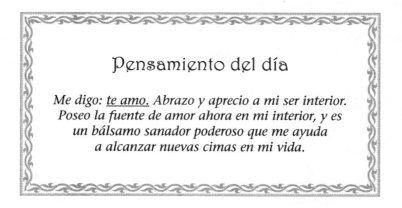

Pensamiento del día

Me digo: te amo. Abrazo y aprecio a mi ser interior. Poseo la fuente de amor ahora en mi interior, y es un bálsamo sanador poderoso que me ayuda a alcanzar nuevas cimas en mi vida.

Visualiza ángeles

Una forma de comunicarte con nosotros, los ángeles, es a través de imágenes que mantienes en tu imaginación. Cuando nos visualizas, es semejante a invocarnos para que estemos a tu lado. Toma un tiempo hoy para quedarte en silencio, cerrar tus ojos, respirar profundamente e imaginar muchos ángeles rodeándote.

Visualízanos hablando contigo, diciéndonos todo lo que está en tu corazón y recibiendo amor, sabiduría, apoyo y guía. No importa qué tan detalladas sean tus visualizaciones, tu intención de conectarte con nosotros siempre dará resultados exitosos, aunque no te des cuenta de ellos. Recuerda que estamos consciente de todos tus pensamientos y sentimientos, aunque no puedas escucharnos todavía.

Te amamos incondicionalmente y tenemos paciencia eterna.

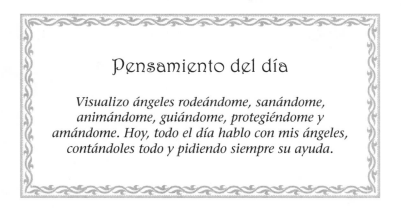

Pensamiento del día

Visualizo ángeles rodeándome, sanándome, animándome, guiándome, protegiéndome y amándome. Hoy, todo el día hablo con mis ángeles, contándoles todo y pidiendo siempre su ayuda.

97

Libera tu necesidad de aprobación

Libera tu necesidad de que le gustes a todo el mundo, pues solamente importa que te valores a ti mismo. Las opiniones ajenas no influyen sobre quién eres, puesto que son simples declaraciones de la opinión personal que ese individuo proyecta en ti.

Observa nuestra situación como un ejemplo idóneo. Aunque nos pasamos todo el tiempo ayudando a los demás, todavía existen personas que no gustan o desconfían de nosotros. Si permitimos que esos puntos de vista negativos nos afecten, no podríamos ser tan efectivos en nuestro propósito.

Piensa en todo el tiempo y la energía que has gastado en la búsqueda de aprobación ajena. ¿No sería mejor gastar tu tiempo buscando tu *propia* aprobación, midiendo tu valor en comparación con un estándar más elevado al de las opiniones ajenas? Por supuesto, que la respuesta es afirmativa, y hoy es el día para adoptar esta nueva y sana actitud.

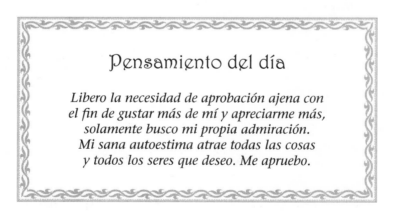

Pensamiento del día

Libero la necesidad de aprobación ajena con el fin de gustar más de mí y apreciarme más, solamente busco mi propia admiración. Mi sana autoestima atrae todas las cosas y todos los seres que deseo. Me apruebo.

Envía amor a tu corazón

Todo tu cuerpo reacciona positivamente al amor. Cuando diriges esta emoción hacia tu ser físico, es la misma energía que te enviamos los ángeles u otras personas. El amor es siempre amor, no importa a través de qué canal fluya.

Dale hoy energía adicional a tu corazón, bendiciéndolo física, emocional y espiritualmente. Ora afirmando que tu corazón está totalmente sano. Rodéalo de tu amor, y pídele que absorba este regalo con cada latido. Dale las "gracias" por estar tan sano y ser tan fuerte y eficiente.

Reconforta tu corazón diciéndole que está a salvo y que siempre lo protegerás. Dile que harás ejercicio y comerás sanamente siguiendo tu guía. Declara que honrarás tus sentimientos para ayudarte a identificar las relaciones y las situaciones que son beneficiosas y las que debes evitar.

Observa tu corazón como una hermosa flor y pide que sus pétalos se desplieguen con suavidad. Observa las barreras escondidas que comienzan a derrumbarse. Envía cariño a tu corazón, y a cambio, te ayudaremos a sentir cada vez más amor.

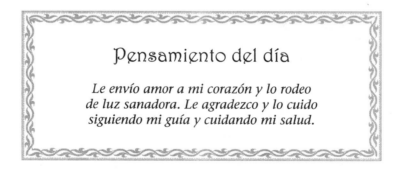

Pensamiento del día

*Le envío amor a mi corazón y lo rodeo
de luz sanadora. Le agradezco y lo cuido
siguiendo mi guía y cuidando mi salud.*

Sonríe

Los científicos han demostrado los numerosos beneficios fisiológicos de la felicidad y de sonreír. De igual manera, las recompensas espirituales son innumerables, y hoy los ángeles te pedimos que te enfoques en uno de ellos: el efecto bumerán de la sonrisa.

Cuando sonríes, los demás no pueden evitar responderte con la misma expresión facial. Aunque sus dientes apenas esbocen una mueca, notas que sus ojos se arrugan de felicidad cuando te miran al pasar. Esta reacción humana es un don del cielo que deseamos que capitalices. Es un testamento a la frase: "Cuanto más das, más recibes."

Hoy, sonríe a alguien y observa cómo te regresa la sonrisa magnificada. Ten la absoluta certeza de que tu gesto también viajará a través de muchos individuos como un efecto dominó sanador que pasa de un ser a otro. Los beneficios siempre te iluminan de regreso de formas innumerables.

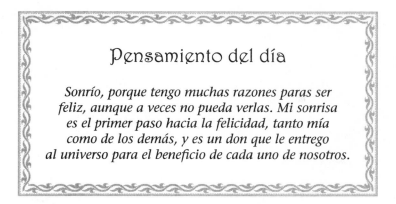

Pensamiento del día

Sonrío, porque tengo muchas razones paras ser feliz, aunque a veces no pueda verlas. Mi sonrisa es el primer paso hacia la felicidad, tanto mía como de los demás, y es un don que le entrego al universo para el beneficio de cada uno de nosotros.

Ríe

El sonido de la risa es lo más cercano en la Tierra a la "música de las esferas" que se encuentra en el cielo. Su esencia pura libera tu alegría interna en el mundo, lo cual tiene efectos de un alcance increíble. Tu risa te cura, así como a aquellos que la escuchan o sienten su fuerza, porque eleva la energía de la habitación en donde ocurre. Ya sea una risita contenida o una sonora carcajada, es poderosa.

Hoy, busca formas de reír. Puedes ver una comedia, leer un libro divertido o intercambiar chistes con alguien. Busca el humor en todas las situaciones de tu día y trata de pensar como un comediante. La risa, como otros aspectos positivos de la vida, llega con mayor facilidad cuando la practicamos, y establecer este nuevo hábito tendrá efectos perdurables.

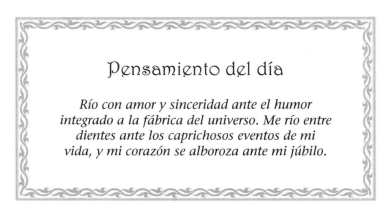

Pensamiento del día

Río con amor y sinceridad ante el humor integrado a la fábrica del universo. Me río entre dientes ante los caprichosos eventos de mi vida, y mi corazón se alboroza ante mi júbilo.

Opta por la felicidad

La felicidad es un estado del ser que tú mismo creas, es algo por lo que optas desde tu interior sin importar lo que esté ocurriendo a tu alrededor. Hoy, ofrécete el don terapéutico de escoger esta emoción mágica, aquella que tiene el poder de disolver crisis, sanar enfermedades, enmendar conflictos y atraer nuevas oportunidades.

Sentirse feliz es la máxima demostración de fe de que tus oraciones han sido escuchadas y respondidas..., y tus creencias serán siempre recompensadas de manera que te otorguen sorpresas gloriosas. Este ciclo es sano: cuanto más dichoso estés, más experiencias atraerás que apoyen tu bienestar. Opta entonces por la felicidad, estableciendo que tu intención permanece alegre de corazón y amorosa respecto a la perspectiva de tu día. Si sientes que te desvías hacia lo negativo, recuerda la alegría. Solamente pensar en ella es suficiente para evocar la luz, la cual siempre aleja el negativismo con su resplandor.

Sé hoy el estandarte de esta emoción con el fin de inspirar y guiar a los demás para que ellos también opten por ella. Después de todo, la mejor forma de aprender a ser feliz es practicar serlo.

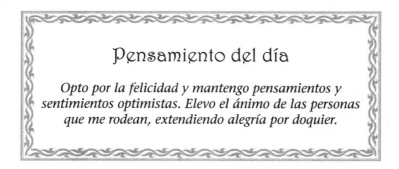

Pensamiento del día

Opto por la felicidad y mantengo pensamientos y sentimientos optimistas. Elevo el ánimo de las personas que me rodean, extendiendo alegría por doquier.

Ofrécete un regalo

¿Por qué esperar una ocasión especial para darte un gusto? Después de todo, ¡cuando más necesitas gratificaciones es durante los momentos ordinarios de tu vida! El presente que te regales hoy, no tiene que ser caro ni complejo, puede ser gratis. Solamente tiene que vibrar de alegría tu corazón.

Observa el día de hoy con mente abierta, y permítete ser guiado hacia el regalo perfecto para ti. Podría ser una actividad tal como ir al cine o leer un buen libro, recibir un masaje o un tratamiento para los pies. Puede ser que prefieras darte un baño de tina o tomar una siesta en la tarde.

Desde luego, no te tienes que limitar a un regalo por día. Recompénsate con dones con la frecuencia que lo sientas, y experimenta los beneficios de tu entusiasmo y tu alegría cada vez mayores.

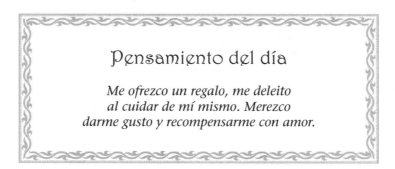

Pensamiento del día

Me ofrezco un regalo, me deleito
al cuidar de mí mismo. Merezco
darme gusto y recompensarme con amor.

103

Sana una antigua relación

¿Alguien de tu pasado ha estado recientemente en tu mente? Esto podría ser una señal de que debes reiniciar el contacto con esa persona, o podría significar que es hora de resolver un asunto antiguo que tengas con él o ella. Cuando surge en tu mente una relación antigua, vale la pena poner atención a la razón por la cual esto ha ocurrido.

Primero que todo, advierte cualquier sentimiento en tu estómago cuando pienses en esa persona. ¿Te sientes tenso? ¿Animado? ¿Molesto? Identifica todas las emociones asociadas con tu relación, y piensa en el momento en que esta se terminó. Si albergas algún remordimiento, inhala profundamente y mantén la intención de liberar esos sentimientos cuando exhales. Esto de por sí, podría conllevar la sanación que anhelas. También puedes pedirle al universo que deshaga los efectos de los errores que hayan podido cometer alguno de los dos.

Es posible que desees escribirle una carta a esa persona como una forma de comprender tus verdaderos pensamientos y sentimientos. No tienes que enviar la carta para obtener los beneficios del valor terapéutico de este proceso... algunas veces es mejor destruir en una ceremonia lo que has escrito como un símbolo de liberación.

Después de tu momento de contemplación, podrías sentirte guiado a recuperar el contacto con el individuo en cuestión. Invócanos a tus ángeles para que rodeemos el encuentro con amor protector y para asegurarte que sea lo más armonioso posible. (También podemos ayudarte a localizar a esa persona, si así lo deseas.)

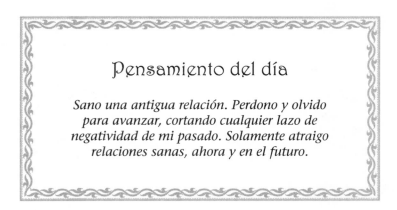

Pensamiento del día

*Sano una antigua relación. Perdono y olvido
para avanzar, cortando cualquier lazo de
negatividad de mi pasado. Solamente atraigo
relaciones sanas, ahora y en el futuro.*

Envía amor a tus músculos

Puede ser que sientas tensión en tu cuerpo ahora mismo sin que te hayas dado cuenta. Los ángeles te lo señalamos para que puedas tomar pasos positivos hacia tu relajación.

Toma un momento para revisar tu cuerpo en busca de áreas tensas. Pregúntale a tus músculos qué es lo que están tratando de decirte, es posible que escuches, sientas o pienses en una respuesta. Toma algunos segundos para tener una conversación con ellos sobre la razón por la cuál están tensos.

Enseguida, inhala profundamente, y mientras exhales imagínate enviando todo ese aliento a tu cuerpo. Siente comprensión y compasión por tus músculos, y agradece la labor excelente que están realizando. Tus músculos no solamente te apoyan, sino que también te comunican sentimientos honestos sobre ti.

Tu cuerpo tiende a sentirse tenso o dolorido cuando es ignorado, entonces toma hoy el tiempo de escucharlo y apreciarlo. Al igual que las personas se relajan cuando sienten que son comprendidas, así también lo hacen tus músculos.

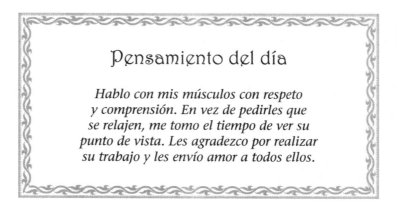

Pensamiento del día

Hablo con mis músculos con respeto y comprensión. En vez de pedirles que se relajen, me tomo el tiempo de ver su punto de vista. Les agradezco por realizar su trabajo y les envío amor a todos ellos.

Reconoce tu valor

En lugar de medir tu valor comparándote con los estándares mundanos, por favor, obsérvate desde nuestra perspectiva angélica. En nuestros ojos, eres totalmente valioso y marcas una gran diferencia por el solo hecho de estar vivo. Tu aliento vital y los latidos de tu corazón emiten amor, y anclan la luz celestial en la Tierra.

Tus oraciones son como música para nosotros, puesto que son oportunidades para que trabajemos contigo en equipo. Vemos en la profundidad de tu alma, donde siempre se manifiestan tu sabiduría y tu bondad.

Eres una persona valiosa, y este planeta te necesita aunque no estés seguro de tu papel en él. Tu presencia le aporta bendiciones a las vidas de muchas personas, y contamos contigo para tener fe en esta vida. Las cosas se pondrán más fáciles... te lo prometemos.

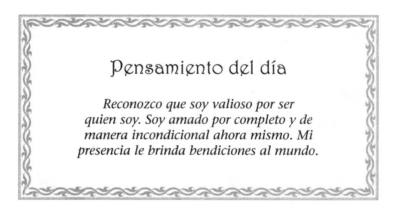

Pensamiento del día

Reconozco que soy valioso por ser quien soy. Soy amado por completo y de manera incondicional ahora mismo. Mi presencia le brinda bendiciones al mundo.

Te comprendemos perfectamente

Algunas veces puedes sentirte incomprendido por las personas en tu vida. Podrías hasta preguntarte ¡si tú mismo te entiendes!

Tus ángeles te comprendemos. Conocemos tus sentimientos y pensamientos más profundos, y honramos lo que sea que estés pasando ahora mismo. Estamos siempre disponibles para apoyarte, listos para darte una mano amiga cada vez que lo pidas. Nos gusta todo de ti, desde tus sombras más oscuras hasta tu luz más resplandeciente, porque desde nuestro punto de vista eres totalmente digno de amor.

Habla con nosotros si te sientes incomprendido. Descarga en nosotros todo lo que hay en tu corazón de la forma en que lo desees, con la plena confianza de que te estamos escuchando, apoyándote y comprendiéndote.

Pensamiento del día

*Recuerdo que mis ángeles me comprenden.
Ellos pueden ayudarme a ver la salida en
mis momentos oscuros y me llevan a la
luz para que reconozca mi grandeza.
Puedo decirle todo a mis ángeles.*

Descarga en nosotros todo lo que hay en tu corazón

Tus ángeles estamos siempre contigo. Cuando te sientas molesto o desilusionado, descarga en nosotros todo lo que hay en tu corazón. Dinos todo, incluyendo los pensamientos y sentimientos de incomodidad.

Este proceso es para tu propio beneficio terapéutico, ya sabemos lo que te ocurre. Te apoyamos de todas las maneras posibles, porque nuestro amor por ti es carente de juicios y condiciones.

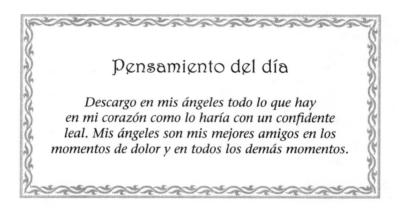

Pensamiento del día

Descargo en mis ángeles todo lo que hay en mi corazón como lo haría con un confidente leal. Mis ángeles son mis mejores amigos en los momentos de dolor y en todos los demás momentos.

Ondea tu varita mágica

Es probable que muchas veces hayas deseado tener una varita mágica para mejorar tu vida y la de los demás. Tus ángeles deseamos presentarte la magia que siempre has tenido en tu poder: el amor.

Cuando rodeas por completo las circunstancias con esta emoción en todas sus versiones: gratitud, perdón, compasión, paz y demás..., estás ondeando una varita mágica que puede sanar todos los desequilibrios. Si lo pides, podemos ayudarte a alcanzar ese estado mental, emocional y corporal. Nos unimos a tu energía para impregnar la situación con la magia del amor divino.

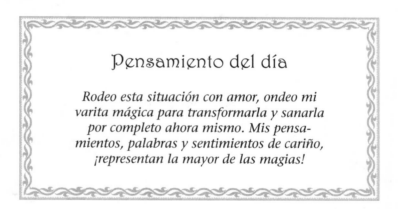

Pensamiento del día

Rodeo esta situación con amor, ondeo mi varita mágica para transformarla y sanarla por completo ahora mismo. Mis pensamientos, palabras y sentimientos de cariño, ¡representan la mayor de las magias!

Irradia tu luz con todo su resplandor

Cuando expresas por completo tu verdadero ser, tu luz interior resplandece con su máximo esplendor, demostrando alegría, cánticos, danzas, dicha y conexión con los demás. Permite hoy que esa parte de ti salga a la luz: tu resplandor puede iluminar el camino de otra persona y ofrecerle inspiración durante un periodo de oscuridad.

Irradia hoy tu luz con todo su resplandor, querido ángel en la Tierra. Usa tu luz para guiar a otra persona.

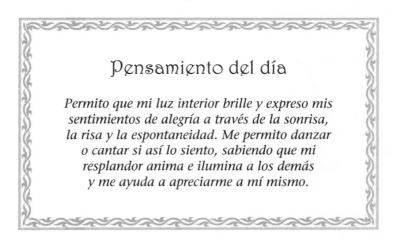

Pensamiento del día

*Permito que mi luz interior brille y expreso mis
sentimientos de alegría a través de la sonrisa,
la risa y la espontaneidad. Me permito danzar
o cantar si así lo siento, sabiendo que mi
resplandor anima e ilumina a los demás
y me ayuda a apreciarme a mí mismo.*

Tu futuro está a salvo

Tus ángeles vemos que a menudo te preocupas sobre tu futuro, por eso hoy te ofrecemos la certeza de que todo está bien: no hay nada que pueda llegar a tu vida con lo que tú no puedas lidiar. En todo momento te sostenemos de la mano mientras avanzas hacia lo que el futuro te depara.

También te recordamos que proyectes solamente pensamientos positivos hacia tu futuro, porque está diseñado según los sentimientos que tienes a cada momento. Entréganos tus inquietudes y preocupaciones sobre tu mañana, y enfócate por completo en tener hoy un día lleno de paz. Tu tranquilidad presente es una inversión en tu futuro que te proporciona hermosos beneficios.

Al rodearte con nuestro amor, podemos ayudarte a cambiar tus pensamientos de temor por pensamientos que te hagan sentir feliz y seguro. Pero con el fin de conectarte verdaderamente con nuestro apoyo, debes permitirlo en tu corazón. La mejor forma de hacerlo es a través de tu respiración: inhala entonces toda la energía amorosa que te rodea y llévala a lo más profundo de tu ser. Luego, abrázate y exhala cualquier sentimiento de tensión. Sigue invócandonos hasta que te sientas calmado y seguro respecto a tu porvenir.

En verdad todo está siempre bien, cuanto más sepas y sientas esta verdad, más la experimentarás. Puedes sentirte en paz, ahora..., y en el futuro.

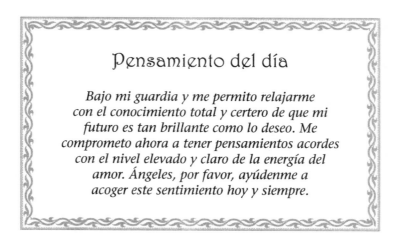

Pensamiento del día

Bajo mi guardia y me permito relajarme con el conocimiento total y certero de que mi futuro es tan brillante como lo deseo. Me comprometo ahora a tener pensamientos acordes con el nivel elevado y claro de la energía del amor. Ángeles, por favor, ayúdenme a acoger este sentimiento hoy y siempre.

Date una palmadita en el hombro

Todo el mundo necesita reconocimiento y elogios. Tus ángeles te impartimos palabras positivas, pero no siempre nos escuchas o nos crees si no es también por medio del reconocimiento de tus esfuerzos a través de una voz humana.

El reconocimiento que más necesitas es el que proviene de ti mismo. Cuando otros te alaban, se siente bien..., pero puede ser que no lo aceptes por completo. Una parte de ti te distancia de la adulación, temiendo el poder y la energía tras esas palabras. Esta es la razón por la cual es doblemente importante que te reconozcas tú mismo.

Hoy, date literalmente una palmadita en el hombro y di: "¡Buen trabajo!" por algo que hayas logrado recientemente. Puedes honrarte por algo pequeño que hayas hecho, pero recuerda que todo gran logro consiste de muchas acciones pequeñas. Si te alabas por cada uno de esos pequeños pasos, sentirás mayor entusiasmo respecto al paso siguiente.

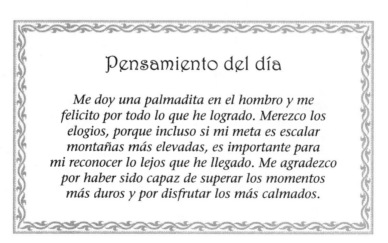

Pensamiento del día

Me doy una palmadita en el hombro y me felicito por todo lo que he logrado. Merezco los elogios, porque incluso si mi meta es escalar montañas más elevadas, es importante para mi reconocer lo lejos que he llegado. Me agradezco por haber sido capaz de superar los momentos más duros y por disfrutar los más calmados.

Borra la culpa de tu conciencia

Cuando haces algo por otra persona basado en un sentimiento de culpa u obligación, terminas sintiendo resentimiento hacia esa persona. Este sentimiento te priva de la alegría que sentirías normalmente al ayudar a otro...: te impide ver la luz de tus relaciones.

Esa es la razón por la cual, hoy tus ángeles estamos trabajando contigo para borrar la culpa de tu conciencia. Esta emoción difiere del sentido de la responsabilidad, la cual se basa en sentimientos de cariño. La clave es ayudar a los demás desde el amor, no desde la obligación, porque el primero es alegre mientras que la segunda se siente como un trabajo pesado. ¿Cuál crees que es mejor para ti y para la relación?

Antes de hacer algo que no desees, detente por un breve momento y pídenos ayuda. Podemos elevar tu mente al nivel del amor para que encuentres una alternativa cómoda para realizar tu tarea o para que seas capaz de hacerlo con un corazón alegre.

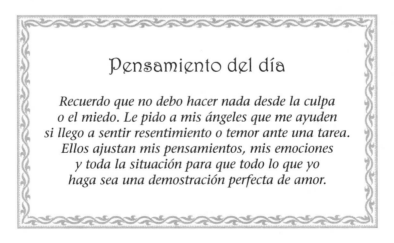

Pensamiento del día

*Recuerdo que no debo hacer nada desde la culpa
o el miedo. Le pido a mis ángeles que me ayuden
si llego a sentir resentimiento o temor ante una tarea.
Ellos ajustan mis pensamientos, mis emociones
y toda la situación para que todo lo que yo
haga sea una demostración perfecta de amor.*

Honra tu sensibilidad

Tú respondes profundamente a las diferentes energías y puedes haber estado confuso respecto a si lo que sientes son tus emociones o las ajenas. Algunas veces la vida parece tan intensa que hasta tratas de inhabilitar tu conciencia. En otras palabras, eres sensible.

Hoy te pedimos que honres esta cualidad como un don para ti y para el mundo. Tu aguda percepción te permite detectar la verdad y la integridad en las relaciones, así como sentir alegría y amor profundamente. Tu receptividad también te ayuda a comunicarte claramente con nosotros, tus ángeles. Percibes nuestra presencia y mensajes con tu intuición. Además, tratas con cuidado las emociones de los demás: eres considerado, amable y consciente.

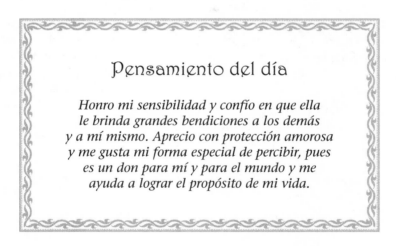

Pensamiento del día

*Honro mi sensibilidad y confío en que ella
le brinda grandes bendiciones a los demás
y a mí mismo. Aprecio con protección amorosa
y me gusta mi forma especial de percibir, pues
es un don para mí y para el mundo y me
ayuda a lograr el propósito de mi vida.*

Sana conflictos

No todo el mundo va a estar de acuerdo con tus decisiones ni con la forma en que manejas las situaciones. Cuando alguien tiene un conflicto contigo, puede ser que te sientas triste, enojado, confundido o traicionado. Es probable que te preguntes por qué esa persona piensa tan distinto a ti. Podrías incluso cuestionarte tu propia decisión y preguntarte si la otra persona tendrá la razón.

Esta situación es una demostración de que aunque las personas comparten el mismo espíritu y la misma luz en su interior, cada una es única en términos humanos. Para que a uno le guste o ame a alguien, debe enfocarse en las similitudes, las cuales hacen a veces que no veamos las diferencias.

Pero en toda relación, habrá diferencias ocasionales de opiniones. No es la disputa lo que cuenta, sino la forma de manejarla. Si tienes la gracia de aceptar que la otra persona es distinta a ti, entonces habrás logrado avanzar un gran trecho en el camino espiritual de aprender y madurar.

La sanación debe ocurrir primero en ti y luego pasar a la otra persona. No importa lo que la otra persona haya hecho, permanece acorde a tu propia Divinidad. Tu crecimiento espiritual no depende de cambiar a los demás, más bien se trata de aprender a ver la luz en los demás, independientemente de las circunstancias.

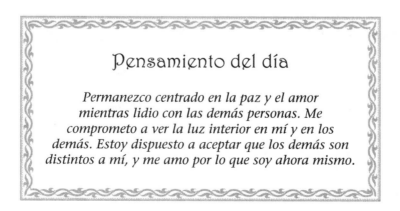

Pensamiento del día

Permanezco centrado en la paz y el amor mientras lidio con las demás personas. Me comprometo a ver la luz interior en mí y en los demás. Estoy dispuesto a aceptar que los demás son distintos a mí, y me amo por lo que soy ahora mismo.

Tómate tu tiempo

Estás tan acostumbrado a andar deprisa para cumplir con todas tus responsabilidades que es casi un hábito enraizado en ti andar corriendo. No obstante, correr a toda prisa para pasar de una tarea a otra no te hace ganar un concurso ni produce paz mental, más bien, te mantiene enfocado en el futuro, en vez de poder disfrutar del momento presente.

Leer este mensaje es una forma de cuidar bien de ti. Estás alimentando tu alma y creando nuevos resultados más sanos, pero tus ángeles deseamos que hagas un esfuerzo mayor en moverte con menor velocidad a lo largo de tu día.

Cumplir con tus deberes *y* tomarte tu tiempo son actividades que no se excluyen mutuamente. Puedes lograr hacer mucho más cuando tu energía y tu ánimo están surcando las alturas, con el vigor que origina disfrutar de ti mismo. Esta felicidad se construye al notar todos los aspectos hermosos, divertidos y conmovedores de tu día, y esto requiere tomarte el tiempo necesario que te permita ver estos detalles con claridad.

También puedes pedirles a los demás que te ayuden con tus necesidades y responsabilidades, y esto incluye pedirnos asistencia. ¡Disfruta hoy de tu tiempo!

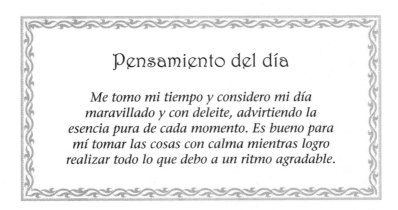

Pensamiento del día

Me tomo mi tiempo y considero mi día maravillado y con deleite, advirtiendo la esencia pura de cada momento. Es bueno para mí tomar las cosas con calma mientras logro realizar todo lo que debo a un ritmo agradable.

Enciende una vela

Hay razones maravillosas por las cuales las velas han sido usadas en ceremonias espirituales desde los tiempos antiguos. Su luz eleva la energía y los sentidos de todo aquel que las ve, y es mucho más cercana a la luz solar natural que la iluminación artificial en la mayoría de los hogares y oficinas. Esta es una explicación de por qué una vela energiza, al igual que lo hace pasar un tiempo a la luz del día en la naturaleza.

La luz de las velas estimula la imaginación. Te exhorto a que contemples una llama desde un punto de enfoque con el fin de meditar y visualizar. También puedes encender una vela para celebrar o conmemorar algo, puesto que ellas sirven para cualquier propósito que les asignes.

Enciende hoy una vela con una intención del corazón. Cuando acerques la flama de un fósforo para encender el pabilo, piensa en tu intención (la salud de una persona, la paz del mundo, prosperidad, etcétera). Enciende tantas velas como intenciones tengas, y observa cada una de ellas mientras oras pidiendo lo que deseas. Cuando la flama se haya extinguido, asegúrate de agradecer a la vela por su apoyo.

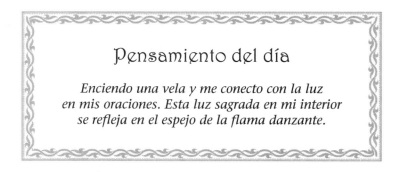

Pensamiento del día

Enciendo una vela y me conecto con la luz en mis oraciones. Esta luz sagrada en mi interior se refleja en el espejo de la flama danzante.

Crea un altar o atiéndelo

Es importante tener un espacio personal en donde puedas orar y meditar. Esto no tiene que ser un lugar formal, solamente un lugar en donde te sientas cómodo y en donde puedas cerrar tus ojos sin distracciones. Puede ser un rincón de una habitación usada con otros propósitos.

Crear un altar en este espacio sagrado te inspirará a meditar. Usa una superficie plana, como la parte superior de una mesa, por ejemplo, o una repisa en donde puedas colocar objetos que tengan un significado especial para ti o que te inspiren sentimientos de paz. Puedes incluir objetos que representen la naturaleza, tales como plumas, conchas o cristales. Sirve como un punto de enfoque para orar y meditar, y con el tiempo se va impregnando de energía profundamente espiritual.

Comienza a construir tu altar hoy. Si ya tienes uno, atiéndelo revisando las cosas que contiene. ¿Te sientes guiado a quitar algunos de los objetos o a colocar nuevos? Mientras trabajas en tu altar, advierte los sentimientos que te evoca. Conéctate con él como lo harías con un viejo amigo y te servirá con lealtad todo los días.

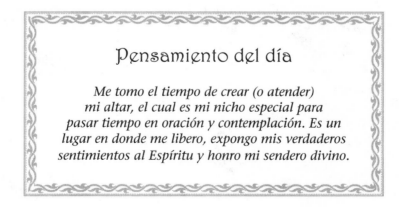

Pensamiento del día

*Me tomo el tiempo de crear (o atender)
mi altar, el cual es mi nicho especial para
pasar tiempo en oración y contemplación. Es un
lugar en donde me libero, expongo mis verdaderos
sentimientos al Espíritu y honro mi sendero divino.*

Sana tus inseguridades

A veces te sientes inseguro respecto a tu valor y te preguntas si eres digno de ser amado. Te preocupas de que en verdad no seas importante para nadie o que no le gustes a nadie y te sientes solo. En estas ocasiones es cuando más cerca estamos de ti, blindándote de tu propia efusión de emociones dolorosas. Si estas energías lograran rodearte, atraerían situaciones dolorosas que no habrías escogido conscientemente.

Debido a que trabajas en cercanía con nosotros y nos has pedido que te resguardemos emocionalmente, en ocasiones también te protegemos de ti mismo. En tus términos humanos, a veces "eres tu peor enemigo", porque cuando te sientes incapaz de inspirar amor, atraes circunstancias y relaciones que confirman esta creencia.

Es destructivo sucumbir ante los pensamientos y emociones que generan lástima por ti, sin embargo, comprendemos que cada ser humano lo hace en ocasiones. Las inseguridades son semejantes a resbalarse mientras escalas una montaña. En el momento en que te sorprendes cayendo, es importante buscar ayuda y alcanzar tu cuerda de rescate.

Estamos aquí para atraparte cuando caigas. Sin embargo, tu libre albedrío dicta que si deseas sufrir con una percepción miserable de lo que eres, ni siquiera Dios puede interferir. Estamos a tu lado, listos para enviarte rayos de esperanza, pero a menos que aceptes estos dones, ellos se deslizarán a tu lado.

Invócanos en el instante justo en que te hagas consciente de pensamientos o sentimientos perjudiciales. Animaremos tu fe para que creas que eres totalmente digno de amor, agradable y valioso por ser quien eres ahora mismo. ¡Esto es un hecho real!

Pensamiento del día

*Trabajo con mis ángeles para reemplazar
mis viejas inseguridades con hábitos nuevos y
empoderadores que me hagan comprender mi valor
como ser humano. Cuanto más me aprecio, más
me valoro, más amo y más puedo ayudar a los demás.*

Dale un giro al nerviosismo

La palabra *nervioso* implica que algo anda mal con tus nervios. Aunque lo que en realidad significa es que tu sistema nervioso está sano, pero, simplemente, trabajando de más. Cuando experimentas esta emoción, es semejante a un ave silvestre que se siente ansiosa a la expectativa de depredadores, te sientes como una presa y estás siempre temiendo tu propia seguridad.

El único "depredador" en tu vida es tu miedo, que no te protege en absoluto. Por el contrario, deja exhausto tu sistema nervioso y te coloca en una posición que refuerza tu sentimiento de temor. La única forma de salir de este círculo vicioso es tranquilizarte con un enfoque físico y emocional.

Comienza con la parte física, pues es el lugar más concreto para comenzar. Una vez que relajas tu cuerpo, es más fácil acallar la mente, por eso los ángeles te pedimos que hoy des los pasos para lograr tu relajación. Te guiaremos para que uses el método que más te convenga según tus horarios, preferencias, temperamento y demás. Cuando recibas una fuerte inclinación a estirarte, hacer ejercicio, dar un paseo, tomar más agua, eliminar toxinas, tomar un baño, recibir un masaje y otras cosa por el estilo, por favor comprende que estos mensajes provienen de nosotros, actuando como tus terapeutas físicos.

Mientras te enfocas en relajar tu cuerpo, te asistiremos simultáneamente para calmar tus emociones. Comienza por respirar profundamente durante el día, enviando aire a cualquier músculo que se sienta tenso. Exhala cualquier sentimiento de peligro e inhala un sentimiento de seguridad y paz.

Querido, estás a salvo, te cuidamos y cuidamos de tus seres queridos, tal como nos has pedido que hagamos. Puedes tranquilizarte ahora.

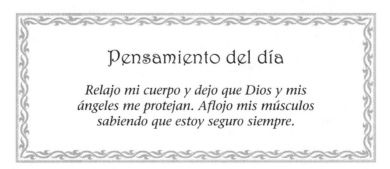

Pensamiento del día

Relajo mi cuerpo y dejo que Dios y mis ángeles me protejan. Aflojo mis músculos sabiendo que estoy seguro siempre.

Cree en tus sueños

Tus sueños pueden a veces desanimarte y te preocupas de cómo llegarás a cumplirlos. Mientras te preguntas cómo podrás atraer lo que deseas en tu vida, tus sentimientos pueden vacilar entre el júbilo (cuando te imaginas tu deseo hecho realidad) y el temor (cuando te preocupas por si logrará o no cumplirse).

Esta oscilación de emociones es un espejo del logro de tu sueño. Es decir, mientras fluctúas entre sentirte positivo y negativo, así tu meta se acerca y se aleja de ti. Y aunque es mucho pedir el puro optimismo cuando no ves evidencia que lo apoye, los científicos han demostrado en realidad lo que los ángeles siempre hemos sabido: sentirse positivos genera beneficios para la salud, incluyendo una expectativa de vida más larga. Hoy reforzaremos lo beneficioso que puede ser en verdad un punto de vista optimista.

Aunque estés lleno de dudas, siempre tenemos fe en ti. Sabemos que eres capaz de cualquier cosa que decidas hacer. La magia es tuya, y lo es para todos, ¡solo cree en ella!

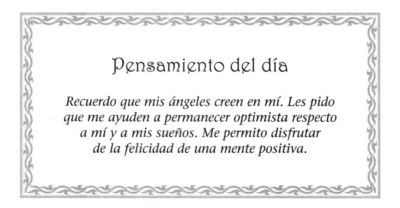

Pensamiento del día

Recuerdo que mis ángeles creen en mí. Les pido que me ayuden a permanecer optimista respecto a mí y a mis sueños. Me permito disfrutar de la felicidad de una mente positiva.

Sigue con tu trabajo sin detenerte

Algunos de tus sueños requieren de tu tiempo y de tu energía, y es fácil distraerse y dejar las cosas para después. Sin embargo, al mismo tiempo, tu corazón está forcejeando con su ansia de ver realizado tu deseo. Estos objetivos importantes son llamados "proyectos prioritarios": cometidos dirigidos internamente y guiados por tu alma.

Sigue trabajando en estos objetivos importantes. Si nos pides ayuda, descongestionaremos tu calendario y te daremos el espacio, la motivación y el tiempo necesarios. Podemos ayudarte a superar la tendencia a dejar las cosas a un lado apoyándote para que sanes tus temores escondidos.

Solo pídelo, y te ayudaremos a encontrar métodos creativos para que disfrutes de todos tus proyectos. Aunque es importante que cumplas con la misión de tu vida, la jornada es igualmente esencial para tu alma.

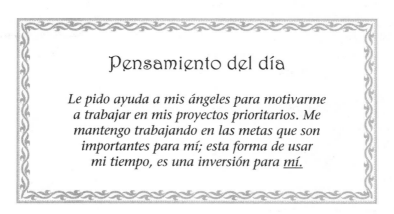

Pensamiento del día

Le pido ayuda a mis ángeles para motivarme a trabajar en mis proyectos prioritarios. Me mantengo trabajando en las metas que son importantes para mí; esta forma de usar mi tiempo, es una inversión para mí.

Déjale a Dios los detalles

Amado, tus ángeles vemos que te preocupas por los progresos que estás logrando en tu vida. Deseamos asegurarte que cada una de tus oraciones está siendo escuchada por seres poderosos que están trabajando para tu beneficio. Todos los detalles de estos esfuerzos son irrelevantes y no vale la pena que te preocupes por ellos.

Sí, es cierto que te sientes con mayor control de tu vida cuando sabes lo que está ocurriendo. Pero la comprensión tiene muchos niveles, dependiendo de si te enfocas en asuntos de energías más o menos elevadas. El nivel más bajo ocurre cuando las personas creen que deben quitarle algo a los demás para suplir sus necesidades. Esto se basa en la creencia de que hay una cantidad limitada de todo y que es necesario competir.

En contraste, el nivel más elevado, se describe mejor como "fe gloriosa": una entrega verdadera y despreocupada a la Divinidad. Las personas con ese enfoque comprenden que una vez que ellos han orado, Dios está a cargo de todos los detalles y que serán guiados a tomar la acción (si es necesario) para que se logren las cosas. Esto es verdadero trabajo en equipo con el Espíritu.

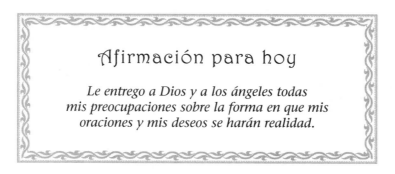

Afirmación para hoy

Le entrego a Dios y a los ángeles todas mis preocupaciones sobre la forma en que mis oraciones y mis deseos se harán realidad.

123

Sigue tu guía interna

Estás eternamente conectado a Dios Omnipresente. Esta conexión está en tu interior, localizada en el área que llamas "tu zona de intuición." Si escuchas y sigues estas punzadas internas, te acercarán más al cielo.

Tu sexto sentido es cien por ciento exacto, puesto que es una extensión de la perfección de Dios. Cuando parezcas desviarte del rumbo apropiado, recuerda que es solamente un desvío momentáneo y no una causa perdida, puesto que tu intuición jamás puede perderse... solamente puede dejar de ser escuchada. Pero incluso entonces, ella sigue siendo exacta como siempre.

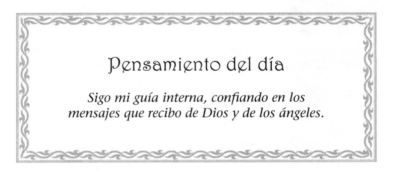

Pensamiento del día

Sigo mi guía interna, confiando en los mensajes que recibo de Dios y de los ángeles.

Ve la inocencia en todos los seres

En el interior de todas las personas hay un inocente hijo de Dios que está haciendo lo mejor que puede. Algunas veces, estas personas lidian con sus temores de maneras que parecen hacerle daño a ellos mismos o a los demás, pero bajo ese temor arde la luz pura del amor divino.

Cuanto más te enfoques hoy en la inocencia en tu interior y en el interior de los demás, más verás la evidencia de la condición divina innata en todos los seres. Tu propósito aquí en la Tierra es recordar y enseñar amor, y puedes comenzar por advertirlo.

La frase *conducta irreflexiva,* en realidad significa acciones que se originan en el miedo en vez del cariño. Ver la inocencia en las personas que exhiben ausencia de consideración atrae energía sanadora. Tu amor puede romper el ciclo de las acciones basadas en el miedo.

Sé testigo y siente la mirada infantil en todos los seres, especialmente en ti. Esta inocencia es preciosa..., es Dios.

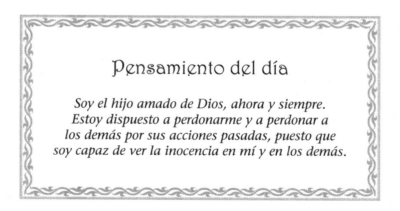

Pensamiento del día

Soy el hijo amado de Dios, ahora y siempre. Estoy dispuesto a perdonarme y a perdonar a los demás por sus acciones pasadas, puesto que soy capaz de ver la inocencia en mí y en los demás.

Percibe la luz en el interior de todas las personas

En tu interior hay una luz que jamás puede ser extinguida ni manchada, es pura y clara, y sus pavesas son avivadas por el amor. Tus sentimientos de calidez son activados por esta chispa interna.

Toma un momento ahora para ver esa llama en tu interior, advirtiendo detalles tales como sus colores, intensidad y tamaño. Percibe cómo se siente tu cuerpo mientras te enfocas en este brillo interno. Pregúntale a esta luz cualquier cosa que te venga a la mente, y recibe su respuesta claramente en forma de pensamientos, sentimientos, palabras o imágenes visuales.

Este resplandor es tu conexión con lo divino, y tú eres su guardián, puedes incrementar su tamaño e intensidad con tus pensamientos, emociones y respiración. Pon atención en cómo te sientes mientras se agranda cada vez más y se vuelve cada vez más brillante. Esta luz puede quemar los residuos de viejos dolores como un incinerador, tira entonces todo lo indeseado en esa llama, y sé testigo de su transformación en combustible para el amor.

Advierte la iluminación en tu interior y en los demás a lo largo del día. Cuanto más te enfoques en ella, más alegre te sentirás.

Pensamiento del día

Me enfoco en la luz en mi interior, sintiendo su constante calidez en mi vientre, en mi corazón y en mi mente. Si siento frío y me siento solo, solo tengo que pedir que este resplandor crezca cada vez más y más. Puedo ver la luz en mi interior y en el de los demás, y mi vida se conmueve ante ello.

Usa solamente palabras positivas

Forjar un nuevo hábito positivo requiere consolidación y práctica, y este es tu enfoque hoy. Ya hemos hablado de este punto importante y lo volveremos a hacer a lo largo del año.

Ya sabes que las palabras que escoges tienen gran impacto en tu experiencia, labrando la naturaleza de tus relaciones, salud, finanzas y demás. No debes temer a este poder, más bien obsérvalo como observarías una hermosa e imponente cordillera. Tu habilidad de crear con palabras es tu propia maravilla natural: apréciala y hónrala.

Comienza hoy con la intención de usar solamente palabras positivas... y recuerda que tus ángeles te ayudaremos si lo pides. Siempre puedes usar el lenguaje basado en el amor para comunicarte con claridad con los demás, y tus palabras estimulantes son como un bálsamo sanador para todos los que las escuchen o las lean. Son instrumentos mágicos de lo divino, herramientas seguras: un regalo de Dios para ti, úsalas entonces hoy.

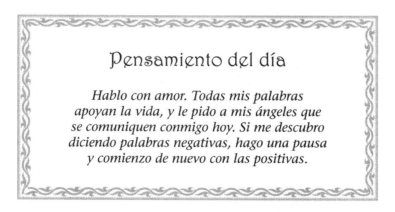

Pensamiento del día

Hablo con amor. Todas mis palabras apoyan la vida, y le pido a mis ángeles que se comuniquen conmigo hoy. Si me descubro diciendo palabras negativas, hago una pausa y comienzo de nuevo con las positivas.

Visualiza tu máximo potencial

Comienza tu día imaginando cómo se vería y sentiría tu vida si estuvieras viviendo a tu máximo potencial. Toma un momento ahora mismo para ver y sentir todos los detalles espléndidos del sendero de tu verdadero ser.

Este tipo de visualizaciones es un punto importante de comienzo, es como diseñar tu destino antes de comenzar una jornada. Es cierto, en este camino habrá desvíos fascinantes y viajes cortos, pero tu meta es siempre ser lo máximo que puedas ser.

Pídele hoy dirección a tu ser superior respecto a lo que deseas hacer, sabiendo que él está totalmente conectado con la sabiduría infinita de Dios.

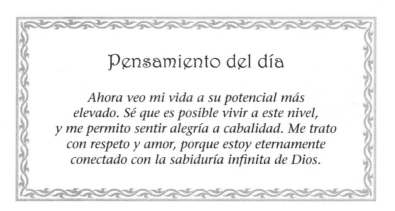

Pensamiento del día

Ahora veo mi vida a su potencial más elevado. Sé que es posible vivir a este nivel, y me permito sentir alegría a cabalidad. Me trato con respeto y amor, porque estoy eternamente conectado con la sabiduría infinita de Dios.

Siente que eres rico

Tu situación financiera, como otras áreas de tu vida, está influenciada por las emociones que llevas contigo. Tu región abdominal es la base de tu luz interior —la sede de la manifestación— y los sentimientos que guardas ahí afectan su brillo y su fortaleza.

Cuando pienses en tu situación económica, relaja tus entrañas y siente cómo tu luz se agranda y se vuelve más radiante. Los pensamientos positivos, combinados con una luz interior brillante y de gran intensidad, producen como resultado manifestaciones más rápidas. Lo opuesto también es cierto: las ideas de miedo respecto al dinero activan la tensión en tus músculos, lo cual impide que la luz logre brillar y manifestar.

Hoy, imagínate que eres increíblemente rico. Siente en lo más profundo de tu ser (y por todo tu cuerpo y tus emociones) que tienes seguridad financiera. Permite que tu estómago se relaje, y observa cómo comienza a arder tu llama interna con el combustible de tu fe. Comprende que cuando te sientes rico, *eres* rico.

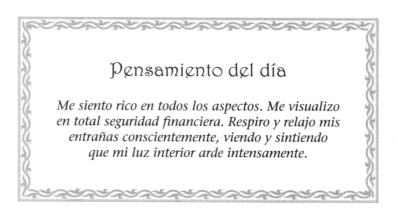

Pensamiento del día

Me siento rico en todos los aspectos. Me visualizo en total seguridad financiera. Respiro y relajo mis entrañas conscientemente, viendo y sintiendo que mi luz interior arde intensamente.

Termina un proyecto

Imagínate lo bien que te sentirías si terminaras un proyecto. ¿Cuál es la primera tarea que te llega a la mente? Saca el tiempo hoy para terminar esta misión como un regalo para ti.

Tu ser interior sonríe con aprecio cuando le dedicas tiempo a sus prioridades. Recompénsate cuando termines la actividad que hayas escogido, y admite que eres capaz de hacer cualquier cosa que te propongas.

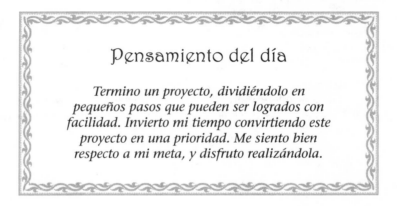

Pensamiento del día

Termino un proyecto, dividiéndolo en pequeños pasos que pueden ser logrados con facilidad. Invierto mi tiempo convirtiendo este proyecto en una prioridad. Me siento bien respecto a mi meta, y disfruto realizándola.

Practica no juzgar

El juicio es la acción de usar palabras para dividir cosas en categorías: es el método que usa tu ego para simplificar. Tu ser elevado, en contraste, usa el *discernimiento*, que involucra regirse por el sentimiento de atracción o repulsión hacia la energía de una persona, cosa o situación.

El juicio dice: "esto es bueno" o "esto es malo," mientras que el discernimiento declara: "me siento atraído hacia esta situación" o "estas circunstancias no me llaman la atención." Uno divide y separa, mientras que el otro trabaja con la ley de atracción.

El día de hoy, practica no juzgar en cada situación y relación. Permite que los demás sean como deseen ser y que actúen de manera distinta a como tú lo haces. Sé gentil en tus pensamientos, y obsérvate a través de los lentes de la compasión.

Honra los sentimientos que te atraen o te alejan de las diversas situaciones. Este discernimiento te servirá como el maestro más confiable que puedes tener.

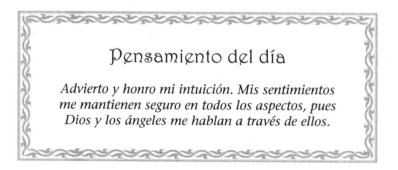

Pensamiento del día

Advierto y honro mi intuición. Mis sentimientos me mantienen seguro en todos los aspectos, pues Dios y los ángeles me hablan a través de ellos.

Usa palabras amables

Las palabras de ternura que le ofreces a las personas, son la clave para entrar en su corazón, pues esta amabilidad transmite el cariño de una manera práctica. Aun una persona que se haya cerrado al amor debido a una experiencia previa dolorosa, responderá de forma positiva a la compasión.

Hoy, busca oportunidades de expresar este sentimiento en tus conversaciones, usando palabras amables, sinceras, cálidas y consideradas. Estas son cualidades que posees naturalmente, pero se hacen aún más conscientes cuando las expresas. Cada palabra amable que digas hoy será un regalo tanto para el que la expresa como para el que la escucha.

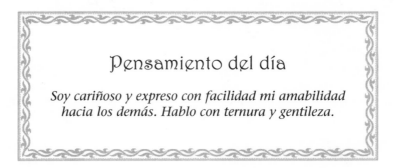

Pensamiento del día

Soy cariñoso y expreso con facilidad mi amabilidad hacia los demás. Hablo con ternura y gentileza.

Acepta con gracia las cosas buenas

Al expresarte con palabras positivas y hacer que tu luz resplandezca, todos tus buenos pensamientos se hacen realidad ante tus ojos. Hoy, los ángeles trabajaremos contigo para ayudarte a incrementar tu receptividad hacia estas manifestaciones.

Fuiste criado considerando que los dones recibidos y la buena conducta son equivalentes, por eso cuando te ocurren cosas buenas en tu vida, te preguntas si te las mereces. Sin embargo, si te sientes culpable respecto a acciones pasadas, puedes sentirte indigno y alejarlas o ignorarlas sin querer.

Amado, estas manifestaciones no son recompensas, igual que las experiencias dolorosas no son castigos. La Divinidad no juzga en categorías de "bueno" o "malo", más bien responde a tu energía exactamente como lo hace con todo el mundo.

Cuando te permites recibir, envías una declaración poderosa al universo. Demuestras que te aprecias y que aprecias a todas y a cada una de las personas que te inspiran, sellando el proceso de la manifestación. El amor completa el proceso, desde la semilla de un pensamiento amoroso hasta tu gratitud cuando se manifiesta en el plano físico.

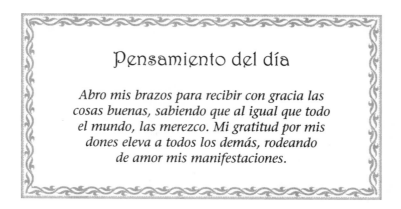

Pensamiento del día

Abro mis brazos para recibir con gracia las cosas buenas, sabiendo que al igual que todo el mundo, las merezco. Mi gratitud por mis dones eleva a todos los demás, rodeando de amor mis manifestaciones.

Descansa

Has sido un trabajador de la luz consagrado y dispuesto durante muchas vidas pasadas. Ofreces siempre tu ayuda con generosidad tanto a tus seres queridos como a los extraños, incluso durante tus sueños. Tus ángeles te agradecemos por tu servicio dedicado, y ahora es el momento de que *tú* recibas.

Hoy es un día de relajación, si es posible, cancela tus citas y toma las cosas con calma. Si tus responsabilidades te piden que tomes acción, te acompañaremos y te ayudaremos a trabajar a un ritmo más tranquilo. Pídenos hoy que te asistamos para que descanses un poco y esta noche te rodearemos con energía protectora para que no haya interferencias.

Amado, toma las cosas con calma hoy. Descansa.

Pensamiento del día

Me relajo y me tomo un descanso, recordando que todo está bien. Me merezco el tiempo libre porque todo el mundo se beneficia cuando descanso bien.

Advierte los sonidos de la naturaleza

Los sonidos rítmicos de la naturaleza te ayudan a sincronizarte con los latidos del universo, estimulando tu habilidad para estar en el lugar correcto en el momento justo. Tus ángeles están reclutando la ayuda de la naturaleza para conectarte con su música.

Advierte los sonidos que te rodean hoy: las hojas susurrando al viento, el canto de los pájaros, la lluvia, los truenos o las olas del océano. Siente tus respiraciones y los latidos de tu corazón siguiendo el ritmo de estos sonidos. También puede ser útil a este propósito escuchar sonidos grabados de la naturaleza.

Puesto que eres parte del planeta, es apenas natural que tu cuerpo se una al hermoso ritmo de la sinfonía de la Madre Tierra.

Pensamiento del día

Advierto los sonidos del mundo natural, sintonizándome con los hermosos ritmos de los pájaros, los árboles, los animales y el viento. Escucho la música de la Madre Naturaleza muy dentro de mi alma. Permito que mis propios ritmos se sincronicen con los del universo, sintiéndome al unísono con la perfección del tiempo.

Honra las promesas que te has hecho

e todas tus promesas, las que te haces a ti mismo son las más importantes. La relación que tienes contigo es semejante a la de un padre con un hijo, por esta razón, cuando cumples con estas obligaciones, te aprecias y honras lo que eres.

Recuerda un compromiso que hayas hecho contigo y decide mantenerlo hoy. Esto puede involucrar tomar un pequeño paso en la dirección de tu compromiso, pero sin importar lo lejos que llegues, tu ser interior se sentirá alborozado y más vivo ante esta actitud.

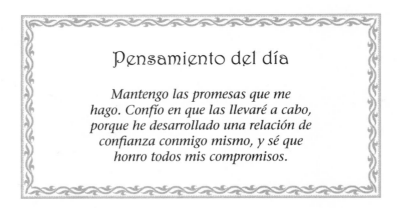

Pensamiento del día

Mantengo las promesas que me hago. Confío en que las llevaré a cabo, porque he desarrollado una relación de confianza conmigo mismo, y sé que honro todos mis compromisos.

Da las gracias

La palabra *Gracias* es un ingrediente esencial en tu receta de salud, paz, y la manifestación de todo lo que deseas. Decir, pensar o escribir esta frase incrementa de inmediato tus niveles de energía; practica entonces expresarla durante el día. Pronuncia esta palabra en voz baja, en voz alta o incluso en silencio, cada vez que así te sientas guiado a hacerlo.

Advierte el efecto dominó que ocurre cuando das gracias, se te hincha el corazón con cálida gratitud y las personas te sonríen como respuesta. Y tus ángeles añadimos aprecio celestial a tu voluntad de ser un mensajero de este don el día de hoy: gracias.

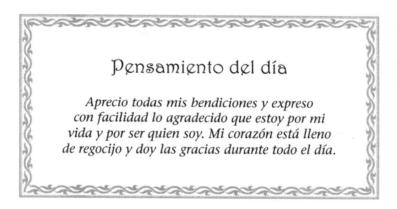

Pensamiento del día

*Aprecio todas mis bendiciones y expreso
con facilidad lo agradecido que estoy por mi
vida y por ser quien soy. Mi corazón está lleno
de regocijo y doy las gracias durante todo el día.*

137

Pasa tiempo en la naturaleza

Tus ángeles hemos estado aconsejándote que pases tiempo en la naturaleza entre los árboles, las plantas, los pájaros y el aire fresco, porque podemos ver los efectos beneficiosos para tu cuerpo, tu mente y tu alma. Has escuchado nuestras sugerencias y sientes el anhelo de comunicarte con la naturaleza. Hoy te ayudaremos a poner en acción esta energía. No importa lo que hayas planificado, te sugerimos que hoy pases un poco de tiempo en un ambiente natural. Incluso si vives o trabajas en una ciudad, siempre hay parques, árboles y zonas verdes que puedes visitar.

La naturaleza libera la tensión que provoca el afán de cumplir con tus horarios y con todas tus citas y compromisos. No eres una máquina como un reloj ni un cronómetro, y esforzarte por cumplir con tus plazos te saca de tu ritmo natural y causa que te sientas fragmentado, abochornado o desorientado.

Hoy, permite que la naturaleza sane las presiones y la tensión en tu vida y revive el sentido de tu ser. Captura de nuevo tu instinto de la perfección del tiempo colocando tus pies en la tierra, reclinándote sobre un árbol y respirando aire fresco.

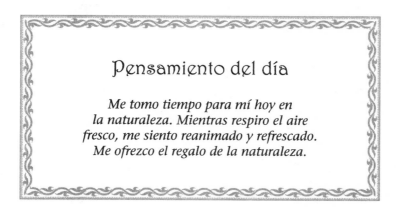

Pensamiento del día

*Me tomo tiempo para mí hoy en
la naturaleza. Mientras respiro el aire
fresco, me siento reanimado y refrescado.
Me ofrezco el regalo de la naturaleza.*

Expresa tu ser interno

Tus ángeles te hemos estado guiando en tus métodos para cuidar de tu niño interno, el cual tiene necesidades y sentimientos al igual que cualquier niño, incluyendo el deseo de expresar alegría y espontaneidad.

Hoy trabajamos contigo para ayudarte en tu labor de padre de esta luz resplandeciente en tu interior, permitiendo que *tú* brilles con mayor resplandor. Tus niveles de energía regresarán a lo normal, y se incrementará tu alegría de vivir.

Comencemos por tomar un momento para entrevistar a tu niño interno. Por favor, pregunta en silencio, en voz alta o por medio de la escritura:

- "¿Cómo te sientes ahora mismo?"
- "¿Qué te gustaría decirme?"
- "¿Cómo puedo ayudarte?"
- "¿Qué necesitas de mí?"

Ahora que has escuchado los deseos de tu niño interior, pasa un tiempo complaciéndolo. Mientras llenas de amor esa parte tuya, todo tu ser se siente más feliz y más lleno de paz.

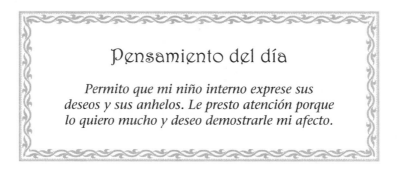

Pensamiento del día

Permito que mi niño interno exprese sus deseos y sus anhelos. Le presto atención porque lo quiero mucho y deseo demostrarle mi afecto.

Honra tus logros

Tus ángeles hemos estado contigo desde tu infancia, celebrando tus triunfos y ayudándote en tus momentos de dolor. Deseamos que sepas que estamos muy orgullos de ti y de tus grandes logros.

Has tomado la ruta más elevada en repetidas ocasiones, colocando el desarrollo de tu carácter por encima de todo lo demás. Aplaudimos todas las ocasiones en que has actuado con amor y has ayudado a otros sin necesidad de reconocimiento. Te aclamamos por tu compromiso de llevar una vida con carácter espiritual. Has pasado por cosas muy difíciles y has aprendido mucho, y hemos apreciado cada uno de los momentos de este sendero.

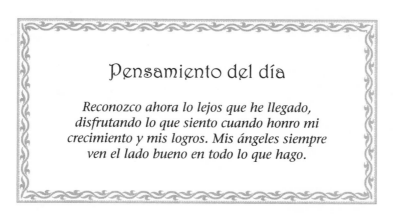

Pensamiento del día

Reconozco ahora lo lejos que he llegado, disfrutando lo que siento cuando honro mi crecimiento y mis logros. Mis ángeles siempre ven el lado bueno en todo lo que hago.

Pide tres deseos

Hoy, piensa en tres deseos que tengas para ti y para otra persona. (Claro que tienes el poder de pedir un número infinito de deseos, pero comencemos con tres.)

¿Cuál es el primer deseo que se te viene a la mente? Dilo en voz alta para infundirle el poder de tus palabras. Siente la emoción y la gratitud ante la idea de verlo materializado, después suéltalo para que la sabiduría infinita de Dios pueda transmutarlo en su forma más elevada. Luego, sigue este proceso con tus otros dos sueños.

Mientras recuerdes tus deseos durante el día, imagínalos rodeados de luz rosada. Esto los sella con energía amorosa, en donde puedes manifestarlos en forma material y en toda seguridad.

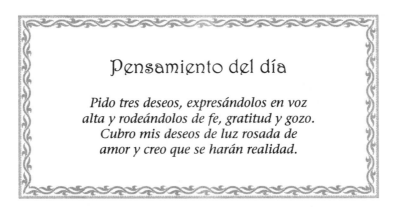

Pensamiento del día

Pido tres deseos, expresándolos en voz alta y rodeándolos de fe, gratitud y gozo. Cubro mis deseos de luz rosada de amor y creo que se harán realidad.

Realiza un cambio sano

Si pudieras chasquear tus dedos y hacer un cambio en tu vida, ¿cuál sería? Lo primero que se te viene a la mente es lo que debe ser atendido. Tu alma está anhelando un cambio, y tu ser interior está esperando que hagas algo al respecto.

Cuidar de ti a veces significa entrar en el abismo de lo desconocido. Pero al mantener la intención de mejorar tu situación, debes saber que estás apoyado por completo.

Hoy, muévete en la dirección de manifestar el cambio que deseas. Dar un paso de cualquier tamaño programa todo el universo en tu beneficio, puesto que él corresponde a cualquier acción que tomas con gran contribución a tu favor.

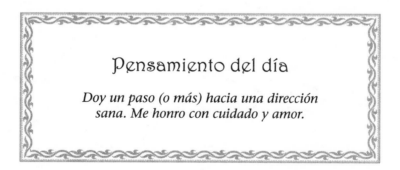

Pensamiento del día

*Doy un paso (o más) hacia una dirección
sana. Me honro con cuidado y amor.*

Desapégate del drama

El propósito de tu vida yace en recordar y enseñar amor. Cualquier cosa que te aleje de la conciencia de esta emoción es una herramienta de aprendizaje, tan pronto como lo reconoces.

Cuando el conflicto amenace tu paz mental, recuerda que tienes el poder de escoger si te involucras o no en el drama. Puedes ofrecerle apoyo y cariño a la persona sin tomar parte en ideas negativas o en conductas basadas en el miedo, puesto que tu amor constante y tu armonía interior actúan como una influencia calmante.

Hoy te ayudaremos a que permanezcas centrado, si así lo pides. Mantén la intención de desapegarte del drama que pueda presentarse hoy.

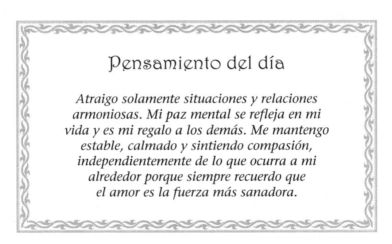

Pensamiento del día

Atraigo solamente situaciones y relaciones armoniosas. Mi paz mental se refleja en mi vida y es mi regalo a los demás. Me mantengo estable, calmado y sintiendo compasión, independientemente de lo que ocurra a mi alrededor porque siempre recuerdo que el amor es la fuerza más sanadora.

Ámate incondicionalmente

Tus ángeles te amamos sin juicios ni condiciones, porque siempre vemos en ti un ser puro de la Divinidad. Eres un vástago de Dios, así como lo somos nosotros por eso somos familia, y es igual para todas las formas de vida de este planeta.

Te queremos incondicionalmente porque somos pacientes y tenemos una fe total en ti. Somos testigos amorosos de las decisiones que tomas, sabiendo que todos los caminos te conducen de regreso a Dios.

Hoy, haz lo máximo para amarte sin reservas. Ve más allá de cualquier error aparente del pasado, y acoge una visión de tu Divinidad. Tu amor incondicional se funde con el nuestro para crear un ámbito que te eleva al siguiente nivel... y mucho más lejos.

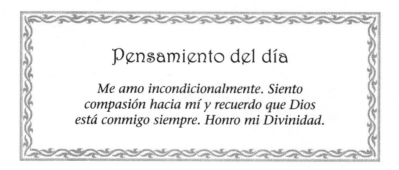

Pensamiento del día

Me amo incondicionalmente. Siento compasión hacia mí y recuerdo que Dios está conmigo siempre. Honro mi Divinidad.

Advierte todo el amor a tu alrededor

El universo provee recordatorios constantes de amor, y las personas que ponen atención a esto saben que esta emoción está por doquiera, ¡hay tantos motivos para celebrar! Advertirlo es un camino sencillo hacia la felicidad.

Hoy, considera observar ejemplos de cariño... la ayuda de alguien, por ejemplo, o el afecto de un niño. Cuando veas estos recordatorios, déjate embelesar por la deliciosa energía que ha sido creada, y nútrete con su calidez.

El amor está a tu alrededor, hoy y todos los días.

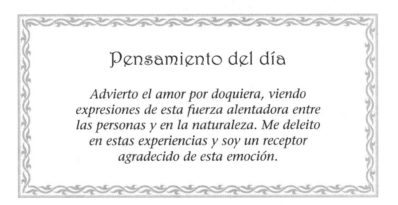

Pensamiento del día

Advierto el amor por doquiera, viendo expresiones de esta fuerza alentadora entre las personas y en la naturaleza. Me deleito en estas experiencias y soy un receptor agradecido de esta emoción.

Disfruta de quietud total en tu interior

Hay un lugar en tu interior en donde puedes retirarte y disfrutar de una quietud total. Un escape del ruido, del caos y de la ansiedad que residen en ese remanso de calma, en donde puedes tomar una pausa y refrescarte, embelesándote en los ecos silenciosos de la tranquilidad.

Llegas a este santuario a través de tu voluntad de estar en paz. Cierras tus ojos y respiras profundamente para llegar rápidamente a tu destino. Encontrar la calma en tu interior es un proceso natural y sencillo... que se logra con facilidad.

Toma descansos de "quietud total" a lo largo del día. Cuando vas a ese lugar en tu interior, regresas a casa: al cielo en tu interior.

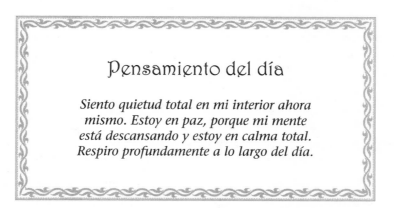

Pensamiento del día

Siento quietud total en mi interior ahora mismo. Estoy en paz, porque mi mente está descansando y estoy en calma total. Respiro profundamente a lo largo del día.

Conéctate con Dios en todo lo que haces

Cuando eras niño, te sentías muy orgulloso cuando hacías algo por ti mismo, y la autosuficiencia sigue siendo una fuente de alegría para ti. Sin embargo, no depender de los demás es muy distinto a no depender de Dios.

Estás eternamente conectado a la Divinidad, la separación existe solamente en tu imaginación. El amor, la sabiduría y la abundancia infinita del cielo están disponibles para ti continuamente cuando así lo solicites..., tu libre albedrío evita que Dios se imponga ante ti. Cuando pides ayuda estás conectado automáticamente a una bodega ilimitada de dones, semejante a cuando te conectas al Internet y encuentras una variedad de temas.

Recuerda que lo único que tienes que hacer es conectarte. Con cada labor, decisión y petición, mira hacia el cielo. Como leales mensajeros de Dios, tus ángeles te ayudaremos a hacerlo, y aclararemos tus canales de comunicación con la Divinidad, si así lo pides.

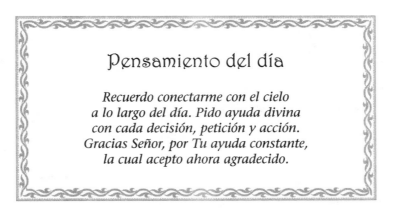

Pensamiento del día

*Recuerdo conectarme con el cielo
a lo largo del día. Pido ayuda divina
con cada decisión, petición y acción.
Gracias Señor, por Tu ayuda constante,
la cual acepto ahora agradecido.*

Eres amado eternamente

Siempre te hemos amado, desde que se concibió tu alma hace mucho tiempo. Naciste como la creación perfecta de Dios, y nuestro afecto por ti jamás ha cesado. Seguiremos contigo por la eternidad, siempre a tu lado.

Cariño, eres eternamente amado. Lo mereces por ser hijo de la Divinidad. No tienes que hacer nada más para probar o merecer este favor, ya es tuyo para siempre.

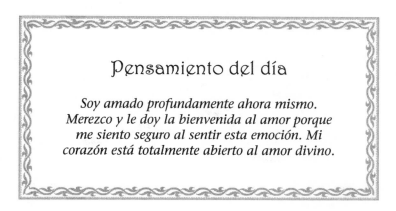

Pensamiento del día

Soy amado profundamente ahora mismo.
Merezco y le doy la bienvenida al amor porque
me siento seguro al sentir esta emoción. Mi
corazón está totalmente abierto al amor divino.

Visualiza un día lleno de éxitos

Imagínate disfrutando del éxito en cada situación del día de hoy. Mírate sonriendo y divirtiéndote al ver que todo sale como lo esperabas. Siente emociones de dicha y júbilo al ver que todas las puertas se te abren, y al saber que otras personas también se inspiran con tus triunfos.

Visualiza un día lleno de recompensas como un don para ti. Tus expectativas positivas son semillas plantadas a tu favor, las cuales crecerán con éxito hasta convertirse en experiencias que te eleven el ánimo.

Pensamiento del día

Tengo éxito en todos los aspectos de mi vida, y aprendo de todas mis experiencias. La gente me aprecia y me respeta porque me valoro y me siento bien con mi ser. Me siento seguro prosperando y me permito hacerlo. Merezco bendiciones al igual que todo el mundo, y cuando tengo éxito, todo el mundo también lo hace.

Opta por la paz

Si surge un conflicto hoy en tu día puedes optar por la paz. Existe un antiguo proverbio que reza: "Escoge tus batallas con sabiduría." Pues bien, ¡puedes decidir prescindir para siempre de las peleas!

Hoy, escoge la paz en vez del conflicto. No tienes que participar en ninguna situación en donde se suscite una lucha de poderes. En vez de elevar la voz en una disputa, invoca la guía divina a través de tu petición de armonía, la cual es más útil para brindar soluciones creativas.

Hoy, acoge la paz en todas tus acciones.

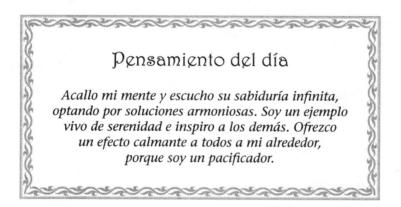

Pensamiento del día

Acallo mi mente y escucho su sabiduría infinita, optando por soluciones armoniosas. Soy un ejemplo vivo de serenidad e inspiro a los demás. Ofrezco un efecto calmante a todos a mi alrededor, porque soy un pacificador.

Cuida de tu cuerpo de forma excelente

*Y*a sabes los cambios que te gustaría realizar respecto a tu cuerpo y a tu salud física. Tus ángeles te ayudamos hoy a ponerlos en acción.

Quizá deseas ejercitarte más, modificar tu dieta o renunciar a una sustancia adictiva. Cualquiera que sea tu meta, estamos a tu lado como entrenadores personales, como tus sanadores para animarte en tu camino. El punto es no alterar tus hábitos en un día, sino más bien tomar pasos en la dirección deseada. Trabajaremos juntos para asistirte como equipo de apoyo, animándote desde nuestra posición.

Pensamiento del día

Cuido de mi cuerpo de manera excelente.
Tomo por lo menos una acción hoy para
honrar mi salud física, y mi ser interior
irradia de gratitud ante mi acto.

Libera las preocupaciones
relacionadas con tus seres queridos

Todas las personas tienen ángeles que las cuidan permanentemente, y eso definitivamente incluye a tus seres queridos. En vez de preocuparte por tus amigos o familiares, pide que acudan a su lado ángeles adicionales, y al momento en que lo haces tu solicitud es otorgada.

Cuanto más grande sea el número de ángeles que te rodeen a ti o a alguien más, la persona quedará más protegida por el amor. Esta fuerza te ampara a ti y a los demás de las tormentas y las corrientes turbulentas, brindando felicidad y seguridad.

Justo en este momento estamos cuidando a tus seres queridos. Entrégale cualquier preocupación que tengas a Dios sabiendo que a través de tus oraciones, tus ángeles los estamos protegiendo.

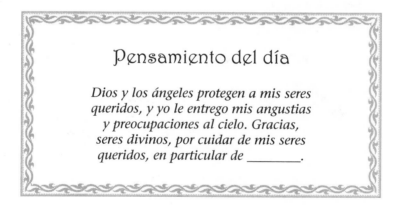

Pensamiento del día

Dios y los ángeles protegen a mis seres queridos, y yo le entrego mis angustias y preocupaciones al cielo. Gracias, seres divinos, por cuidar de mis seres queridos, en particular de _____.

Da el paso siguiente

Has estado orando y preguntándote sobre el siguiente paso a tomar en la dirección del propósito de tu vida. Tus ángeles estamos aquí hoy para asegurarte que cualquier acción cuenta, al igual que cuenta cada centavo que pones en tu cuenta bancaria.

El universo responde a tus esfuerzos y se aúna a ellos con su propia contribución. Cada acción que tomas crea una energía de efecto dominó, y esta efusión es luego contrabalanceada con energía entrante.

Esto significa que toda atención que le ofrezcas al propósito de tu vida es significativa y genera resultados positivos, da entonces un pequeño paso hoy según te sientas guiado. Libera tus inquietudes respecto a lo que pueda ser "mejor" o "correcto", y te aseguramos que irás encaminado.

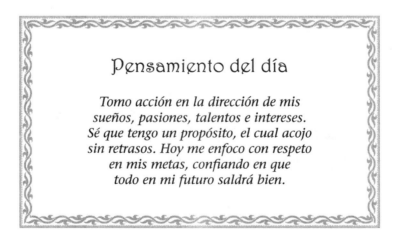

Pensamiento del día

Tomo acción en la dirección de mis sueños, pasiones, talentos e intereses. Sé que tengo un propósito, el cual acojo sin retrasos. Hoy me enfoco con respeto en mis metas, confiando en que todo en mi futuro saldrá bien.

153

Deja que tus ángeles te ayuden

Tus ángeles ya hemos hablado contigo de tu libre albedrío, reiterando cómo y por qué debes pedir nuestra ayuda antes de que te la podamos ofrecer. Recuerda que le damos la bienvenida a tus continuas solicitudes de asistencia, entonces no te preocupes nunca de que nos puedas abrumar. Somos seres de comunicación y servicio, y nos deleita ocuparnos de estas actividades. Cuanto más nos pidas ayuda, más trabajaremos en unísono, y nuestros momentos de trabajo en equipo serán nuestra mayor alegría.

Amado, deseamos ayudarte con todo. Por favor, recuerda pedir nuestra ayuda durante todo el día.

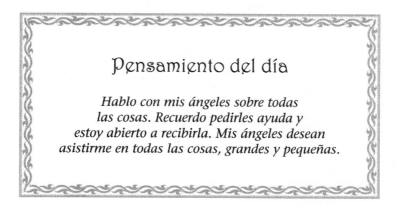

Pensamiento del día

Hablo con mis ángeles sobre todas las cosas. Recuerdo pedirles ayuda y estoy abierto a recibirla. Mis ángeles desean asistirme en todas las cosas, grandes y pequeñas.

Ya encontraste lo que estabas buscando

Todo lo que deseas lo encuentras en el momento en que lo piensas. Tus deseos transmiten mensajes al universo; es como enviar algo por correo. Cuando ordenas un producto, confías que te será entregado en poco tiempo, y de igual manera ocurre con tus pensamientos. Cada uno de ellos manifiesta la imagen tal como se refleja en un espejo, en un espacio breve de tiempo.

En vez de buscar lo que deseas en el exterior, concéntrate en desarrollar imágenes mentales de tus deseos. Rodea estas imágenes con sentimientos de seguridad, gratitud y fe sabiendo que lo que buscas está ahora mismo en camino hacia ti.

No te preocupes porque algo no te llegue, de la misma forma como no te inquietas por los detalles de los envíos de los productos que pides. Igual que el servicio de correo se ocupa de su parte en el proceso, también el universo cumple con su parte. Tu papel es estar abierto cuando tus deseos lleguen y disfrutar de los frutos de tus pensamientos positivos.

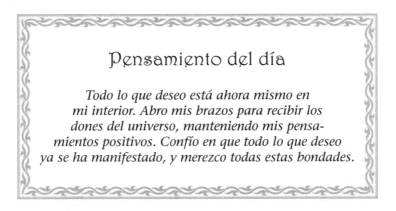

Pensamiento del día

Todo lo que deseo está ahora mismo en mi interior. Abro mis brazos para recibir los dones del universo, manteniendo mis pensamientos positivos. Confío en que todo lo que deseo ya se ha manifestado, y merezco todas estas bondades.

Acepta el amor celestial

El amor de Dios por ti es tan profundo que excede los límites de las palabras. Para que tengas un indicio de lo mucho que eres amado, intenta visualizar una energía ilimitada que todo lo abarca. En el cielo, todos los pensamientos respecto a ti son positivos porque Dios solamente ve tu magnificencia y Divinidad, disfrutando de tu perfección.

Como tus ángeles, reflejamos el brillo de tu amor por ti, también te cuidamos más de lo que las palabras pueden describir. Nos fascina estar a tu lado, y ayudarte es nuestro honor.

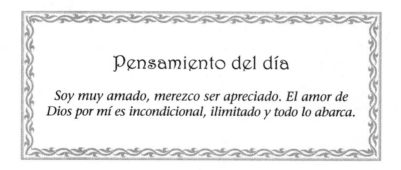

Pensamiento del día

Soy muy amado, merezco ser apreciado. El amor de Dios por mí es incondicional, ilimitado y todo lo abarca.

156

Trabaja con tus compañeros angélicos

Tus ángeles te escuchamos y apreciamos cada una de tus oraciones, pues cada una es una invitación para que nos involucremos más en tu vida. En el momento en que solicitas nuestra ayuda, tomamos acción, a menudo tras bambalinas, en donde no estás plenamente consciente de que tus palabras se están manifestando en forma física.

Hoy nos gustaría llamar tu atención sobre el tema del trabajo en equipo. Para comprender esta idea, piensa en la analogía de un equipo deportivo. En baloncesto, la pelota es enviada de un jugador a otro según quién se encuentre más cerca a la cesta, quién tenga la mayor posibilidad de encestar o quién se especialice en ciertas jugadas.

Cuando oras, tú pasas la pelota y nosotros siempre la atrapamos. Mientras trabajamos en lo que hayas pedido, enviamos la pelota de ida y vuelta entre las dimensiones espirituales y físicas; siempre está en movimiento, acercándose cada vez más a la cesta, lugar en el cual tú te encuentras. Y cuando la oración se manifiesta, te entregamos de nuevo la pelota para que puedas encestarla. Si rehúsas atraparla temiendo no merecerla, temiendo que no puedas lidiar con el éxito o debido a cualquier otra inseguridad, entonces la pelota se cae al piso.

Esperamos que esto te ayude a comprender la manifestación de tus oraciones. Somos un equipo, y dependemos de ti para que nos envíes la pelota para iniciar una sesión y atraparla para lograr el triunfo. Si estás consciente de la resistencia que hay en tu interior, te ayudaremos a abrirte para que puedas recibir.

Con gran compasión y amor, te pedimos que nos permitas asistirte con más frecuencia. ¡Te amamos!

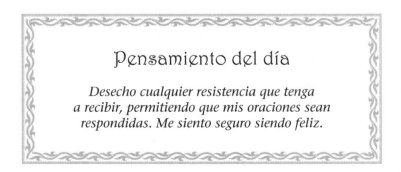

Pensamiento del día

Desecho cualquier resistencia que tenga a recibir, permitiendo que mis oraciones sean respondidas. Me siento seguro siendo feliz.

Confía en la perfección del tiempo divino

menudo deben ocurrir una serie de acciones y reacciones con el fin de que tus oraciones sean respondidas, especialmente si hay varias personas involucradas. Este fenómeno es llamado el "tiempo divino," y es semejante a los pasos necesarios para que germine una semilla. Sí, es cierto que este proceso puede ser acelerado hasta cierto punto, pero de todas maneras hay un periodo de incubación tanto para las oraciones como para las plantas, para que ambas lleguen a aparecer en forma material.

Por favor, ten paciencia y sigue nutriendo tus deseos con amor, pensamientos positivos y acción guiada. Comprende que tu petición está siendo manifestada mientras lees estas palabras. El tiempo divino te asegura que tu deseo llegue en el momento justo. Algunas veces, solamente comprendes este hecho en retrospectiva después de que la oración se ha materializado, pero con fe lo puedes comprender ahora mismo.

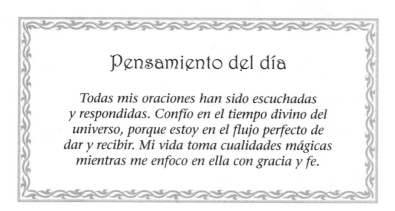

Pensamiento del día

Todas mis oraciones han sido escuchadas y respondidas. Confío en el tiempo divino del universo, porque estoy en el flujo perfecto de dar y recibir. Mi vida toma cualidades mágicas mientras me enfoco en ella con gracia y fe.

Reconoce tus logros

Amado, has llegado muy lejos en tu aprendizaje y comprensión. Has puesto un gran esfuerzo en este proceso y ya has logrado mucho. Te alabamos por esto y te animamos a reconocer también tus logros.

Cuando un alpinista hace una pausa en medio de una montaña para disfrutar de la vista, su energía y su motivación se revitalizan, así ocurre contigo. Sí, tienes la mira en metas más elevadas, pero aun así puedes disfrutar de detenerte un momento y reconocer todo lo que has hecho hasta ahora.

Hoy, hónrate por tus logros. Incluso, si sientes que son solo comienzos humildes, tu ser interior aprecia la atención prestada.

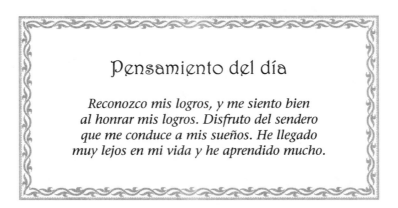

Pensamiento del día

*Reconozco mis logros, y me siento bien
al honrar mis logros. Disfruto del sendero
que me conduce a mis sueños. He llegado
muy lejos en mi vida y he aprendido mucho.*

Descarga tus agobios

Amado, descarga el peso de tus agobios, y entrégale tus inquietudes y tus preocupaciones a Dios. No tienes que luchar con tus miedos cuando hay tanto apoyo disponible para ti.

Deja que la Divinidad se ocupe hoy de tus preocupaciones. Inhala profundamente, y cuando exhales entrégale a Dios tus problemas, pues Su sabiduría amorosa e infinita deshará todas las complicaciones y reemplazará el dolor con paz.

Libera tus tensiones y permite que el cielo haga lo que mejor sabe hacer: amarte.

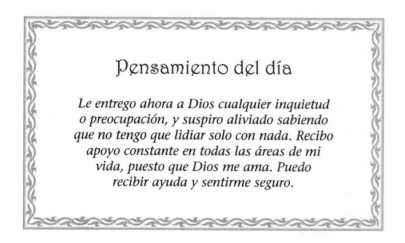

Pensamiento del día

Le entrego ahora a Dios cualquier inquietud o preocupación, y suspiro aliviado sabiendo que no tengo que lidiar solo con nada. Recibo apoyo constante en todas las áreas de mi vida, puesto que Dios me ama. Puedo recibir ayuda y sentirme seguro.

Abre tus brazos para recibir

€l universo te está dando constantemente cosas grandiosas y cosas pequeñas. Cuando alguien se ofrezca a ayudarte pagando tu almuerzo o entregándote un regalo, abre tus brazos para recibir. Cuanto más digas sí a las bendiciones, más la energía universal fluirá libremente hacia y a través de ti. Cuando rechazas la ayuda ofrecida, cierras las puertas a esta abundancia.

Abre tus brazos hoy para recibir cualquier regalo que venga en camino hacia ti y dile sí al flujo universal. Permite ser ayudado, amado y consentido... ábrete a recibir.

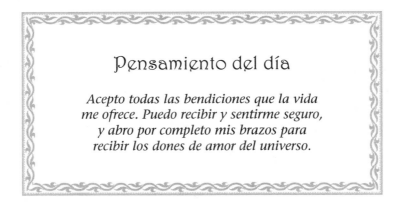

Pensamiento del día

Acepto todas las bendiciones que la vida me ofrece. Puedo recibir y sentirme seguro, y abro por completo mis brazos para recibir los dones de amor del universo.

161

Visualiza en prosperidad a todas las personas

La forma en que ves a las demás personas tiene un tremendo impacto en tu propia percepción. Cuando visualizas próspera a otra persona, ves entonces la prosperidad en tu interior.

Independientemente de las apariencias externas, advierte hoy la prosperidad en todas las personas. Estás haciéndoles y haciéndote un gran favor, puesto que es el equivalente energético de entregarles dones económicos a todas las personas que conoces (incluyéndote a ti).

El universo es abundante, lleno de provisiones para todos. La válvula de la prosperidad se abre solamente para las personas que lo saben, es decir, para las personas que tienen una mente programada para la prosperidad. Desarrollas esto viendo la abundancia dondequiera que vayas.

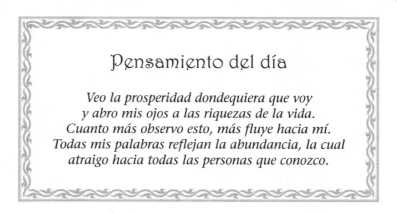

Pensamiento del día

Veo la prosperidad dondequiera que voy
y abro mis ojos a las riquezas de la vida.
Cuanto más observo esto, más fluye hacia mí.
Todas mis palabras reflejan la abundancia, la cual
atraigo hacia todas las personas que conozco.

Visualiza sanos a todos los seres

Tus opiniones relacionadas con la salud de las personas que te rodean tienen el mismo impacto que tus ideas sobre la prosperidad, es decir, la forma en que ves el bienestar de los demás afecta el tuyo propio. Cuando ves a las personas como seres vibrantes, vitales y perfectos, esta perfección irradia en tu cuerpo físico. Otorgas el don de la salud cuando ves a los demás así.

La salud es el estado natural de todos..., es como Dios creó a todos los hombres y mujeres. Cuando ves a una persona en buen estado de salud, independientemente de las ilusiones externas, estás siendo testigo de la Divinidad de esa persona.

Hoy, mira y expresa la buena salud dondequiera que vayas, enfocándote en esta verdad espiritual en todas las personas. El amor en tu interior y en el interior de los demás aviva la llama del bienestar, haciendo que se incremente y que sea más notable en las vidas de todos.

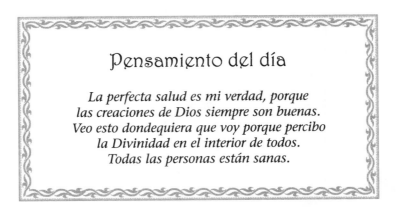

Pensamiento del día

*La perfecta salud es mi verdad, porque
las creaciones de Dios siempre son buenas.
Veo esto dondequiera que voy porque percibo
la Divinidad en el interior de todos.
Todas las personas están sanas.*

Pide ayuda

Nunca estás solo, especialmente en momentos de gran necesidad. Si te sientes solo o triste, tus ángeles nos acercamos todavía más a ti porque siempre estamos a tu lado y listos para asistirte cada vez que lo pidas. En ocasiones, sin embargo, olvidas nuestra presencia y tratas de soportar tu vida por ti solo.

Hoy, recuerda pedir ayuda espiritual en todas las situaciones, comenzando tan pronto te levantes de tu cama. Pide guía al vestirte, al conducir, mientras caminas y cuando hagas tus ejercicios, y cada vez que te encuentres con alguien.

Pídele una mano también a los demás. Tus familiares, amigos, colegas, e incluso los extraños, se sienten necesitados y apreciados cuando les permites que te asistan, y tu ser interior se siente amado cuando dejas que alguien más te ayude a llevar tu carga. La energía amorosa que emite cada persona del equipo, el que ayuda y el que recibe la ayuda, cubre de bendiciones y paz a todo el planeta.

Recibir es tan importante como dar. Considera pedir ayuda, y permítete aceptarla con aprecio y alegría.

Pensamiento del día

Recuerdo pedir la guía de mis ángeles.
Es una señal de fortaleza permitir la ayuda
de su parte y de parte de los demás.
Recibo ayuda con gentileza.

Apóyate en nosotros

Tus ángeles somos una base estable en tu vida, y siempre puedes contar con nosotros. Cuando otras circunstancias parezcan imprevisibles o fluctúen, puedes estar seguro de nuestra presencia y apoyo inconmovibles.

Puedes confiar en nosotros porque jamás olvidamos que lo único que cuenta es el amor de Dios. Nuestro amor jamás vacila ni nuestra energía falla. Siempre estamos seguros de que esta emoción está presente en todas partes, por eso estamos eternamente en paz.

Apóyate en nosotros cuando necesites estabilidad. Somos amigos confiables que no te dejamos bajo ningún motivo. Te amamos independientemente de todo... ¡puedes contar con nosotros!

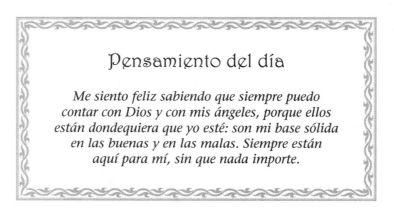

Pensamiento del día

Me siento feliz sabiendo que siempre puedo contar con Dios y con mis ángeles, porque ellos están dondequiera que yo esté: son mi base sólida en las buenas y en las malas. Siempre están aquí para mí, sin que nada importe.

Di palabras amables

Hacemos énfasis en tus palabras habladas y escritas, describiendo el potencial tremendo de manifestación que ellas contienen. Hoy, nos enfocamos en la energía de la amabilidad de todo lo que dices.

Tu compasión transmite una forma gentil y solidaria de amor. Su energía es estimulante y cariñosa, tanto para el que la da como para el que la recibe. Cuando se transmiten palabras cariñosas, se forma una conexión desde el corazón uniendo a todas las personas involucradas. Es una alianza de amor en donde todo aquel que habla o escucha la amabilidad, queda cubierto de su poder sanador forjando un nexo íntimo.

Durante todo el día, exprésate con palabras amables. Disfruta del doble regalo que te ofreces y le ofreces a los demás.

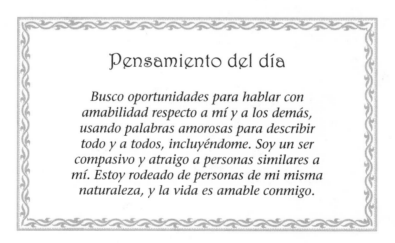

Pensamiento del día

Busco oportunidades para hablar con amabilidad respecto a mí y a los demás, usando palabras amorosas para describir todo y a todos, incluyéndome. Soy un ser compasivo y atraigo a personas similares a mí. Estoy rodeado de personas de mi misma naturaleza, y la vida es amable conmigo.

166

Eleva tu frecuencia energética

Tu frecuencia energética es influenciada por tus pensamientos, palabras y estilo de vida. Incrementarla te produce muchos beneficios, incluyendo índices más rápidos de manifestación y sanación, comunicación divina más clara, y un gran sentido de paz y felicidad. Hoy empezaremos a trabajar en elevar esta frecuencia a niveles más altos.

Toma un momento para centrarte a través de tu respiración, acallando tu cuerpo y tu mente. Mantén la meta de ver o sentir tu nivel de frecuencia energética. No te preocupes si no sabes lo que esto significa ya que tu intención te llevará ahí.

Advierte cualquier impresión que recibas. ¿Ves algunos colores? ¿Sientes alguna temperatura? ¿Percibes imágenes, pensamientos o sentimientos? Lo que sea que te llegue está bien. Confía en tu veracidad.

Exhala enviando tu respiración hacia tu frecuencia energética. Advierte cómo esto afecta aspectos tales como los colores o los sentimientos. Siente cómo se incrementa tu poder con esta respiración y atención positiva.

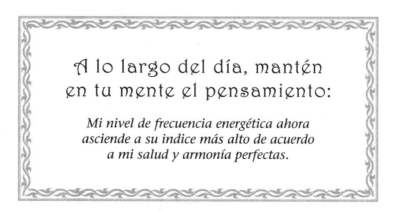

A lo largo del día, mantén en tu mente el pensamiento:

Mi nivel de frecuencia energética ahora asciende a su indice más alto de acuerdo a mi salud y armonía perfectas.

167

Contacta las frecuencias no físicas de color y luz

Al elevar tus niveles de energía, te sintonizas más naturalmente con las frecuencias no físicas. Por otra parte, también puedes trabajar con lo no físico para ayudar a incrementar tu frecuencia energética personal. Tus ángeles deseamos pasar los siguientes días contactando dichos orígenes metafísicos (*meta* significa "más allá").

Hoy, trabajaremos con el color, el cual irradia varias frecuencias que tus ojos registran como verde, rosado, amarillo y todas las tonalidades intermedias. Estas longitudes de ondas pueden ayudar a elevar *tu* frecuencia energética.

Advierte hoy los colores, poniendo atención particular a la forma en que toda persona influye en tu estado de ánimo, en tu enfoque o en tus sensaciones físicas. Observa cómo te afecta el tono de la ropa, de las habitaciones y de otras cosas. Si te sientes atraído hacia un azul en particular, pasa entonces un tiempo observando un objeto de ese color. Esto te ayudará a absorber sus dones para ti y a sintonizarte más con las frecuencias no físicas.

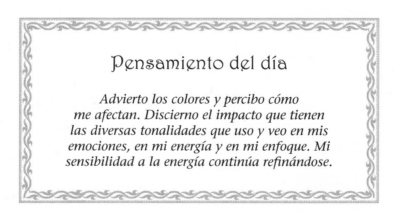

Pensamiento del día

Advierto los colores y percibo cómo me afectan. Discierno el impacto que tienen las diversas tonalidades que uso y veo en mis emociones, en mi energía y en mi enfoque. Mi sensibilidad a la energía continúa refinándose.

Advierte los sonidos

Hoy trabajaremos con la energía no física del sonido para elevar tu frecuencia. Es probable que ya hayas advertido que se ha elevado tu percepción auditiva, lo cual es parte de tu frecuencia elevada. Tu sensibilidad incrementada te permite escuchar las voces de tus ángeles, así como te permite ser consciente de la forma en que te afecta el sonido.

Es probable que estés consciente del tipo de música que te atrae, así como de otras preferencias relacionadas con el volumen y el tono. Hoy te pedimos que te sintonices con mayor intensidad y te hagas extremadamente consciente de todo lo que escuchas interna y externamente. Usa tu percepción para desenredar los sonidos que se mezclan. ¿Cuál te parece agradable o desagradable? ¿Cómo te afecta física y emocionalmente?

Cuanto más consciente te hagas del efecto de un sonido en ti, más se incrementarán tus niveles de sensibilidad, lo cual es parte de tu frecuencia energética elevada. Te pedimos que honres tu receptividad y sepas que es un verdadero don.

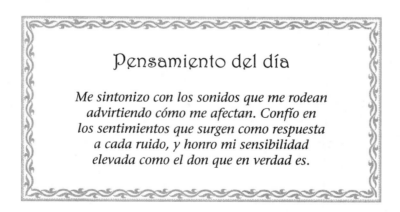

Pensamiento del día

*Me sintonizo con los sonidos que me rodean
advirtiendo cómo me afectan. Confío en
los sentimientos que surgen como respuesta
a cada ruido, y honro mi sensibilidad
elevada como el don que en verdad es.*

Advierte las fragancias

ermaneciendo en el enfoque de incrementar tu sensibilidad a los componentes no físicos de tu ambiente, tus ángeles ahora deseamos que trabajes con el olfato. Tu sentido del olfato registra en lo más profundo de ti tus percepciones más primarias.

Hoy, presta mucha atención a las fragancias y a los aromas en tu ambiente, y advierte cómo afectan tus emociones, pensamientos y enfoque.

Introduce nuevos aromas en tu entorno, tales como flores frescas, aceites esenciales, incienso y otros aromas agradables. Al elevar tu frecuencia energética sintonizándote con las fragancias, descubrirás que se incrementa tu sensibilidad en general de forma positiva.

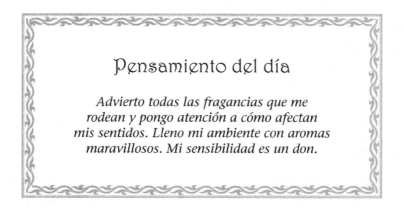

Pensamiento del día

Advierto todas las fragancias que me rodean y pongo atención a cómo afectan mis sentidos. Lleno mi ambiente con aromas maravillosos. Mi sensibilidad es un don.

Siente las energías sutiles

Hoy nos enfocaremos en tu sensibilidad hacia otras energías sutiles. Puedes rozar lentamente tu cuerpo con tu mano y sentir el poder que irradia. Toda persona, animal y lugar emite vibraciones; estos son los sentimientos que percibes en las personas y en las habitaciones o lugares a donde llegas.

Tu cuerpo discierne la energía como elevada, mediana o baja (o un nivel intermedio). Si las vibraciones se sienten más elevadas que las propias, es muy probable que percibas la situación como agradable, si se sienten inferiores, es probable que no te interese.

Hoy, advierte los sentimientos como respuesta a otras personas, animales y lugares. Roza algunas plantas y objetos y siente la energía que ellos emiten. Disfruta la sensación de tu frecuencia elevada, la cual es la base de tus dones espirituales naturales.

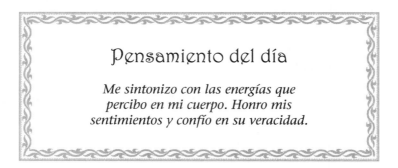

Pensamiento del día

Me sintonizo con las energías que percibo en mi cuerpo. Honro mis sentimientos y confío en su veracidad.

Purifícate

El incremento en la sensibilidad también conlleva la responsabilidad de lidiar con las energías que se puedan absorber. De igual forma que tomas un baño para retirar los residuos de tu cuerpo físico, también es necesario purificarte energéticamente. Y de igual forma que hay una gran variedad de formas de tomar un baño físico, también hay gran variedad de métodos para purificar tu ser energético.

Te guiaremos hoy para que despejes energías indeseadas. Sin embargo, te recordamos que solamente podemos hacerlo si primero lo pides, invoca entonces nuestra ayuda. Puedes limpiar las toxinas físicas y energéticas disfrutando de un baño caliente con sales marinas. Las plantas vivas (ya sean en macetas o en la tierra) y los cristales también pueden asistirte en este proceso solamente por el hecho de estar a tu lado.

Cualquier intención que tengas de desintoxicarte será siempre exitosa; no te preocupes por si lo estás haciendo de la forma correcta. Advierte la liviandad y el incremento de la energía que sientes después de esta purificación.

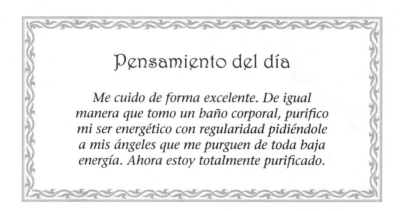

Pensamiento del día

Me cuido de forma excelente. De igual manera que tomo un baño corporal, purifico mi ser energético con regularidad pidiéndole a mis ángeles que me purguen de toda baja energía. Ahora estoy totalmente purificado.

Blíndate

El mundo es seguro y no hay nada que temer. Tus ángeles hablamos hoy de blindarte, pero no nos referimos a una armadura. Hablamos más bien del sentido común que te hace ponerte una gabardina antes de salir en un día lluvioso. De igual forma que no te cubres lleno de temor, tampoco debes sentir miedo al resguardarte.

Hay muchas formas de cuidarte. Puedes invocar un blindaje básico visualizando una luz blanca que te rodea. Esta energía brillante y protectora es un amor sin forma, es nuestra fuerza vital. Puesto que la luz blanca se va esfumando con el tiempo, debes visualizarla rodeándote dos o tres veces al día. Mientras sigues haciendo esto cada día, te guiaremos a trabajar con otros colores, así como con diferentes formas de blindarte.

Advierte tu estado de ánimo antes y después de rodearte de luz blanca. A través de este proceso de blindaje, te sentirás seguro para abrirte por completo a tus dones espirituales.

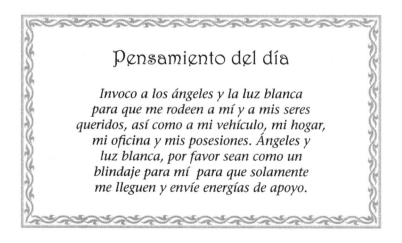

Pensamiento del día

*Invoco a los ángeles y la luz blanca
para que me rodeen a mí y a mis seres
queridos, así como a mi vehículo, mi hogar,
mi oficina y mis posesiones. Ángeles y
luz blanca, por favor sean como un
blindaje para mí para que solamente
me lleguen y envíe energías de apoyo.*

Apréciate

Tus ángeles llevamos un largo tiempo contigo, te entendemos muy bien, y deseamos que sepas que te apreciamos. Has desarrollado habilidades maravillosas y tu corazón se ha abierto a los demás lleno de compasión. Das con amor y recibes con gratitud. ¡Bien hecho!

Hoy, te guiamos a apreciarte más. Por encima de todo lo que has logrado y aprendido, alábate por ser quien eres. Tú irradias la luz de Dios de manera tan radiante, que eres una dicha para todos. Toma el tiempo para honrarte y pasar un tiempo en la luz de tu propia compañía.

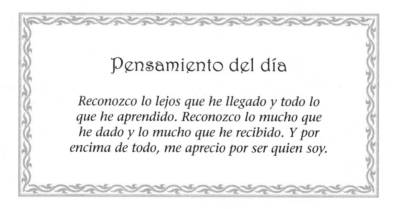

Pensamiento del día

Reconozco lo lejos que he llegado y todo lo que he aprendido. Reconozco lo mucho que he dado y lo mucho que he recibido. Y por encima de todo, me aprecio por ser quien soy.

Confía en ti

Tu brújula interior te guía con precisión hacia la dirección de tus sueños y deseos. Confía en la guía que recibes, puesto que proviene directamente de la sabiduría infinita de Dios y te ayuda a mover en la dirección que es el cielo en la Tierra.

Cuando estás alegre, tu luz brilla cada vez con más resplandor y así inspiras a los demás para que ellos se sientan alegres. Confía en tus sentimientos, ideas y visiones, ya que son herramientas ofrecidas por Dios, diseñadas para conducirte a tu hogar en paz y felicidad.

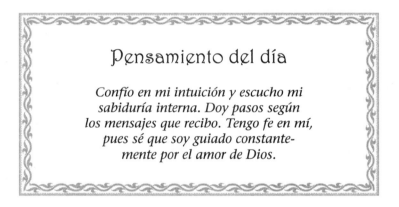

Pensamiento del día

Confío en mi intuición y escucho mi sabiduría interna. Doy pasos según los mensajes que recibo. Tengo fe en mí, pues sé que soy guiado constantemente por el amor de Dios.

Explora nuevas vías de creatividad

La creatividad te ayuda a aprender y a crecer. El objetivo es expresarte, lo cual significa que permites que tu luz brille, así como también comunicar y liberar tus emociones reprimidas.

Explora hoy nuevas vías para expresarte de forma creativa. Cualquier cosa que no hagas normalmente, funcionará con este propósito. Intenta cantar en la ducha, hacer un arreglo floral, redecorar una habitación, bailar o tomar fotografías. La forma en que te expreses es secundaria, lo importante es que lo hagas.

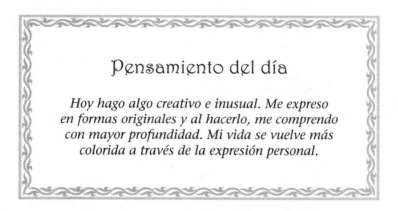

Pensamiento del día

Hoy hago algo creativo e inusual. Me expreso en formas originales y al hacerlo, me comprendo con mayor profundidad. Mi vida se vuelve más colorida a través de la expresión personal.

Trátate con cariño

Tu ser interior confía en tu ser exterior para tratarte con cariño, cuídate entonces, y sé gentil con tu ser durante el día de hoy. Tómate el tiempo mientras te vistes, comes o conduces... haz todo con calma.

Trátate con cariño usando palabras positivas y comprensivas, porque tu alma ansía alabanza y elogios. Di con frecuencia "te amo" dirigiéndote a ti, ya sea en silencio o en voz alta. Cuando te tratas con afecto, te abres a recibir más de lo mismo.

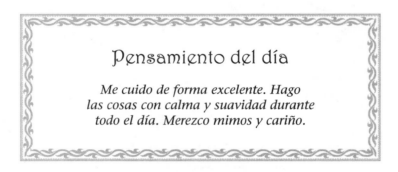

Pensamiento del día

*Me cuido de forma excelente. Hago
las cosas con calma y suavidad durante
todo el día. Merezco mimos y cariño.*

Visita un templo etéreo de sanación

Imagínate un templo de sanación impregnado de un arco iris de luz de colores y lleno de hermosa luz y energía de paz. Visualiza y siente que estás visitando ese santuario.

Sanadores amorosos te invitan a recostarte en una cama suave rodeada de cristales. Te sientes de inmediato cómodo y en paz, mientras que ellos dirigen hacia ti luces de los colores del arco iris. Mientras respiras, sientes la calidez y el cariño de esta energía entrar en tu cuerpo.

Te liberas de todas las cargas que te abruman, y te sientes totalmente relajado y alegre. Sigue recibiendo este tratamiento de sanación por todo el tiempo que desees, sabiendo que puedes regresar a este santuario con la frecuencia que quieras.

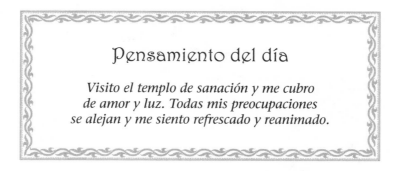

Pensamiento del día

Visito el templo de sanación y me cubro de amor y luz. Todas mis preocupaciones se alejan y me siento refrescado y reanimado.

Afirma que eres totalmente digno de amor

Mereces todo el amor por ser quien eres ahora mismo. La opinión que tú o los demás tengan de ti es irrelevante ante el hecho de que eres un hijo perfecto de Dios. Nada tuyo puede ser jamás destruido o perjudicado. Siempre has sido, y siempre serás, una creación perfecta del cielo.

No te dejes engañar por las ilusiones que el ego pueda representar. Tu ser superior (y el de todas las personas) está eternamente conectado con Dios y, por consiguiente, Él siempre te ama, siempre desea lo mejor para ti y siempre ve toda la bondad en tu interior.

Mereces ser amado por completo. No tienes que merecerte el afecto de Dios... ya te fue otorgado antes de tu creación y permanece tuyo por la eternidad, independientemente de todo.

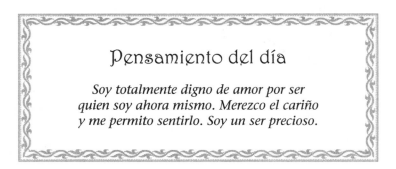

Pensamiento del día

Soy totalmente digno de amor por ser quien soy ahora mismo. Merezco el cariño y me permito sentirlo. Soy un ser precioso.

No hay nada que temer

Amado hijo, no te angusties por nada, pues el amor de Dios te protege a ti y a tus seres queridos, ahora y siempre. No hay nada que temer... entréganos a tus ángeles tus problemas y tus preocupaciones, y relájate en la sabiduría y en la paz, sabiendo que tú y las personas cercanas a ti están seguras.

Te cuidamos con esmero, siempre listos para tomar acción en tu beneficio. Cada vez que te sientas preocupado, temeroso, sin amor o solo, por favor, habla con nosotros. Puedes hablar en voz alta, en silencio o por escrito. Nuestras conversaciones te ayudarán a liberar esas cargas, permitiéndonos trabajar a tu favor.

No hay nada que temer, ni ahora ni en el futuro. Estás cubierto de la manta protectora del amor de Dios, descansa en paz.

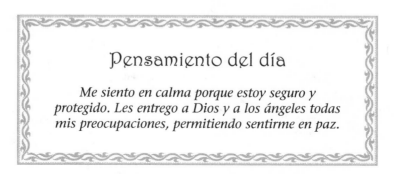

Pensamiento del día

Me siento en calma porque estoy seguro y protegido. Les entrego a Dios y a los ángeles todas mis preocupaciones, permitiendo sentirme en paz.

Tu futuro está a salvo

Puesto que tus ángeles podemos mirar tu futuro, vemos que te esperan muchos momentos satisfactorios, felices y significativos. Tienes un número de caminos alternativos disponibles para ti, incluyendo experiencias con varios grados de aprendizaje. Puedes guiarte hacia el sendero más feliz manteniéndote en constante comunicación con nosotros, dándonos permiso continuo para asistirte con todo.

Respira con calma, relájate y baja la guardia, porque tu futuro está a salvo. No te desilusionaremos.

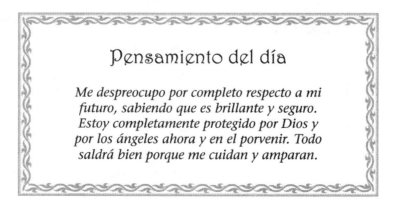

Pensamiento del día

Me despreocupo por completo respecto a mi futuro, sabiendo que es brillante y seguro. Estoy completamente protegido por Dios y por los ángeles ahora y en el porvenir. Todo saldrá bien porque me cuidan y amparan.

Manifiesta la abundancia

*Y*a que nos has pedido que te ayudemos a incrementar tu flujo econó-mico, trabajaremos hoy en manifestar la abundancia. Ya has tomado un primer paso importante con el fin de colaborar con el Espíritu.

El siguiente paso es que te ayudemos a ajustar algunas de las "progra-maciones" de tus pensamientos, creencias, sensaciones físicas y emocio-nes respecto al dinero. Esto lo haremos contigo.

Para comenzar este proceso, por favor ponte en una posición en que estés cómodamente recostado y di:

Dios, arcángeles y ángeles guardianes,
gracias por alejar todos los temores que pueda
haber tenido respecto a recibir el flujo divino de
abundancia que está siempre presente para todos.
Gracias por ayudarme a abrir mi corazón a recibir.
Gracias por liberarme de toda ira o resentimiento de
mi conciencia. Gracias por ayudarme a relajar mis
músculos. Ahora me siento cómodo y abierto
para recibir. Me siento lleno de paz y gratitud.

Disfruta de las energías amorosas que sientes. Cualquier estremeci-miento que puedas experimentar en tu cuerpo físico es una señal positiva de liberación y sanación.

Afirma que te sientes seguro recibiendo

Para continuar nuestro trabajo de manifestar abundancia, tus ángeles trabajaremos más en tu receptividad. Cada día tienes muchas oportunidades de recibir: alguien podría preguntarte que si puede ayudarte en algo, elogiarte u ofrecerse para invitarte a comer.

Mantente alerta a los dones que te llegan durante el día. Acepta todos estos presentes con un "¡gracias!" sabiendo que los mereces.

Entréganos todos los temores o culpas que puedas sentir acerca de este proceso, y déjanos ayudarte a que disfrutes recibirlos. Mientras sigas aceptando estos dones diarios, el universo responderá incrementando su flujo hacia ti.

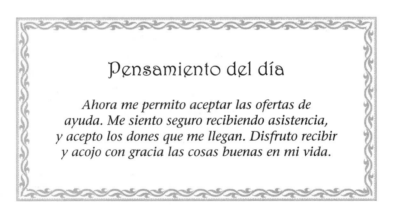

Pensamiento del día

Ahora me permito aceptar las ofertas de ayuda. Me siento seguro recibiendo asistencia, y acepto los dones que me llegan. Disfruto recibir y acojo con gracia las cosas buenas en mi vida.

Confía

El universo es seguro y está lleno de amor, está dondequiera que vayas llenando cada espacio a donde viajes. Cuanto más busques evidencias de tu seguridad, más la encontrarás. Tus ángeles te cuidamos continuamente guiándote y protegiéndote siempre.

Confía en este mundo y en tus experiencias en él. Ten fe en ti, en tus corazonadas, sueños y deseos. Baja tu guardia, relájate y disfruta: la vida es un parque de atracciones.

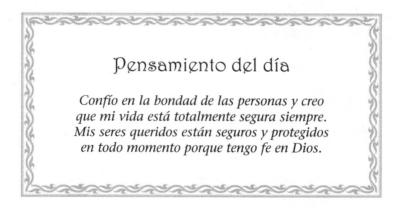

Pensamiento del día

Confío en la bondad de las personas y creo que mi vida está totalmente segura siempre. Mis seres queridos están seguros y protegidos en todo momento porque tengo fe en Dios.

Siéntete amado

El amor es omnipresente lo cual significa que está en todas partes, alrededor de ti y en tu interior. Es lo que tú eres, tu herencia y diseño divinos.

Puede ser que hayas vivido una relación dolorosa que haya activado tu desconfianza en el amor. Lo asocias con sufrimiento y has concluido que no te brinda seguridad. Has decidido reducir el amor que puedes sentir creyendo que así evitarás sufrir. Tus ángeles podemos ayudarte a sanar tu corazón para que puedas sentirte capaz de amar de nuevo. Estamos a tu lado siempre y puedes pedirnos que elevemos la energía de tus relaciones con los demás. Guiaremos tus relaciones para ayudarte a sentirte seguro y protegido.

Es imposible bloquear el amor por completo. La fuerza intrínseca vital de tu alma está llena de cariñosa percepción. Cuanto más consciente estés de esta emoción, ¡más vivo te sentirás!

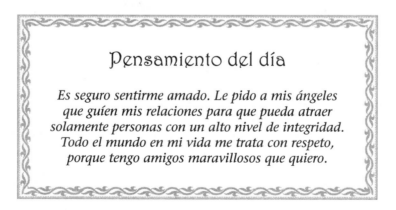

Pensamiento del día

*Es seguro sentirme amado. Le pido a mis ángeles
que guíen mis relaciones para que pueda atraer
solamente personas con un alto nivel de integridad.
Todo el mundo en mi vida me trata con respeto,
porque tengo amigos maravillosos que quiero.*

185

Libérate del dolor

No tienes que sufrir por nada. La solución a cualquier problema aparente, de hecho, cualquier cosa que desees, fluye con gracia.

El sufrimiento está basado en el miedo, el cual remite puntos de energía angulosos que crean barreras en el flujo como un río que de repente tiene que pasar por rocas afiladas. Esta es una razón por la cual la preocupación retrasa tus manifestaciones. Cuando te liberas de tus preocupaciones y se las entregas a Dios, las cosas pueden fluir de nuevo con suavidad y rapidez hacia ti.

Hoy, libérate de todos los asuntos que te hacen sentir tenso. Puedes hacerlo escribiendo una lista dirigida a Dios y a tus ángeles y pidiéndonos que te ayudemos a liberarlos. Tu simple voluntad de hacer esto conlleva grandes beneficios.

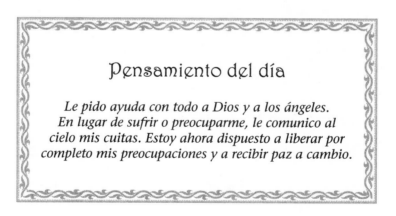

Pensamiento del día

*Le pido ayuda con todo a Dios y a los ángeles.
En lugar de sufrir o preocuparme, le comunico al
cielo mis cuitas. Estoy ahora dispuesto a liberar por
completo mis preocupaciones y a recibir paz a cambio.*

186

Eres amor

𝕯ios es puro amor, y este es el único sentimiento que existe en el cielo. Puesto que eres el resultado de uno de los pensamientos del Creador, tu alma fue concebida y creada con amor divino.

Tu ser físico es solamente un pequeño aspecto de lo que eres. Tu alma excede todas las limitaciones que tu cuerpo pueda tener..., está eternamente conectada a Dios y por consiguiente, al amor. Nadas continuamente en un mar de este sentimiento cálido el cual das y recibes.

Hoy, sé más consciente que nunca de tu verdadera naturaleza expresando el afecto que Dios te ha entregado a ti y a los demás. Experimenta cómo esto te ayuda a sentirte más auténtico y cómodo. Eres amado en todos y cada unos de los momentos de tu vida. ¡Porque eres amor!

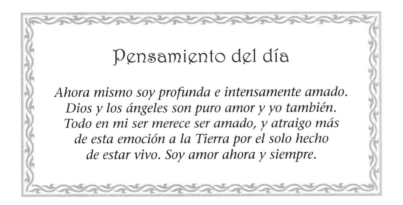

Pensamiento del día

Ahora mismo soy profunda e intensamente amado.
Dios y los ángeles son puro amor y yo también.
Todo en mi ser merece ser amado, y atraigo más
de esta emoción a la Tierra por el solo hecho
de estar vivo. Soy amor ahora y siempre.

Perdónate

Fuiste creado perfecto por el Creador, y nunca puedes deshacer esta obra divina. No hay nada que deba ser perdonado en última instancia porque jamás puedes anular esta voluntad divina de perfección.

Cualquier remordimiento que tengas está basado en el sueño de que tú podrías ser cualquier cosa distinta al ser puramente amoroso que Dios creó. Al perdonarte por lo que creas haber hecho malo, te ajustas al concepto propio que refleja la visión divina de lo que tú eres. Puedes entonces comprender por qué el cielo te ama tanto. Solamente hay bondad en ti.

Debes estar dispuesto hoy a intercambiar la antigua culpa o resentimiento por la sabiduría del amor divino. Esta es la ruta a la paz verdadera y duradera.

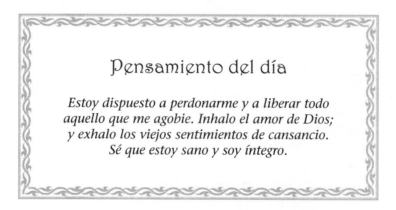

Pensamiento del día

*Estoy dispuesto a perdonarme y a liberar todo
aquello que me agobie. Inhalo el amor de Dios;
y exhalo los viejos sentimientos de cansancio.
Sé que estoy sano y soy íntegro.*

Conoce la maravillosa
verdad acerca de tu ser

Cualquier adjetivo que puedas usar para describir al cielo también te aplica, ya que fuiste diseñado a imagen de Dios. Eres poderoso en el sentido de que tienes la fortaleza para crear y atraer con tus palabras y deseos...; eres creativo igual que lo es Aquél que te creó. Estás lleno de salud y eres un sanador, que ama y es amado, y también eres un ser sabio, misericordioso y cariñoso amén de otras cualidades.

La verdad acerca de tu ser es completamente positiva. Cualquier pensamiento negativo que tengas acerca de ti es falso y, por consiguiente, no es digno de que inviertas tu tiempo en él.

Hoy, pon tu atención es pensar y decir cosas amables acerca de ti. Advierte cómo te ayudan estas palabras para sentir fortaleza y alegría respecto a tu propio ser. Cuando eres positivo estás expresando lo que en verdad eres.

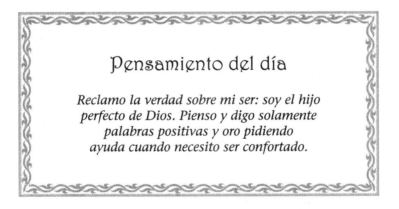

Pensamiento del día

Reclamo la verdad sobre mi ser: soy el hijo
perfecto de Dios. Pienso y digo solamente
palabras positivas y oro pidiendo
ayuda cuando necesito ser confortado.

Disfruta de la energía más elevada

Tu fuente de energía es Dios en tu interior, y esta fuerza está continuamente disponible para elevar tu ánimo cuando sea necesario. Puedes conectarte a ella simplemente cerrando tus ojos, enfocándote en tu interior, respirando profundamente y manteniendo tu atención.

Cuando atraigas tu atención hacia tu interior, imagínate una hermosa esfera de luz que emite energía constantemente al igual que lo hace el sol. Esta central eléctrica en tu interior está siempre lista para incrementar tus niveles de energía usando solamente el amor puro y natural como combustible, el cual se regenera constantemente. Te sentirás recargado con tan solo enfocarte en esta fuente, y puedes inhalar para atraer su energía a lo largo y ancho de tu cuerpo.

Cuando te conectas con tu energía interna, estás trabajando con la fuente de poder más elevada que existe.

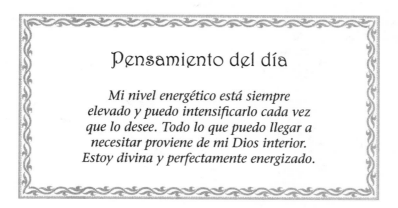

Pensamiento del día

Mi nivel energético está siempre elevado y puedo intensificarlo cada vez que lo desee. Todo lo que puedo llegar a necesitar proviene de mi Dios interior. Estoy divina y perfectamente energizado.

Disfruta del suministro ilimitado

Todo lo que necesitas está disponible para ti ahora mismo. El universo es como una compañía que provee todo lo que se nos pueda ocurrir. Cuando consideras un deseo, la bodega entra en marcha empacando tu pedido y preparándose para su envío. Siempre y cuando mantengas los mismos pensamientos positivos (o los liberes con fe al universo), tu "paquete" llegará rápidamente. Sin embargo, si llegas a cambiar de idea y piensas en un deseo conflictivo o sientes temor de que tu deseo no se vaya a materializar tu entrega se retrasa.

Puedes tener todo lo que deseas. Solamente debes determinarlo y tener fe en que te llegará. Tus ángeles podemos ayudarte a refinar tus deseos a sus niveles más elevados y puros, si lo pides. Al fin de cuentas, tú lo decides.

Cuando solicitas que se cumplan tus necesidades, siempre hay de sobra en la tienda de la abundancia, por lo tanto, el objeto de tu deseo no puede ser alejado de ti por nadie. Mereces cumplir tus deseos al igual que lo merecen todos los hijos de Dios; esta es la razón por la cual el Creador se ha asegurado de que haya un suministro inagotable, abundante para todos.

Pensamiento del día

El universo satisface todas mis necesidades con abundancia y constancia. Todo lo que deseo me es suministrado, siempre y cuando mantenga mis pensamientos consistentes y positivos. Cuando acepto las bondades, hay todavía más disponibilidad de ellas para los demás. Cuanto más me permito recibir, más tengo disponible para dar a los demás.

Recibe guía sobre el propósito de tu vida

A menudo pides ayudar para identificar y trabajar en el propósito de tu vida. Tienes un papel importante que cumplir, al igual que tus hermanos y hermanas en la Tierra. No puedes venir aquí sin un propósito... así como cada miembro de una orquesta ayuda a crear música hermosa, tu parte es necesaria para el propósito general del planeta.

Cuando pides que te ayudemos en las metas de tu vida, significa que deseas realizar una obra significativa que te apoye de manera económica, emocional, espiritual e intelectual. Deseas pasar tiempo involucrado en actividades que te hagan sentir pasión genuina porque deseas realizar una diferencia positiva en el mundo.

Cuando *tú* sirves un propósito, la vida te sirve de regreso, por eso debes poner tu enfoque en prestar un servicio por medio de tus talentos e intereses naturales. Deja que el universo se encargue de regresarte las cosas buenas.

Da mucho y permítete recibir acorde. Comparte tiempo, amor, apoyo, sonrisas y demás. Otorgar dones es como reflejar tu luz en un espejo: siempre te regresa lo mismo de inmediato. Solamente asegúrate de que te estás permitiendo recibir.

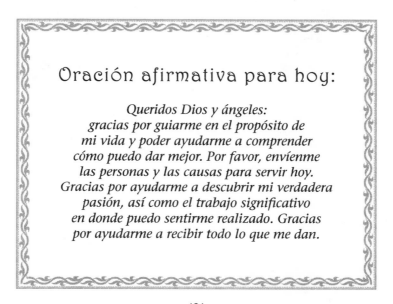

Oración afirmativa para hoy:

Queridos Dios y ángeles:
gracias por guiarme en el propósito de
mi vida y poder ayudarme a comprender
cómo puedo dar mejor. Por favor, envíenme
las personas y las causas para servir hoy.
Gracias por ayudarme a descubrir mi verdadera
pasión, así como el trabajo significativo
en donde puedo sentirme realizado. Gracias
por ayudarme a recibir todo lo que me dan.

Da pasos en dirección
al propósito de tu vida

*D*eseas saber específicamente: *¿cuál es el próximo paso en mi camino?* La respuesta es permitir que tu sabiduría interior te guíe para tomar pasos y acciones vitales, tales como realizar cambios sanos en tu estilo de vida, contactar a una persona en particular, leer un cierto libro o tomar una clase en particular.

La guía sobre el propósito de tu vida siempre es otorgada un paso a la vez. Y cuando das ese paso, el siguiente es revelado. Sea cual sea el mensaje que estés recibiendo sabrás que es una respuesta a tus plegarias cuando sea de naturaleza repetitiva, estimulante y positiva.

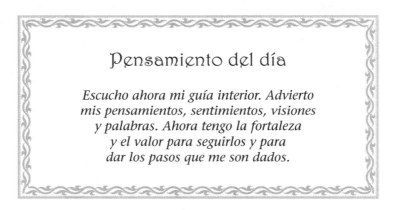

Pensamiento del día

Escucho ahora mi guía interior. Advierto mis pensamientos, sentimientos, visiones y palabras. Ahora tengo la fortaleza y el valor para seguirlos y para dar los pasos que me son dados.

Realiza cambios
saludables en tu estilo de vida

Tu deseo de mejorar tu vida involucra algunos cambios. La resistencia natural que sientes respecto a este proceso es un antiguo patrón entre todos los seres humanos, sin embargo, hay otra parte de ti que siente emoción ante la idea de comenzar de nuevo. Tus sentimientos contradictorios son totalmente naturales.

Tus ángeles estamos contigo durante cada cambio que implementes, caminando a tu lado a través de cada umbral. Háblanos continuamente, pues podemos ayudarte a convocar la motivación, el valor y la energía para transformar tu vida. También podemos brindarte el material de apoyo que necesitas y ayudarte a discernir las mejores opciones para ti.

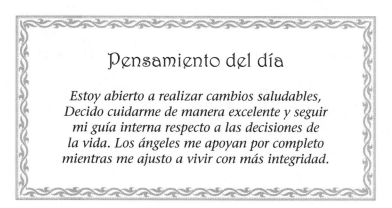

Pensamiento del día

Estoy abierto a realizar cambios saludables,
Decido cuidarme de manera excelente y seguir
mi guía interna respecto a las decisiones de
la vida. Los ángeles me apoyan por completo
mientras me ajusto a vivir con más integridad.

Haz resaltar lo mejor de los demás

Todo el mundo tiene chispa de genio y energía sanadora en su interior, los cuales son dones divinos. Puedes ayudar a los demás a despertar sus dotes espirituales y a inspirarlos a mantener una actitud más positiva.

Con este fin, mira la hermosa luz y la bondad en el interior de todos los seres en tu vida. Mantén tus conversaciones llenas de melodías armoniosas, y no te permitas ser un instrumento de ningún coro con notas disonantes. Usa solamente palabras positivas y amorosas.

Tu propia felicidad es tu herramienta más grandiosa para ayudar y enseñar. Es una energía profunda que emite rayos profundamente sanadores de luz que tienen un efecto estimulante. No tienes que trabajar en corregir a los demás, pues tus sentimientos de paz logran esto de manera automática. Mantén la intención de sentirte alegre, y todo lo demás ocurrirá por su propia fuerza.

Cuando eres feliz, haces resaltar lo mejor en ti y en los demás.

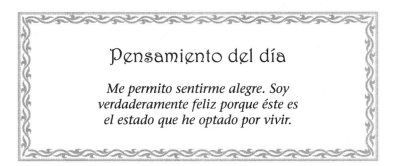

Pensamiento del día

Me permito sentirme alegre. Soy verdaderamente feliz porque éste es el estado que he optado por vivir.

Advierte las señales del cielo

Tus ángeles estamos en constante comunicación contigo. A menudo nos escuchas a través de tus corazonadas y de tu intuición, pero también te enviamos señales para ayudarte a comprender y a confiar en nuestros mensajes. Estas señales te ayudan a saber que lo que estás experimentando no es tu imaginación ni una coincidencia, advierte entonces las muchas señales que te enviamos hoy.

Mientras las percibes, verás que te rodean siempre. Algunas son físicas, tales como objetos que encuentras o ves; otras son auditivas, e incluyen mensajes verbales que recibes a través de otras personas o de la música.

Advierte el tema repetitivo de estas señales: te describen mensajes e historias completas. Por favor, pídenos ayuda para interpretarlas.

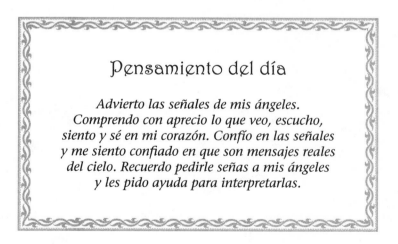

Pensamiento del día

Advierto las señales de mis ángeles.
Comprendo con aprecio lo que veo, escucho,
siento y sé en mi corazón. Confío en las señales
y me siento confiado en que son mensajes reales
del cielo. Recuerdo pedirle señas a mis ángeles
y les pido ayuda para interpretarlas.

Cambia de actitud

Si descubres que tu energía o tu ánimo están bajos el día de hoy, recuerda que siempre puedes cambiar a un nivel más elevado. Tienes el poder en tu interior, así como nuestra ayuda y asistencia.

Cuando estás estresado, tu aura se tensa y se encoge lo cual sintetiza más el descenso en tus emociones y en tu vitalidad. Invócanos para relajar tu aura y poder así extenderla y energizar tus sentimientos de felicidad y energía.

En cualquier momento que desees transformarte, haz una pausa y decide que prefieres estar de mejor ánimo o tener más energía; esta decisión es el punto de inicio. Luego inhala profundamente, imagínate sumergiéndote en la energía universal, extrayendo toda la que desees.

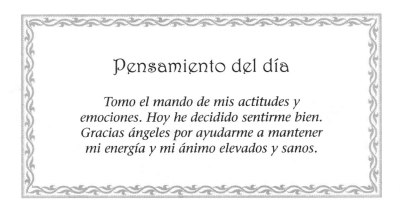

Pensamiento del día

*Tomo el mando de mis actitudes y
emociones. Hoy he decidido sentirme bien.
Gracias ángeles por ayudarme a mantener
mi energía y mi ánimo elevados y sanos.*

Toma tiempo para ti

Amado, eres un ángel en la tierra. Te entregas a los demás con amor y generosidad, y recibes muchas alegrías y satisfacciones a cambio. Pero junto con esta generosidad, tus ángeles deseamos recordarte que también te tomes tiempo para ti.

Todas las personas que dan, deben recargar sus baterías programando intervalos para disfrutar de placeres sencillos y pasiones personales. Hoy trabajaremos contigo para que saques tiempo para ti, podría ser algo espontáneo o una actividad divertida para ti.

¿Qué es lo primero que se te viene a la mente cuando lees estas palabras? Si has tenido cierto interés en realizar algo en especial por algún tiempo, hoy es el día para que te ocupes de tu deseo. Te apoyaremos por completo para que tengas el tiempo y la motivación para asegurarnos de que puedas cumplir con tus necesidades.

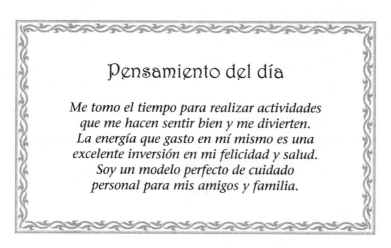

Pensamiento del día

Me tomo el tiempo para realizar actividades que me hacen sentir bien y me divierten. La energía que gasto en mí mismo es una excelente inversión en mi felicidad y salud. Soy un modelo perfecto de cuidado personal para mis amigos y familia.

Mírate a través de los ojos de los ángeles

Tu opinión acerca de ti está a menudo filtrada a través de tu propio ego o del ego de otra persona. Sin embargo, esta parte de tu ser siente temor de la luz y por lo tanto, solamente detecta las sombras, y si te ves a través de estos lentes solamente ves oscuridad. En verdad no importa lo que los demás piensen de ti, pues tu verdad espiritual no puede cambiar según las opiniones ajenas.

Hoy, mírate a través de los ojos de tus ángeles. Solamente percibimos tu verdad más elevada y tu Divinidad: eres tan puro y sagrado como nosotros. Tu alma es inocente y perfecta en todos sus aspectos, y tienes talentos valiosos que son un verdadero haber para este planeta.

Eres totalmente amable y amoroso, y te queremos mucho.

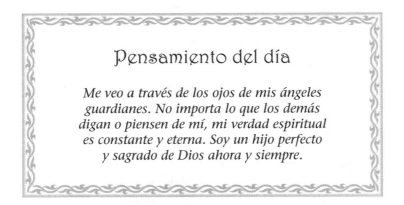

Pensamiento del día

Me veo a través de los ojos de mis ángeles guardianes. No importa lo que los demás digan o piensen de mí, mi verdad espiritual es constante y eterna. Soy un hijo perfecto y sagrado de Dios ahora y siempre.

Mira a los demás a través de los ojos de los ángeles

El ego humano es fastidioso, esa es su naturaleza intrínseca. Te irrita porque crea fricción al atentar persuadirte en contra del amor. Esta repercusión en tu campo de energía es desagradable.

Siempre te sentirás mal si le prestas atención a los egos ajenos, porque solamente notarás la oscuridad y las sombras. Este enfoque te origina el temor de que la bondad es un mito y de que estás solo y no eres amado. La única forma de salir de este abismo, es verte y ver a los demás a través de los ojos de los ángeles. En lo que te concentras es lo que ves, por esta razón lo encontrarás.

Si deseas experimentar un sentido mayor de amor y sentirte más seguro de ti, debes superar el ego. Ve más allá de las características fastidiosas al lugar en donde residen el amor y la luz en cada persona. Enfocarte constantemente en este cofre de tesoros en el interior de cada persona, te hará descubrir un sentido de paz que habías olvidado hace mucho tiempo.

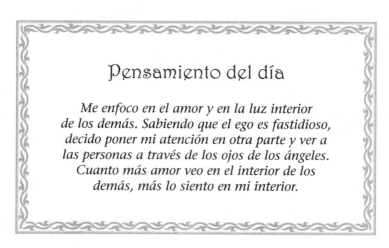

Pensamiento del día

Me enfoco en el amor y en la luz interior de los demás. Sabiendo que el ego es fastidioso, decido poner mi atención en otra parte y ver a las personas a través de los ojos de los ángeles. Cuanto más amor veo en el interior de los demás, más lo siento en mi interior.

Descubre tu mayor tesoro

Tu tesoro más grandioso es fácil de encontrar y abrir...: es el amor hacia ti. A menudo has escuchado decir que solamente puedes ofrecer el cariño que sientas por ti mismo. La verdad tras esta afirmación es que el amor hacia ti es la base de un corazón abierto.

Si admiras a alguien pero te desprecias, no podrás valorar el afecto que le das a la otra persona. Cuando comprendes que este cariño proviene de Dios, puedes sentir la conexión entre tu ser, la persona amada y la Divinidad. De esto es de lo que se trata el amor hacia uno mismo, lo cual no quiere decir que debes creerte mejor que alguien, sino más bien que todo lo que te aparece atractivo de otra persona es un espejo de la belleza que hay en tu interior.

Hoy, enfócate en encontrar el círculo de amor que se extiende entre tú, los demás y Dios. Cuando lo adviertas y lo sientas, descubrirás tu mayor tesoro.

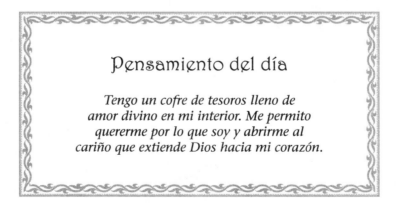

Pensamiento del día

Tengo un cofre de tesoros lleno de amor divino en mi interior. Me permito quererme por lo que soy y abrirme al cariño que extiende Dios hacia mi corazón.

Toma decisiones claras como el cristal

$\mathcal{E}$l sendero a la manifestación comienza con una decisión clara de lo que deseas. Tus manifestaciones serán confusas a menos que tengas una clara determinación de lo que quieres: es imposible no hacerlo, puesto que no escoger nada ya *es* de por sí una decisión.

Puede ser que pienses: *pues bien, Dios sabe lo que deseo y necesito*. Aunque el cielo te da ideas, la toma de decisiones se hace en conjunto. Tú oras y recibes una guía que puedes escoger seguir o no, pero sin una dirección cristalina eres como un conductor sin un destino final en tu mente. Tus decisiones son como mapas de carreteras.

Hoy, toma una decisión clara acerca de algo que deseas. Puede ser llevar a cabo mejoras en tu vida, apoyar una causa en la que crees o hacer algo a lo que te sientas guiado. No tienes que saber cómo lograr cada meta ni cuáles acciones tomar... solamente enfócate en determinar tu sueño. Una vez que lo hagas verás con claridad cuáles son los pasos necesarios y tus ángeles estamos aquí para ti siempre.

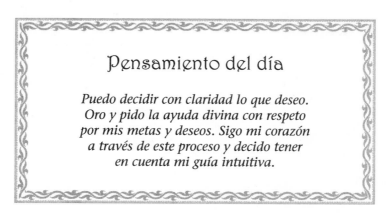

Pensamiento del día

Puedo decidir con claridad lo que deseo.
Oro y pido la ayuda divina con respeto
por mis metas y deseos. Sigo mi corazón
a través de este proceso y decido tener
en cuenta mi guía intuitiva.

Encuentra y dale alas a tus pasiones

Hay actividades y asuntos que hacen que tu corazón cante de alegría y sienta que tienes un propósito: tus pasiones. Puedes encontrarlas advirtiendo los temas que te interesan o en los que piensas con frecuencia y ensayar las actividades que te atraen. Al igual que cuando buscas tu alma gemela, sabrás cuando encuentres tu pasión personal.

Una vez que descubres lo que te conmueve, encontrarás tiempo para disfrutarlo. Dichos cometidos son las dulces recompensas de la vida, las que te ayudan a descubrir el cielo en la Tierra. Son una inversión vital que paga enormes dividendos en cuanto a incrementar tu energía, motivación e inspiración.

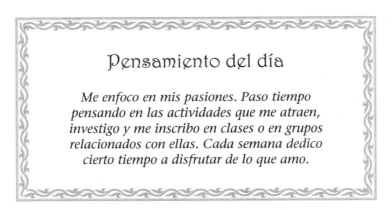

Pensamiento del día

Me enfoco en mis pasiones. Paso tiempo pensando en las actividades que me atraen, investigo y me inscribo en clases o en grupos relacionados con ellas. Cada semana dedico cierto tiempo a disfrutar de lo que amo.

Encuentra el equilibrio

Una parte importante del propósito de la vida involucra tomar decisiones acerca de cómo deseas pasar tu tiempo. Puesto que tienes que enfrentar muchas decisiones, puede ser que te preguntes cómo encontrar el equilibrio: sientes la presión de dedicarte a ayudar a los demás, pero también escuchas tu llamado interno de ocuparte de ti. Tienes responsabilidades y deberes pero, ¿qué ocurre con las obligaciones respecto a tu alma y a tu camino espiritual?

Estas diferentes exigencias no entran en conflicto a menos que tú creas que así debe ser. En realidad, ellas se interceptan y se compenetran perfectamente: una fluyendo en la otra de igual forma que el amanecer conlleva al atardecer. El primer paso para encontrar el equilibrio es tener una mente positiva; invócanos entonces y usa las afirmaciones para llenar tu mente con amor sanador.

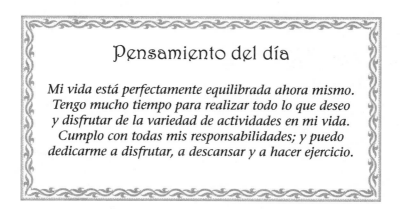

Pensamiento del día

Mi vida está perfectamente equilibrada ahora mismo. Tengo mucho tiempo para realizar todo lo que deseo y disfrutar de la variedad de actividades en mi vida. Cumplo con todas mis responsabilidades; y puedo dedicarme a disfrutar, a descansar y a hacer ejercicio.

Disfruta de ser responsable de tu persona

Una razón por la cual tu vida ha estado en desequilibrio en el pasado, ha sido tu reticencia a aceptar por completo la responsabilidad de tu felicidad. La idea de ser totalmente responsable de ti, te ha originado miedos y presiones que has deseado evitar.

Ahora comprendes que la responsabilidad personal no es una prueba que debes pasar o perder. Significa literalmente reaccionar a tu propia esencia; después de todo, nadie más sabe lo que te hace feliz.

Ser íntegro con tu verdadero ser es tan agradable y satisfactorio como ayudar a otras personas. Tu ser interior te envía su amor y aprecio por cuidarlo tan bien.

Pensamiento del día

*Acepto por completo que soy responsable de
mi propia felicidad. Me trato con respeto y amor.*

Disfruta de la verdadera felicidad

En tu interior reside la felicidad profunda y duradera. Ésta es la energía de Dios, la chispa de amor que es tu origen e identidad. Eres dicha pura.

Cuando te sientes feliz, estás centrado y estás siendo de verdad quien eres. Tu alegría es un indicador de que estás en el camino correcto en el momento adecuado (aunque cambies de ruta en el transcurso). La felicidad genuina proviene de ser sincero contigo mismo; significa que eres honesto, auténtico e íntegro.

Pon tu enfoque en ser real en el sentido de ser el dueño de tu verdad y vivirla tal cual. Durante el día de hoy haz pausas y pregúntate: *¿es esto bueno para mí?* y honestamente, *¿cómo me siento al respecto?*

Cuando admites tus emociones y tus deseos resplandeces con la paz que irradia tu verdadera felicidad.

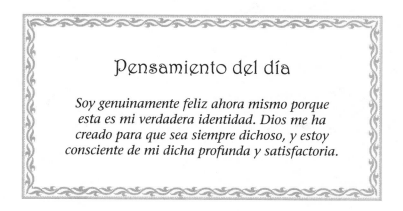

Pensamiento del día

Soy genuinamente feliz ahora mismo porque esta es mi verdadera identidad. Dios me ha creado para que sea siempre dichoso, y estoy consciente de mi dicha profunda y satisfactoria.

Nunca estás solo

Tus ángeles estamos siempre contigo, siempre viendo tu bondad, tu propósito y tu potencial. Estamos a tu lado a toda hora. Somos tus amigos constantes; nuestro amor por ti y nuestra aprobación son inquebrantables. Estamos a tu lado siempre. Comprendemos todas tus motivaciones y decisiones, y te amamos y aceptamos tal como eres ahora mismo.

No tienes que merecer nuestros favores de ninguna manera. Te aprobamos por completo, porque sabemos quién eres en verdad: una obra maestra de la creación divina, un ejemplo resplandeciente de todos los colores del amor.

Amado, nunca estás solo. Jamás te dejaremos, no podemos hacerlo. Invócanos a toda hora, pues es nuestro sagrado honor estar contigo y ayudarte cada vez que nos necesites.

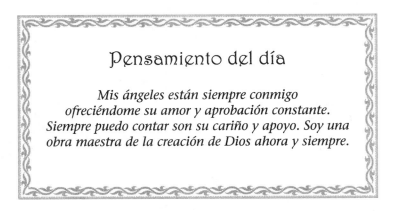

Pensamiento del día

*Mis ángeles están siempre conmigo
ofreciéndome su amor y aprobación constante.
Siempre puedo contar son su cariño y apoyo. Soy una
obra maestra de la creación de Dios ahora y siempre.*

Siempre eres amado

Cuando te sientes abandonado o poco amado significa que te estás enfocando en falacias e ilusiones. La verdad es que eres amado por todo el coro celestial, y por el resto de los seres humanos sin importar que las apariencias indiquen lo contrario.

Dios es puro amor y es omnipresente. Esto quiere decir que el afecto divino está en todas partes, y todo lo que parezca opuesto a esto es un sueño oscuro basado en el temor. Puesto que esta es la verdad intrínseca en cada persona, es obvio que todas las personas te quieren y que tú sientes lo mismo por ellas.

No tienes que empeñarte en ser amado o en merecer el amor. De hecho, este tipo de esfuerzo implica que el afecto de Dios debe ser merecido o forzado, cuando en realidad es la parte más natural de este mundo. En vez de luchar tanto, deja que tu verdadera esencia salga a relucir esa parte tuya que es feliz y está en paz; es el amor de Dios expresado a través de ti. Todo el mundo responde a esto porque todos desean recordar el abrazo celestial. A través de tu felicidad, otros encuentran el amor divino y la dicha en su interior.

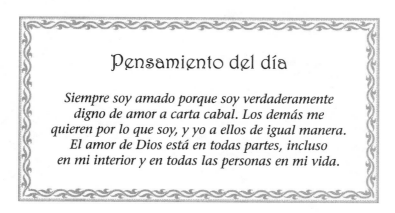

Pensamiento del día

Siempre soy amado porque soy verdaderamente digno de amor a carta cabal. Los demás me quieren por lo que soy, y yo a ellos de igual manera. El amor de Dios está en todas partes, incluso en mi interior y en todas las personas en mi vida.

Llena tu corazón de felicidad

Tienes el derecho de ser tan feliz como lo desees. Hay una fuente ilimitada de alegría en tu interior y en este mundo.

Cada día se presentan numerosas decisiones que llaman tu atención. En lo que decides enfocarte es un reflejo de lo que deseas para tu vida. Cuando optas por la felicidad ves muchos ejemplos que apoyan tu selección. Comienzas a notar cuánto amor, bondad y consideración existen en el universo.

Si adviertes que tu energía o tu ánimo decaen hoy, es un simple indicador que has escogido algo que no es tan positivo como tu enfoque. Recuerda que siempre encontrarás evidencia que apoye cualquier juicio que tengas de ti, de los demás o del mundo. ¿Cuál es la opinión que te brinda más felicidad a ti y a los demás?

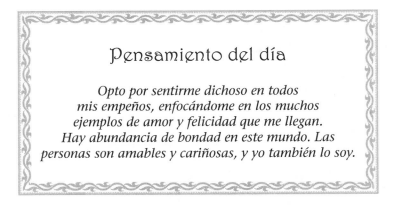

Pensamiento del día

*Opto por sentirme dichoso en todos
mis empeños, enfocándome en los muchos
ejemplos de amor y felicidad que me llegan.
Hay abundancia de bondad en este mundo. Las
personas son amables y cariñosas, y yo también lo soy.*

209

Disfruta del poder sanador de la naturaleza

Tu hermosa sensibilidad te ha inducido a comunicarte con la naturaleza en donde sientes la exquisita liviandad que irradia de cada planta, árbol, ave y animal. Tu alma y tu cuerpo se iluminan ante los acariciadores rayos de amor de la Tierra. Cuando te sientas en una roca sobre el prado, la arena o la tierra puedes sentir el planeta emitiendo su energía sanadora.

Sumérgete en el poder sanador de la naturaleza el día de hoy. Aunque sea unos cuantos momentos al aire libre te revitalizará de forma incomparable.

Pensamiento del día

Hoy hago una cita con la Madre Naturaleza pasando todo el tiempo posible al aire libre. Respiro profundamente su frescura y siento mi energía renovada. Escucho los dulces sonidos de la naturaleza y absorbo el aura radiante de amor de la Tierra.

Permanece positivo

Lo más útil que puedes hacer ante una calamidad es mantener una actitud positiva. Siempre hay una bendición en todas las circunstancias aunque no puedas identificarla de inmediato. Al sostener tu fe, puedes elevar a todos a tu alrededor, así como tu propia situación.

Una mente positiva mantiene el cuerpo relajado, lo cual a su vez te ayuda a pensar con mayor claridad y creatividad durante situaciones intensas. Tu posición optimista inspira a los demás y puede evitar un ciclo de energía en picada.

Comprométete a permanecer optimista hoy independientemente de las circunstancias. Siempre sé honesto con tus pensamientos y sentimientos, pero invócanos a tus ángeles y a tu ser superior para recuperar la mejor perspectiva en toda situación. De esta manera, superas con mucha rapidez cualquier emoción que te perturbe, manteniendo un alto nivel de energía y una actitud positiva.

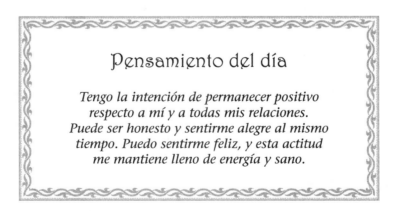

Pensamiento del día

Tengo la intención de permanecer positivo
respecto a mí y a todas mis relaciones.
Puede ser honesto y sentirme alegre al mismo
tiempo. Puedo sentirme feliz, y esta actitud
me mantiene lleno de energía y sano.

¡No te detengas!

Hoy es un día dedicado a tus prioridades, a los proyectos y actividades que son tus ilusiones. Cualquier paso en la dirección de estos cometidos será aplaudido por tu ser interior. Te sientes alborozado y animado cuando inviertes tiempo y energía en ti. Incluso diez minutos te proporcionarán una gran felicidad.

Respira profundamente (con los ojos abiertos o cerrados) y advierte los sentimientos o pensamientos que te llegan respecto a tus prioridades. ¿Cuál actividad viene primero a tu mente? Este es el primer paso del día. Si tienes que hacerlo, escríbelo en tu calendario como una cita obligatoria contigo mismo.

Siente la gratitud que tu ser interior irradia como resultado de los cuidados que le ofreces.

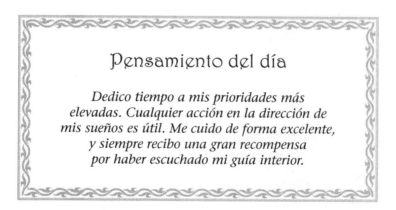

Pensamiento del día

Dedico tiempo a mis prioridades más elevadas. Cualquier acción en la dirección de mis sueños es útil. Me cuido de forma excelente, y siempre recibo una gran recompensa por haber escuchado mi guía interior.

Expresáte con palabras sanadoras

Tus ángeles te hemos hablado de la energía, el poder y el impacto de las palabras. Hoy, nos enfocaremos en sus efectos sanadores. Hemos impregnado este mensaje con una dosis adicional de energía curativa la cual estás absorbiendo ahora mientras lees estas palabras. Medita, respira en esta fuerza con inhalaciones y exhalaciones profundas. Siente el amor y el apoyo que te enviamos siempre.

Trabajemos juntos en usar un lenguaje sanador en todo lo que digas y escribas. Si deseas, podemos guiar tus palabras para que queden impregnadas con la máxima energía terapéutica posible. Tu forma de hablar emite chispas de amor divino, y otros pueden sentir el impacto. Siendo tú el vehículo a través del cual se transmiten las palabras sanadoras, también sentirás la euforia del don que estás dando.

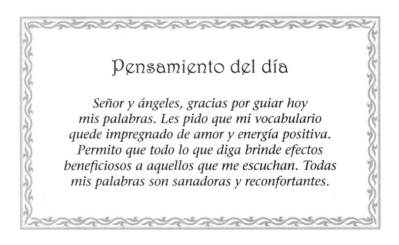

Pensamiento del día

Señor y ángeles, gracias por guiar hoy mis palabras. Les pido que mi vocabulario quede impregnado de amor y energía positiva. Permito que todo lo que diga brinde efectos beneficiosos a aquellos que me escuchan. Todas mis palabras son sanadoras y reconfortantes.

213

Honra tus manos sanadoras

Tu energía amorosa fluye a través de todo tu cuerpo y puede ser dirigida a tu voluntad. Los chacras en tus manos, en tu corazón y en tu tercer ojo pueden atraer y enviar esta fuerza universal de acuerdo a lo que deseas.

Hoy, los ángeles nos enfocaremos en tus manos, las cuales contienen docenas de chacras muy activos y sensibles que envían y reciben energía. Si extiendes tus brazos con tus palmas hacia arriba, limpiaremos los chacras de tus manos y los impregnaremos con poder adicional. Inhala y exhala profundamente mientras llevamos a cabo este tratamiento.

Pon atención a las sensaciones de tus manos. Colócalas al frente de ti para obtener una impresión de las habitaciones, las situaciones, las personas y los objetos, y confía en los mensajes que recibes. Coloca tus manos en cualquier área de tu cuerpo para enviar energía sanadora a tu ser físico. Advierte tus sensaciones; y si te sientes guiado a hacerlo, conduce el mismo proceso en otra persona, en una mascota o en una planta.

Cuanto más consciente te vuelvas de las energías que tus manos dan y reciben, más poderosa fluirá la sanación en ambas direcciones.

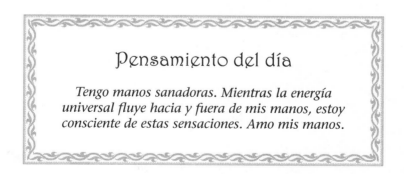

Pensamiento del día

Tengo manos sanadoras. Mientras la energía universal fluye hacia y fuera de mis manos, estoy consciente de estas sensaciones. Amo mis manos.

Honra tu corazón sanador

Como te hemos dicho antes, las energías sanadoras del universo fluyen hacia y desde tus puntos chacras claves en particular desde tu corazón, tus manos y tu tercer ojo. Hoy nos enfocaremos en el chacra del corazón.

La plácida sensación de calidez en tu corazón es una señal de que las energías sanadoras están fluyendo en tu chacra del corazón. Esto es semejante a la sensación de gratitud y es posible experimentarlo constantemente, siempre y cuando mantengas el caudal de poder fluyendo a través de tu centro. Lo haces dando y recibiendo amor permanentemente.

De igual forma que cada inhalación es seguida por una exhalación, así las ondas sanadoras pueden tener un flujo incesante. Puedes tener la intención consciente de respirar y luego exhalar poder curativo. También puedes visualizar la respiración de tu chacra del corazón mientras da y recibe energía.

Hoy, enfócate en las sensaciones del área de tu pecho. Permite que sentimientos cálidos y agradables sean la guía que armoniza las señales del flujo de energía amorosa. No importa lo que esté ocurriendo a tu alrededor, este poder universal está siempre disponible para ti. Mantén el movimiento del flujo, equilibrando lo que das y lo que recibes, y advierte la sensación de euforia natural que esto suscita.

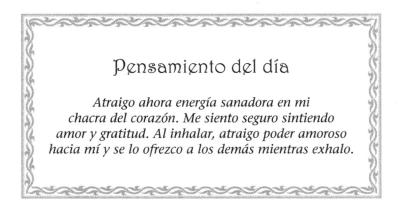

Pensamiento del día

Atraigo ahora energía sanadora en mi
chacra del corazón. Me siento seguro sintiendo
amor y gratitud. Al inhalar, atraigo poder amoroso
hacia mí y se lo ofrezco a los demás mientras exhalo.

Honra tu visión sanadora

Hoy continuaremos con el tema de incrementar tu flujo de energías sanadoras del universo. Nos hemos enfocado en las manos y en el corazón, y ahora trabajaremos en el chacra del tercer ojo.

Tu tercer ojo recibe y envía luz intensa. Los diversos chacras interpretan la información energética de forma diferente. Las manos se enfocan en las sensaciones físicas, el corazón en las emociones, y el tercer ojo en las visiones.

Puedes usar todos estos puntos al mismo tiempo para discernir una impresión integral de cualquier situación de la cual desees mayor información. También puedes enviar energía de todos ellos para incrementar el espectro de energía sanadora.

El tercer ojo, al igual que los otros chacras, es controlado por tu voluntad y tus intenciones. Cualquier tensión o recelo en esa parte, puede interferir y provocar dudas en este proceso; luego debes dirigir tu enfoque y permitir que todo ocurra con naturalidad.

Comienza programando dos intenciones:

1. *Deseo que mi tercer ojo sea cada vez más sensible a las imágenes de amor.*

2. *Mi tercer ojo ahora envía energía sanadora a todo aquel que ve.*

Pronuncia estas afirmaciones con la frecuencia que te sientas guiado y el proceso comenzará de inmediato.

Pensamiento del día

Advierto el flujo de energía a través de mi tercer ojo. Al mantener la intención de percibir visiones de amor, el poder sanador recorre todo mi ser. Me siento seguro de que mi tercer ojo se despierte y se concientice por completo.

Acepta tus habilidades como sanador

Tienes el mismo poder sanador que todos, puesto que todos los individuos están conectados eternamente con Dios. La única razón por la cual algunas personas parecen ser sanadores más efectivos que otros, es porque ellos confían en la energía divina fluyendo a través de ellos. Hoy, tus ángeles nos enfocaremos en incrementar tu fe.

Cuando cuestionas tus habilidades, es como si colocaras una abrazadera en la manguera a través de la cual fluye la energía sanadora. Esto ocurre porque tal duda es el equivalente a creer que estás separado del cielo, lo cual es un pensamiento que te hace perder tu poder. Es imposible separarse de Dios, puesto que quedaste unido a Él a través del amor que te creó.

En vez de perder tu tiempo preguntándote si posees los requisitos o estás listo para sanar, coloca tu enfoque en celebrar con alegría tu Divinidad. Disfruta de los dones terapéuticos que son ya tuyos y úsalos sin esperar más.

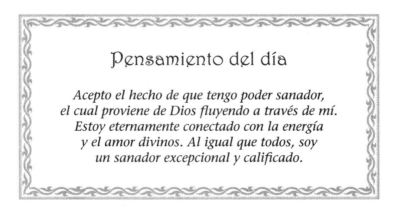

Pensamiento del día

*Acepto el hecho de que tengo poder sanador,
el cual proviene de Dios fluyendo a través de mí.
Estoy eternamente conectado con la energía
y el amor divinos. Al igual que todos, soy
un sanador excepcional y calificado.*

Disfruta de la auto-aceptación

La *auto*-aceptación es igual a la aceptación de *Dios*. Cuando te amas por lo que eres, alabas la obra maestra del Creador.

Independientemente de la ilusión presentada por cualquier problema aparente, eres verdaderamente magnífico. Cuanto más te enfoques en la magnificencia que te ha sido otorgada por Dios, más experimentarás pruebas de este hecho. Encontrarás que eres capaz de efectuar milagros simplemente conociendo tu verdadero origen y tu identidad espiritual.

Hoy, alábate como una forma de pagarle tributo a Dios. Confía en que el plan divino para ti es perfecto desde todo punto de vista.

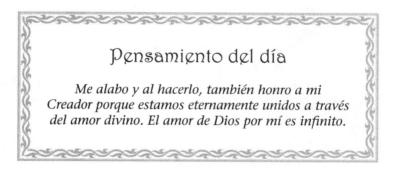

Pensamiento del día

Me alabo y al hacerlo, también honro a mi Creador porque estamos eternamente unidos a través del amor divino. El amor de Dios por mí es infinito.

Disfruta de pensamientos amorosos

Las personas en tu vida son reflejos tuyos, son un espejo de tus sentimientos de valor propio. Cuando te sientes bien con quien eres, tus relaciones son más armoniosas y felices. Cuando te desapruebas, tus experiencias con los demás son acordes a este sentimiento. A menudo te valoras según la opinión que los demás tienen de ti. Sin embargo, las cosas funcionan al inverso porque cuando te valoras altamente, así lo hacen los demás.

Hoy, sé previsor en tus relaciones. Antes de ver a una persona, llénate de sanas dosis de amor por ti como cuando tomas tus suplementos vitamínicos en la mañana. Di para ti mismo: *soy digno de amor, porque Dios me creó así. El amor divino está en todas partes, incluyendo mi interior y el de todas las personas que encuentre hoy.* Rehúsa ver cualquier otra cosa que no sea amor en tu interior y en el interior de los demás. Como con cualquier nuevo hábito, esto se hace más fácil y más natural con el tiempo.

Tu alma es una gota pura de la energía del Creador... tu pura esencia es amor. Conéctate con los demás a través de esta emoción hoy y observa cómo se sanan tus relaciones en formas milagrosas.

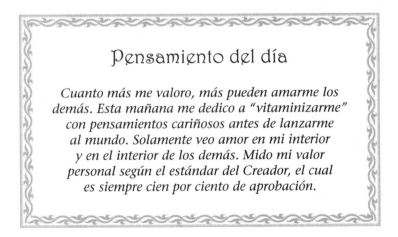

Pensamiento del día

Cuanto más me valoro, más pueden amarme los demás. Esta mañana me dedico a "vitaminizarme" con pensamientos cariñosos antes de lanzarme al mundo. Solamente veo amor en mi interior y en el interior de los demás. Mido mi valor personal según el estándar del Creador, el cual es siempre cien por ciento de aprobación.

Disfruta del romance

Tu vida romántica está determinada por las conversaciones que tienes contigo mismo. Cuando te dices cosas positivas y amorosas, acumulas sentimientos de valor. No hay otra fórmula mágica aparte del amor por ti para prepararte para las relaciones románticas que deseas y mereces.

Debes quererte por completo, incluyendo esas partes de ti que crees que debes mejorar. Cuanto más afecto sientas por ti, más elevado estará tu nivel de energía, la cual es la base de tus atracciones románticas. Recuerda que atraes a las personas que vibran en ondas energéticas similares a las tuyas. Para atraer una pareja sana emocionalmente, establece primero una base de bienestar amándote y aceptándote.

Tus ángeles estamos a tu lado ahora mismo, esperando que nos pidas ayuda con este cometido. Ya sea que sientas que necesitas un arreglo completo de tu autoestima o solo un pequeño ajuste, estamos listos para apoyarte.

Haz un pacto con nosotros hoy, comprométete a guiar tu lenguaje para que se base más en el amor, especialmente cuando se trate de describirte. Todas las posibilidades están abiertas para ti..., solamente tienes que pedirlo.

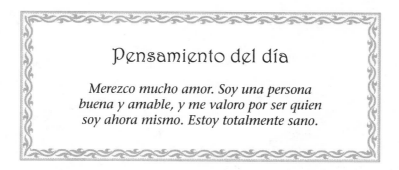

Pensamiento del día

Merezco mucho amor. Soy una persona buena y amable, y me valoro por ser quien soy ahora mismo. Estoy totalmente sano.

220

Olvida los viejos amores

Tu vida romántica está conformada por tus sentimientos respecto a tus relaciones previas. Tus emociones respecto al pasado han formado una obstrucción que bloquea el amor. Tenemos que aclarar el sendero para que pueda llegar un nuevo romance a tu vida.

Prácticamente, todo ser humano que hemos conocido alberga viejos sentimientos por antiguos amores, no debes entonces sentirte avergonzado si tú también los sientes. Más bien, pon todo tu enfoque en superar el pasado. Desengánchate de la carga pesada que has venido arrastrando durante tanto tiempo.

Comienza por abrirte por completo a nuestra presencia sanadora. Libera viejos sentimientos del pasado... tan solo déjalos ir. Siempre retendrás el amor y las lecciones de cada relación. Hoy, solamente estamos liberando las consecuencias de los recuerdos dolorosos.

Ábrenos ahora tu corazón, y siente como vamos arrasando con todas las telarañas que confinan tu corazón a un silencio pétreo. Libera viejas iras, resentimientos, tensiones, preocupaciones, culpas y vergüenza. Deja ir todo aquello que te hace sentir dolor o incomodidad exhalándolo ahora. Siente cómo desenredamos tu pasado. Haremos nuestro trabajo y tú debes hacer el tuyo el cual es estar receptivo, abierto y dispuesto. Hoy, aclararemos el camino del amor para que fluya a través de ti y en tu vida.

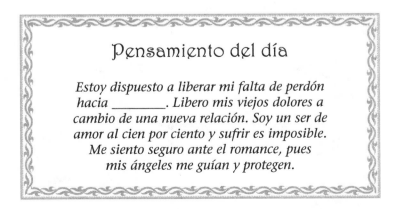

Pensamiento del día

Estoy dispuesto a liberar mi falta de perdón hacia _____. Libero mis viejos dolores a cambio de una nueva relación. Soy un ser de amor al cien por ciento y sufrir es imposible. Me siento seguro ante el romance, pues mis ángeles me guían y protegen.

Pídenos ayuda

Periódicamente, tus ángeles te recordamos que estamos siempre disponibles para ti con todo lo que desees, pero solamente podemos ayudarte si lo pides. Respetamos tu libre albedrío para tomar tus decisiones y resolver tus problemas por ti mismo. Pero, si en algún momento sientes que podemos ser de alguna utilidad, no olvides que aquí estamos.

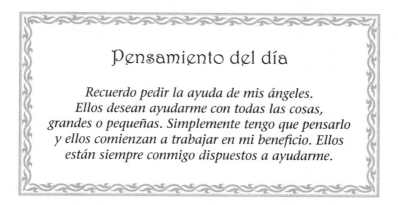

Pensamiento del día

*Recuerdo pedir la ayuda de mis ángeles.
Ellos desean ayudarme con todas las cosas,
grandes o pequeñas. Simplemente tengo que pensarlo
y ellos comienzan a trabajar en mi beneficio. Ellos
están siempre conmigo dispuestos a ayudarme.*

Sana la ira

Cuando emociones de enojo amenacen la santidad de tus relaciones, recuerda que el amor está siempre en el centro. La ira puede ser usada como una herramienta para incrementar el miedo o el amor, dependiendo de tu decisión. Si creas resentimientos hacia otra persona, eriges un muro para protegerte de tus emociones. El amor quita todas las barreras, permitiendo que enfrentes a esa persona con honestidad.

Tu papel no es cambiar a alguien ni justificarte. Estas son conductas que incrementan el miedo, porque te hacen pensar que estás separado de los demás y de Dios. El enfoque de amor hacia la ira es recordar siempre la Divinidad en el interior de cada persona y relación.

Libérate de cualquier apego a la forma en que debe funcionar una situación. Coloca todo tu enfoque en la sabiduría de que todo lo que ha ocurrido es para bien. Esta seguridad desaloja cualquier defensa que puedas sentir y te permite disfrutar de tu día independientemente de las circunstancias.

Siente por completo tus emociones respecto a la relación, no las niegues. Solamente debes disipar la ilusión de que la otra persona está separada de ti o de que estás aislado del amor. Esta acción es sana y te lleva de regreso a casa.

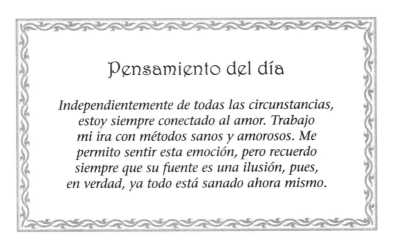

Pensamiento del día

Independientemente de todas las circunstancias, estoy siempre conectado al amor. Trabajo mi ira con métodos sanos y amorosos. Me permito sentir esta emoción, pero recuerdo siempre que su fuente es una ilusión, pues, en verdad, ya todo está sanado ahora mismo.

Extiende tu energía

Para extender el sentimiento de paz que sientes ahora mismo, envía esa energía a tu día. Visualiza rodeando cada uno de tus horas y minutos futuros con una manta de energía armoniosa. Esta tranquilidad estará esperándote y te dará la bienvenida cuando llegues.

Regálate un día en paz. Siente la serenidad que siempre reside en ti. Inhala profundamente para incrementar esta energía, y luego exhala enviándola a tu día, usando el chacra con el que te sientas guiado a invocarla. Envuelve cada situación y cada persona, familiar o desconocida, con este don de amor pacífico.

Advierte lo mucho que disfrutas tu día. Las demás personas sentirán tu energía en su subconsciente y su gratitud será evidente. Disfruta de los frutos de este regalo.

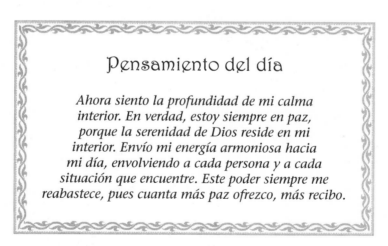

Pensamiento del día

Ahora siento la profundidad de mi calma interior. En verdad, estoy siempre en paz, porque la serenidad de Dios reside en mi interior. Envío mi energía armoniosa hacia mi día, envolviendo a cada persona y a cada situación que encuentre. Este poder siempre me reabastece, pues cuanta más paz ofrezco, más recibo.

224

Disfruta del verdadero descanso

Has trabajado mucho y puedes sentir la necesidad de un poco de descanso bien merecido, honra entonces tu ser físico y emocional. Si te sientes cansado o abrumado, crea algún espacio para relajación.

El verdadero descanso ocurre cuando la mente, el corazón y el cuerpo están en paz. Hoy, escribe todas las cosas que te molestan para que no creen un ruido mental que pueda interferir con tu tranquilidad. Coloca esta lista en un lugar especial en donde solamente tú puedas verla. Si tienes una "caja para Dios" (un lugar especial en donde guardas tus oraciones), coloca ahí tu papel, pero si te preocupa tu privacidad, entonces quémalo. El punto es liberar los pensamientos estresantes en el papel.

Desintoxica tu cuerpo de cualquier producto químico que te haya provocado tensión muscular. Toma mucha agua para enjuagar estimulantes y otras toxinas.

El paso siguiente para prepararte hacia un verdadero descanso, es otorgarte el permiso de hacer una pausa. Entréganos todas las culpas o preocupaciones acerca de las cosas que tienes que hacer. Si deseas, podemos quedarnos en tus ventanas y puertas para asegurar tu privacidad y protección mientras duermes. Podemos incluso bloquear las llamadas telefónicas y los correos electrónicos para que puedas estar en calma. Solo pide, que ya es un hecho.

Amado, descansa bien. Esta inversión que haces en ti te otorga dividendos abundantes.

Pensamiento del día

Me reposo, me libero y me tomo un respiro.
Dejo descansar mi mente de cualquier preocupación
o decisión y permito que mi cuerpo esté en calma.
Este es mi día libre, un momento de total
relajamiento fuera de toda tensión y preocupación.

225

Aprecia la belleza de la simplicidad

Todo lo que deseas es tuyo. No hay ninguna necesidad de esforzarte ni de luchar por nada. Tan pronto lo pides, te es dado. Cuando exhales, libera y descubrirás que todo te está esperando.

Solamente el ego trata de complicar tu concepto personal y tu vida, enredándola en un entramado complejo de escenas irreconocibles. No te dejes involucrar en el libreto del ego.

La vida es simple y también lo es el amor. Simplemente lo es.

Lo esencial es que Dios es amor y la Divinidad es omnipresente... por lo tanto, el amor está por doquier. Esta es la simple verdad.

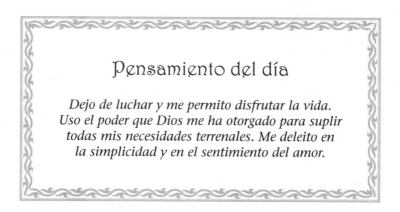

Pensamiento del día

Dejo de luchar y me permito disfrutar la vida. Uso el poder que Dios me ha otorgado para suplir todas mis necesidades terrenales. Me deleito en la simplicidad y en el sentimiento del amor.

Simplifica tu vida

Aliviar tus cargas implica usar tus talentos o tu discernimiento para decidir la dirección que deseas tomar. La presión proviene de tratar de ir en varias direcciones al mismo tiempo. A menudo, esto es causado por la preocupación sobre los juicios o la desaprobación ajena, la cual surge del miedo al abandono. Y en la base de estas ansiedades está la verdadera raíz: un verdadero terror de que Dios te abandone.

Amado, el cielo *nunca* te abandonaría. No podría hacerlo, estás para siempre entrelazado con la Divinidad y ésta es la unidad viviente original que abastece a todos los seres vivos. La voluntad de Dios es que estés alegre y esto es sencillo de lograr, puesto que es tu verdadera naturaleza. No tienes que trabajar para sentir esta emoción.

Hoy, dile sí a la felicidad y no a las decisiones basadas en el miedo que nublan demasiado tu agenda con "ocupaciones." Hoy, ábrete a la simplicidad.

Antes de tomar una decisión, pasa tiempo meditando y orando en silencio. Acepta solamente las actividades que sientes sin reservas. Te daremos la fortaleza y el valor para decir no a todas las demás exigencias de tu tiempo.

Simplificar tu vida te ofrece seguridad.

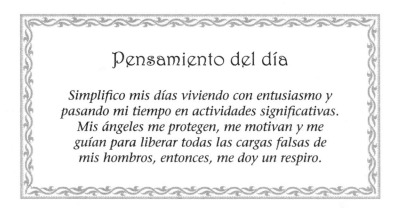

Pensamiento del día

Simplifico mis días viviendo con entusiasmo y pasando mi tiempo en actividades significativas. Mis ángeles me protegen, me motivan y me guían para liberar todas las cargas falsas de mis hombros, entonces, me doy un respiro.

Contempla tu belleza interior

Tu belleza interior y exterior es imponente y nos maravilla. Eres un reflejo perfecto del esplendor celestial, y todo en ti es radiante. Si pudieras verte a través de los ojos de tus ángeles, percibirías el embelesamiento que disfrutamos en tu presencia.

Todo tu ser es una creación del Hacedor divino, entonces, ¿cómo podrías ser sino glorioso? Fuiste creado por Aquél que diseñó hermosas flores, atardeceres, montañas, aves y lagos. Tu molde es tan perfecto como todo el resto del reino de Dios.

Cuando descansas al comprender tu perfección divina, cualquier recuerdo de defectos percibidos se desvanece en el pasado. Se sana la imagen que tienes de ti mismo cuando te enamoras de nuevo de ti y llegas a quererte tanto como lo hace Dios.

Tú y todos los seres de este planeta son magníficos. Hoy, observa esto por ti mismo. Abre tu corazón, tus ojos y tu mente para experimentar la profunda intensidad de la belleza que está en todas partes.

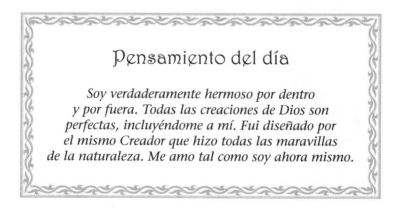

Pensamiento del día

Soy verdaderamente hermoso por dentro y por fuera. Todas las creaciones de Dios son perfectas, incluyéndome a mí. Fui diseñado por el mismo Creador que hizo todas las maravillas de la naturaleza. Me amo tal como soy ahora mismo.

Eres una fuente de gloria

Los bebés son llamados a veces "manojos de gloria." Y bien, también eres un exquisito presente para los demás, pues tú también eres una fuente de gloria, eres un regalo envuelto en un hermoso cuerpo humano. Dondequiera que vayas, emites energías maravillosas aun cuando seas inconsciente de ello. No puedes evitar promover la felicidad, pues esa es tu verdadera esencia y naturaleza.

Por supuesto, puedes incrementar o disminuir la cantidad de dicha que irradias, por esa razón debes enfocar tu atención en regar enormes cantidades de dicha dondequiera que vayas. Puedes hacerlo sin decir una palabra, incluso pasando inadvertido. Programa tu intención de extender sentimientos felices durante el día, y así será.

Sabrás por las sonrisas y risas que inspiras, que tu meta ha sido lograda porque estos son los reflejos del don que les estás dando.

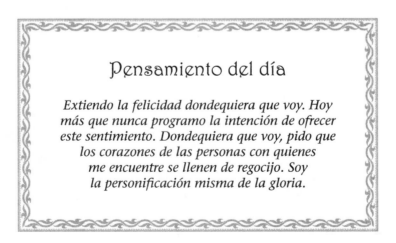

Pensamiento del día

Extiendo la felicidad dondequiera que voy. Hoy más que nunca programo la intención de ofrecer este sentimiento. Dondequiera que voy, pido que los corazones de las personas con quienes me encuentre se llenen de regocijo. Soy la personificación misma de la gloria.

Ten fe y paciencia

El tiempo divino significa que las circunstancias favorables se interceptan. Por favor, ten paciencia mientras que todas las cosas trabajan para lograr las condiciones óptimas hacia la manifestación total de tus deseos. En el intermedio, ten fe en que tus oraciones y afirmaciones han sido escuchadas y están siendo respondidas. Su fruto final está casi listo.

Cuando un marinero se acerca a tierra firme después de pasar muchos meses en el mar, busca señales tales como pájaros volando con ramitas en sus picos. Luego sigue navegando hacia la dirección de las aves, teniendo fe en que la orilla no estará muy lejos. De igual forma, tus ángeles te enviamos muchas señales respecto al progreso de tus oraciones. Te pedimos que tengas la misma fe y sepas que las señales que estás viendo y sintiendo son indicadores seguros de las grandes cosas que te esperan en el horizonte.

Descansa con confianza y paciencia, sabiendo que todo se está llevando a cabo tras bambalinas y en tu beneficio. Tu nave está llegando ahora mismo a puerto seguro.

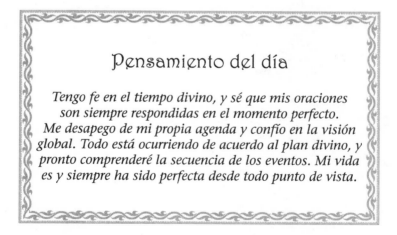

Pensamiento del día

Tengo fe en el tiempo divino, y sé que mis oraciones son siempre respondidas en el momento perfecto. Me desapego de mi propia agenda y confío en la visión global. Todo está ocurriendo de acuerdo al plan divino, y pronto comprenderé la secuencia de los eventos. Mi vida es y siempre ha sido perfecta desde todo punto de vista.

Aprecia cada momento

Aunque es emocionante y agradable esperar gustoso el futuro, la alegría consistente y continua proviene de apreciar el momento presente. Cada instante de la vida ofrece riquezas de amor, humor, historias, mensajes, sanaciones y bendiciones.

Hoy, pon tu intención en apreciar cada segundo que vives. Advierte los detalles en cada situación y la belleza en todas las relaciones humanas. Permítete sentir las emociones que surgen a cada momento. Sé consciente del presente.

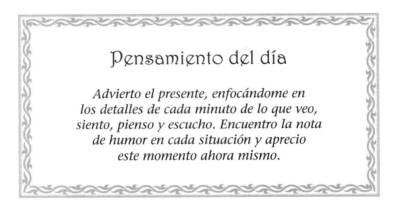

Pensamiento del día

Advierto el presente, enfocándome en los detalles de cada minuto de lo que veo, siento, pienso y escucho. Encuentro la nota de humor en cada situación y aprecio este momento ahora mismo.

Disfruta del verdadero amor

El amor de los ángeles por ti es verdadero porque es constante e incondicional. Respetamos y comprendemos todas las conductas y acciones, y valoramos todo lo que haces. A menudo te guiamos hacia nuevas direcciones, pero siempre lo hacemos teniendo en cuenta *tu* camino. Actuamos en armonía con tus oraciones de acuerdo a la voluntad divina.

El verdadero amor es inquebrantable y está presente en todas las situaciones, sin importar lo que ocurra, ahí está. Siempre vemos tu bondad y tu resplandor interior. Cuando descansas teniendo la certeza de nuestro afecto, te relajas y tu luz brilla con más resplandor.

Eres amado ahora y siempre. Pídenos que te ayudemos a sentir afecto, y percíbelo mientras te llega durante el día.

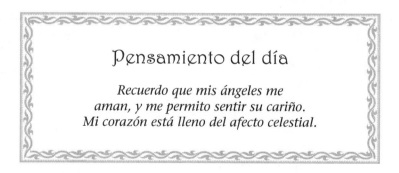

Pensamiento del día

Recuerdo que mis ángeles me
aman, y me permito sentir su cariño.
Mi corazón está lleno del afecto celestial.

232

Bendice a todas las personas que conoces

El miedo es la base de todos los conflictos en las relaciones. Se deriva de la preocupación de que la otra persona te controle y tú pierdas tu libre albedrío. Sin embargo, ¿cómo podría ocurrir algo así si eres una extensión del poder de Dios? Nadie puede arrebatarte lo que el Creador te ha dado.

El antídoto contra este temor es darle la vuelta a la energía. En vez de preocuparte de que alguien te quite algo, enfócate por completo en bendecirlo. Puedes hacerlo orando por esa persona, enviándole energía amorosa, afirmando su felicidad o pidiendo que se estacionen a su lado ángeles adicionales.

Hoy, envía bendiciones a todas las personas que encuentres, ya sea un extraño que pase a tu lado o alguien que llevas un tiempo conociendo. Advierte cualquier cambio en tu relación. Aunque la intención tras las bendiciones no es cambiar a la otra persona, disfrutarás de la energía sanadora mientras la onda de dar y compartir eleva tu conexión.

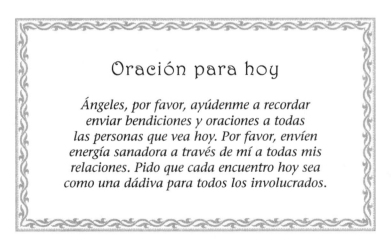

Oración para hoy

Ángeles, por favor, ayúdenme a recordar enviar bendiciones y oraciones a todas las personas que vea hoy. Por favor, envíen energía sanadora a través de mí a todas mis relaciones. Pido que cada encuentro hoy sea como una dádiva para todos los involucrados.

233

Excava hasta encontrar a Dios

Dios está en el interior de todas las personas de tu vida, aunque a veces parezca lo contrario. Al igual que un minero encuentra oro valioso, así puedes descubrir la Divinidad en cada relación. Tu casco de minero está equipado con la luz de tu intención para ver por lo menos una cualidad positiva en toda persona.

Todo el mundo tiene por lo menos un atributo positivo, el cual es visible a todos aquellos con mentes y corazones abiertos. A menudo las personas que parecen ser las menos merecedoras de amor, son aquellas que más necesitan de un minero "de Dios" tal como tú.

Ten la certeza de que encontrarás oro en cada persona que encuentres hoy. Tu misión sanadora abre y trae alegría a muchos corazones, especialmente al tuyo.

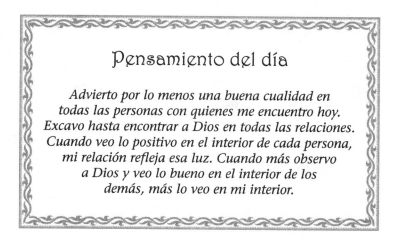

Pensamiento del día

Advierto por lo menos una buena cualidad en todas las personas con quienes me encuentro hoy. Excavo hasta encontrar a Dios en todas las relaciones. Cuando veo lo positivo en el interior de cada persona, mi relación refleja esa luz. Cuando más observo a Dios y veo lo bueno en el interior de los demás, más lo veo en mi interior.

Todos estamos conectados

Tus ángeles estamos conectados a Dios, a ti y a todos los seres vivos. El mismo espíritu de amor nos une a todos por completo y para siempre. Cuanto más comprendas este hecho universal, más fácil será para ti escuchar nuestros mensajes. La única razón por la cual algunas veces no parece que nos escuchas, es tu creencia de que estamos separados de ti.

Recuerda durante el día que estás eternamente conectado con Dios y con nosotros. También estás unido a todas las personas que encuentras, y ellos también están conectados al cielo. Un amor poderoso corre a través de esta conexión. Cuando más comprendas que todo está unido, más sentirás y experimentarás esta corriente de cariño.

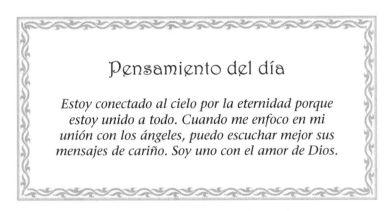

Pensamiento del día

Estoy conectado al cielo por la eternidad porque estoy unido a todo. Cuando me enfoco en mi unión con los ángeles, puedo escuchar mejor sus mensajes de cariño. Soy uno con el amor de Dios.

Entregános tus preocupaciones

Parafraseando uno de los grandes líderes de la Tierra, no hay de qué preocuparse más que de la misma preocupación. El peso de tus problemas cierra tu corazón a la alegría, y tu nerviosismo constante pensando en el mañana te priva de la dicha del momento presente. La preocupación socava la felicidad de las relaciones y te hace sentir y lucir más viejo de tu edad.

Es normal que los seres humanos se preocupen, por esa razón, el hecho de que lo hagas no es el tema que nos gustaría tratar hoy. Más bien, deseamos enfocarnos en lo que *sí haces* con tus cuitas.

Ya sabes que sentir ansiedad es enfermizo y poco útil. También eres consciente de que concentrarte en tus preocupaciones puede manifestarlas a través de la ley de atracción. La solución es formar una sociedad espiritual con nosotros en donde nos entregas tus preocupaciones y luego nosotros nos encargamos de disolverlas.

Cada vez que seas consciente de tener sentimientos de ansiedad, piensa de inmediato en nosotros, pues cuando lo haces nos invocas para que tomemos acción. Puedes entonces darnos la energía de tus preocupaciones o de cualquier cosa que las active; el resultado es idéntico.

Cuando nos entregas tus problemas se alivian tus cargas. Esto no solamente abre de nuevo tu corazón a la alegría, también permite la entrada de luz y aire fresco a la situación para que pueda ser sanada perfectamente.

Pensamiento del día

Le entrego todas mis preocupaciones a los ángeles,
invocándolos si estoy preocupado con cualquier cosa,
grande o pequeña. No hay nada de qué preocuparme;
solamente debo recordar pedirles ayuda. Me siento
empoderado al trabajar en cercanía con el cielo.
Puedo recibir ayuda con cualquier situación,
lo único que tengo que hacer es pedirlo.

Trátate con gentileza

Tu sensibilidad se incrementa cuando trabajas en el camino espiritual, ayudándote a discernir la energía de las personas, de las situaciones y de tus ángeles. Percibes de inmediato con quién y con qué te sientes cómodo.

Mientras tu sensibilidad aumenta, puedes descubrir que tus dones espirituales se incrementan, así como tus sentimientos de extrañeza hacia situaciones o relaciones que antes disfrutabas. Sabes que estás creciendo, y las personas a tu alrededor probablemente han notado también tus cambios.

Has iniciado tu lanzamiento hacia el camino del progreso, y puedes sentirte distanciado de algunas personas en tu vida. Amado, debes saber que nunca estás solo. No solamente te acompañamos en cada paso que das, también lo hacen otras personas que van en tu mismo camino. No estás solo en ningún sentido.

Esta es una época para que te trates con gentileza. No permitas que palabras derogatorias hacia ti entren en tu mente ni salgan de tu boca. Estás haciendo lo máximo en tu poder. Rodéate de situaciones, personas y música amorosa.

La gentileza te permite continuar floreciendo hasta que llegues a realizarte por completo.

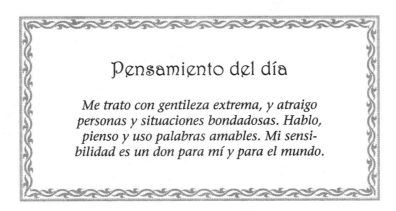

Pensamiento del día

Me trato con gentileza extrema, y atraigo personas y situaciones bondadosas. Hablo, pienso y uso palabras amables. Mi sensibilidad es un don para mí y para el mundo.

Libera tu pasado

Toda situación o relación temerosa que encuentras crea apegos al plano etéreo, los cuales tus ángeles llamamos "cuerdas." Aunque algunas personas pueden ver estas ataduras, todo el mundo las siente y pueden conllevar a la fatiga y al dolor físico. Trabajaremos contigo para liberar las cuerdas del miedo.

Tú, al igual que la mayoría de las personas, ha experimentado circunstancias que activan alarmas o dolor en tu interior. La manera en que lidias con tu pasado determina lo que atraerás en tu futuro, por eso es importante que liberes todo lo que deseas evitar en el futuro.

El primer paso del proceso es alterar tu vocabulario. Es importante evitar usar palabras que te hagan sentir como si tu fueras el dueño de un suceso doloroso, por ejemplo: "*mi* accidente" o "*nuestra* pérdida." Describe el evento de una manera despersonalizada para ayudar a que tu aura se desapegue de eso.

Si piensas, hablas o escribes refiriéndote a una situación dolorosa, asegúrate de hacerlo en tercera persona, por ejemplo: "*el* accidente" o "*la* pérdida." Esto disminuye el poder del incidente sobre ti y ayuda a asegurar que no seguirás atrayendo situaciones similares.

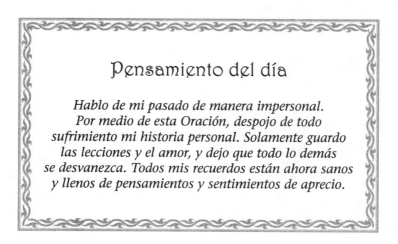

Pensamiento del día

Hablo de mi pasado de manera impersonal.
Por medio de esta Oración, despojo de todo
sufrimiento mi historia personal. Solamente guardo
las lecciones y el amor, y dejo que todo lo demás
se desvanezca. Todos mis recuerdos están ahora sanos
y llenos de pensamientos y sentimientos de aprecio.

Aclara tu pasado

hora que te has desapegado de tu posesión de situaciones pasadas, tus ángeles te ayudaremos a aclarar tu campo energético. Tus apegos previos a recuerdos dolorosos han creado cuerdas que ahora cortaremos por ti.

Ponte en un estado receptivo. Inhala y exhala uniforme y profundamente durante el proceso. Es mejor cerrar tus ojos para evitar distracciones visuales.

Con tu permiso, liberaremos los apegos a las cuerdas de cualquier cosa dolorosa en tu pasado. Podrías sentir escalofríos, hormigueo y cambios en la presión de aire mientras continuamos. Sabrás que el proceso ha terminado cuando sientas que tu cuerpo está calmado.

Advierte lo ligero y libre que te sientes ahora que hemos retirado esa pesada capa que te rodeaba. Tu ego te había dicho que estarías más seguro recordando tu sufrimiento pasado, pero la verdad es que cualquier dolor consciente atrae magnéticamente más de lo mismo. Solamente quieres atraer amor y armonía, y ahora estamos ajustando tu consciencia para mantener solamente esas energías.

Hoy, invócanos con regularidad mientras recuerdas todas las cosas de las cuales deseas desapegarte. Nos sentimos felices de seguir trabajando contigo para aclarar este proceso, pues nuestra misión es ayudarte a experimentar la paz.

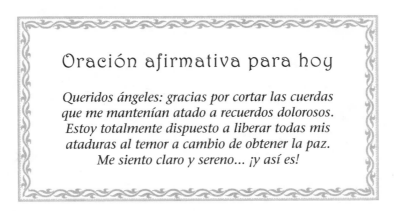

Oración afirmativa para hoy

*Queridos ángeles: gracias por cortar las cuerdas
que me mantenían atado a recuerdos dolorosos.
Estoy totalmente dispuesto a liberar todas mis
ataduras al temor a cambio de obtener la paz.
Me siento claro y sereno... ¡y así es!*

Encuentra las bendiciones
y los dones en todo

Hoy nos enfocaremos en cómo puedes prevenir la creación de apegos al temor. En cualquier circunstancia que parezca evocar dolor, puedes tomar el camino de la paz preguntándote: *¿cuál es la bendición o el don en esta situación?* Tu ser superior siempre te responderá. Cada evento y relación ofrece la oportunidad de crecer, aprender y sanar:

- Creces tomando las acciones que te hacen sentir mejor, tales como decir la verdad, establecer límites sólidos o ver todo con ojos amorosos.

- Aprendes al ver el patrón con eventos recurrentes que hayas vivido. Por ejemplo, podrías obtener la sabiduría necesaria para ser paciente, compasivo o fuerte durante estas situaciones.

- Te sanas a través de la disposición de perdonarte, perdonar a los demás, perdonar la situación, lo cual te libera de la carga de la energía corrosiva de la ira.

Mantente hoy abierto a encontrar la bendición o el don en todo. Esto es como reunir flores para un hermoso ramo.

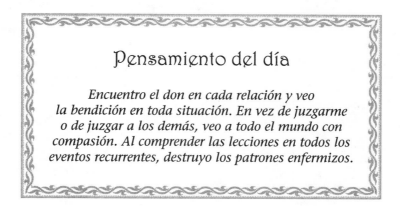

Pensamiento del día

Encuentro el don en cada relación y veo la bendición en toda situación. En vez de juzgarme o de juzgar a los demás, veo a todo el mundo con compasión. Al comprender las lecciones en todos los eventos recurrentes, destruyo los patrones enfermizos.

Estás envuelto en amor

Ahora mismo nuestras alas te rodean en un abrazo amoroso. Siente esto en tu corazón, y embelésate con esta sensación. Es importante que te recargues y te nutras con regularidad del amor divino. Hoy, te enviaremos ondas adicionales de energía amorosa y comprensiva. No es necesario que lo percibas para que ocurra, pero *sí* disfrutarás de esta experiencia cada vez que hagas una pausa para sintonizarte con ella.

Pensamiento del día

Me siento refrescado por el tierno abrazo de mis ángeles. El amor celestial me baña y me permito experimentarlo. Soy totalmente valioso ahora mismo.

Mira el bienestar en todas partes

Una de las razones por las cuales tus ángeles somos capaces de realizar sanaciones, es porque sabemos que en verdad no hay nada que sanar. En verdad, tú y todos los demás son reflexiones continuas del resplandor del amor divino, y al igual que la Divinidad no necesita ser sanada, tampoco tú.

La ilusión de enfermedades, malestares o heridas es solo eso, una ilusión. Si alimentáramos esta falsedad, solamente atraeríamos más de lo mismo. Entonces, más bien ponemos nuestra atención y enfoque en Dios, Quien reside eternamente en tu interior. Invocamos la presencia de la Divinidad para que tu conocimiento de ella te haga consciente de la energía celestial. Cuando ves el bienestar, ves a Dios.

Hoy, rehúsate a ver otra cosa más que salud en tu interior y en el interior de los demás. Coloca todo tu enfoque en amar el bienestar que reside eternamente en el interior de todos. Pídele que se haga presente y se manifieste ante ti. De esta manera, sanarás como lo hace un ángel.

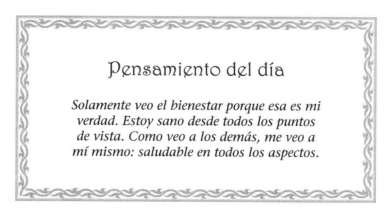

Pensamiento del día

Solamente veo el bienestar porque esa es mi verdad. Estoy sano desde todos los puntos de vista. Como veo a los demás, me veo a mí mismo: saludable en todos los aspectos.

Eres perfecto

Siempre has sido perfecto, desde el momento en que Dios pensó en ti por primera vez. Fuiste creado sin ningún tipo de falla. Eres un vástago de la perfección celestial, y fuiste diseñado de forma maestra para tu misión divina en la vida. Todo en ti está bien bajo todos los puntos de vista.

Hoy, regocíjate en tu perfección. Esto no es un estado fantasioso inalcanzable, sino la perfección divina. Significa que eres un hijo maravilloso de Dios y que todo en ti está en perfecto orden; tu vida es perfecta, a pesar de las apariencias.

Cuanto más reconoces, afirmas y amas tu perfección, más sentirás y experimentarás el plan divino detrás de todas las cosas.

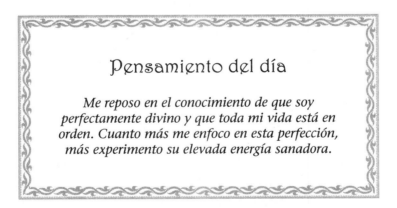

Pensamiento del día

Me reposo en el conocimiento de que soy perfectamente divino y que toda mi vida está en orden. Cuanto más me enfoco en esta perfección, más experimento su elevada energía sanadora.

Disfruta de tu creatividad

Eres un hijo del Creador, y has heredado las habilidades creativas dirigidas por la Divinidad. Tienes talentos de los cuales podrías no haberte percibido. Tu alma ansía expresarse a través de colores, movimientos, canciones y palabras; tu ser interior desea canalizar su flujo creativo.

Hoy, exprésate en cualquier forma que te sientas guiado a hacerlo. Tanto la acción como el producto final de la creación son para tu propio disfrute, entonces no te preocupes por las opiniones o la "negociabilidad" ajena respecto a lo que llegues a originar.

Este proceso tiene más que ver con extender tu espíritu artístico hacia fuera. Conectarte con la energía de los colores y las ondas musicales en tus creaciones, y luego liberar la poesía pura que reside en tu interior tiene un gran valor terapéutico.

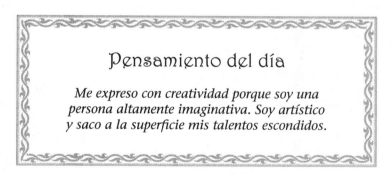

Pensamiento del día

Me expreso con creatividad porque soy una persona altamente imaginativa. Soy artístico y saco a la superficie mis talentos escondidos.

Deja brillar tu luz

Tu ser auténtico resplandece con el amor divino. Tienes cualidades amorosas que te brindan alegría a ti y a los demás. Tus ángeles estamos trabajando hoy para descubrir tu luz para que pueda ser visible y que todo el mundo pueda verla.

Tu iluminación está siendo abastecida por la alegría, la risa y la pasión. Hoy, permítete disfrutar expresándote libremente. Ya que puedes confiar en tu verdadero ser para conducirte y hablar con palabras amorosas y consideradas, no hay necesidad de que te pongas riendas. Libérate y ¡deja que tu luz resplandezca con su máxima intensidad!

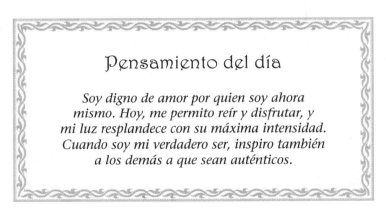

Pensamiento del día

*Soy digno de amor por quien soy ahora
mismo. Hoy, me permito reír y disfrutar, y
mi luz resplandece con su máxima intensidad.
Cuando soy mi verdadero ser, inspiro también
a los demás a que sean auténticos.*

Disfruta de la abundancia divina

Tus oraciones pidiendo un flujo mayor de dinero han sido escuchadas y respondidas. Tus ángeles te estamos guiando para que te abras a recibir riquezas de formas inesperadas. Cuanto más positivo permanezcas y más fe tengas en que tus necesidades financieras serán cumplidas, más pronto se realizarán tus sueños.

El único bloqueo o barrera que te impide tener dinero es el temor de no tener suficiente. Esta ansiedad crea a tu alrededor un campo energético repelente, el cual actúa como un ventilador que aleja los billetes. El miedo crea una señal de neón que dice: "No entre" bloqueando la energía del dinero.

Hoy, permítenos ayudarte a desplegar el amor que está en tu interior. Al igual que encender una lámpara disuelve de inmediato la oscuridad, esta energía emite una luz que disuelve la sombra del miedo. Durante el día de hoy, ve con frecuencia a tu interior. Cierra tus ojos y respira profundamente, manteniendo la intención de revelar por completo tu luz interior. Pídenos que te ayudemos con esta meta, y añadiremos nuestro poder al tuyo.

El amor es la verdadera fuerza del universo, y la voluntad de Dios para ti es abundancia. Puesto que tanto el amor como Dios son omnipresentes, este tesoro está en todas partes. Abre tu corazón al cielo y tus brazos a la abundancia divina.

Pensamiento del día

Lanzo a la llama de la luz y del amor todos mis miedos respecto al dinero. La abundancia divina es la voluntad de Dios para todos, incluyéndome, por lo tanto me siento seguro recibiendo. Permito que los ángeles sanen cualquier antigua preocupación sobre mis finanzas y la cambien por la certeza de que Dios siempre ha proveído por mis necesidades y siempre lo hará.

Alégrate

Tu belleza, poder y luz se fortalecen cuando te llenas de alegría y gozo. La alegría es la condición terrenal más parecida al cielo. A menudo piensas en divertirte más porque anhelas el sentimiento divino de la alegría.

Tu corazón está lleno de esta emoción naturalmente, pues es tu estado del ser que te ha sido otorgado por Dios. Solamente cuando tu percepción se vuelve muy seria, es cuando tu gozo se eclipsa. Pero los verdaderos beneficios que anhelas llegan con mayor facilidad cuando estás despreocupado.

Hoy, trabajaremos en aligerar tu corazón, tu mente y tu actitud. Quitaremos las cargas de las preocupaciones y las reemplazaremos con felicidad... para así elevar tu energía e intensificar tu poder de manifestación.

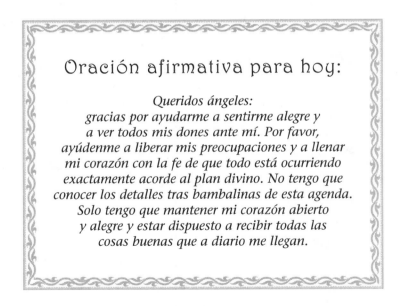

Oración afirmativa para hoy:

Queridos ángeles:
gracias por ayudarme a sentirme alegre y
a ver todos mis dones ante mí. Por favor,
ayúdenme a liberar mis preocupaciones y a llenar
mi corazón con la fe de que todo está ocurriendo
exactamente acorde al plan divino. No tengo que
conocer los detalles tras bambalinas de esta agenda.
Solo tengo que mantener mi corazón abierto
y alegre y estar dispuesto a recibir todas las
cosas buenas que a diario me llegan.

Advierte todos los dones de la vida

Cada día, la vida te envía muchos dones. Estos incluyen experiencias para abrir tu corazón, personas que te ayudan, oportunidades en perfecta sincronicidad y la belleza de la naturaleza. Cuanto más pongas atención a estas bendiciones, más el universo te las enviará.

Hoy advierte tantos dones como te sea posible. Pueden ser sutiles: un rayo de sol acariciándote en medio de unas nubes negras, una persona que te deja pasar en una esquina de mucho tráfico, todo cuenta.

Mientras desarrollas el hábito de reconocer estos momentos sublimes, los recibirás continuamente en el constante flujo que es la naturaleza generosa del universo.

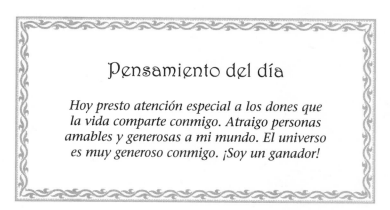

Pensamiento del día

Hoy presto atención especial a los dones que la vida comparte conmigo. Atraigo personas amables y generosas a mi mundo. El universo es muy generoso conmigo. ¡Soy un ganador!

Expreso gratitud a las personas que amo

Uno de los dones más preciados proviene de las relaciones en donde estás conectado a través de muchas de las formas de amor ya sean familiares, amistades, románticas o del alma. Sabemos que valoras a las personas en tu vida y las aprecias profundamente. Aunque saben que tú las quieres, siempre aprecian tu reconocimiento.

Hoy, expresa tu gratitud a las personas que amas. La forma que esto tome no tiene ninguna importancia: una llamada telefónica, un abrazo, una tarjeta o un regalo... cualquier método funciona.

El regalo que le das a tus seres queridos es también un regalo hacia ti. Advierte lo bien que se siente expresar tu aprecio. Tu cálido sentido de la gratitud se incrementa, enviando energía vital a todo tu ser.

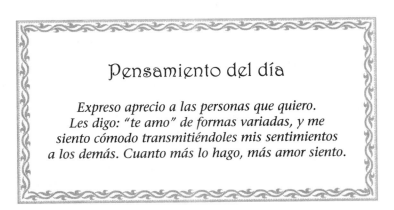

Pensamiento del día

Expreso aprecio a las personas que quiero.
Les digo: "te amo" de formas variadas, y me
siento cómodo transmitiéndoles mis sentimientos
a los demás. Cuanto más lo hago, más amor siento.

Mantén la regla de "no se aceptan reclamos" respecto a ti mismo

Tus ángeles te hemos hablado del poder de tus palabras, y hoy nos enfocaremos en desintoxicar tu vocabulario de cualquier idea o frase que te quite tu poder. Específicamente, pasaremos todo el día con la intención de evitar cualquier lenguaje que exprese inconformidad con algo.

Cuando expresas descontento, estás señalando que algo o alguien te está controlando. Las quejas afirmando que eres una víctima de algo son un llanto pasivo de ayuda.

Siendo un ser de gran luz y amor, jamás puedes ser una víctima, y no hay más poder que el que tienes en tu interior ahora mismo. No puedes ser controlado por nadie ni por nada, siempre y cuando estés consciente de que tienes a Dios en tu interior.

Hoy, mantén la intención de: *no se aceptan reclamos*. Siempre hay frases positivas que pueden transmitir tus sentimientos sin quejarte. Advierte cuánto te fortaleces cuando hablas desde el lugar de tu poder interior, así como la forma tan positiva en que los demás responden a tu solicitud de ayuda. Al permitir que tu fortaleza interna resuelva todo con facilidad, pronto descubrirás que no hay absolutamente nada de qué quejarte.

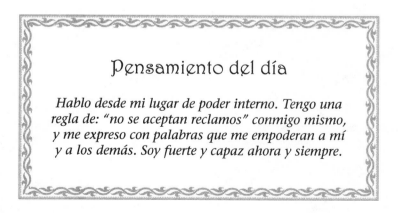

Pensamiento del día

Hablo desde mi lugar de poder interno. Tengo una regla de: "no se aceptan reclamos" conmigo mismo, y me expreso con palabras que me empoderan a mí y a los demás. Soy fuerte y capaz ahora y siempre.

Disfruta una meditación mientras caminas

Tu práctica consistente de meditación ha incrementado tu habilidad de sentir la presencia de tus ángeles y recibir mensajes. Aplaudimos y te felicitamos por tu compromiso con tus hábitos espirituales, y hoy nos gustaría sugerirte otra forma de meditación.

Pasa algún tiempo hoy caminando despacio con tus ojos abiertos. Enfócate en tu interior mientras te mueves a un ritmo lento y pausado. Advierte tu mente divagando y pon atención a dónde se dirige. Si tienes pensamientos basados en el ego, puedes seguir caminando al ritmo de un cántico tal como: "Dios es amor; soy amor, Dios es amor" para centrarte.

Esta meditación es especialmente poderosa cuando es conducida en la naturaleza.

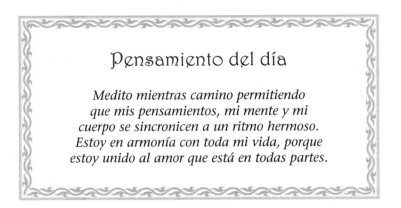

Pensamiento del día

Medito mientras camino permitiendo que mis pensamientos, mi mente y mi cuerpo se sincronicen a un ritmo hermoso. Estoy en armonía con toda mi vida, porque estoy unido al amor que está en todas partes.

Disfruta de una meditación de pie en la naturaleza

Hoy te sugerimos que ensayes otra forma de meditación que involucra quitarte los zapatos, y los calcetines y pararte descalzo sobre el suelo: tierra, arena o pasto.

Busca un lugar en donde puedas ponerte de pie cómodamente durante unos momentos. Mueve los dedos de tus pies y siente la energía de la tierra. Respira profundamente para atraer ese poder hacia tu cuerpo.

Cierra tus ojos y relájate al ritmo de tu respiración y de los latidos de tu corazón. Escucha los sonidos de la naturaleza, y advierte tus pensamientos y sentimientos.

Pensamiento del día

Me paro descalzo en un lugar al aire libre.
Cierro mis ojos, respiro profundamente y atraigo
la energía natural. Estoy completamente conectado
con mi ambiente desde todo punto de vista.
Hoy me tomo tiempo para mí.

252

Eres un ser maravilloso

Eres fascinante en muchos aspectos. Puesto que eres una creación de Dios, reflejas las cualidades divinas de creatividad, sabiduría y amor. Como tus ángeles guardianes, nos sentimos honrados de estar en tu compañía. Nos hemos comprometido a servir tu propósito de paz y amor.

Hoy, recuerda lo maravilloso que eres. Tu esencia pura es un milagro, pues eres un vástago de Dios en forma física. ¡Piensa lo fascinante que es eso!

Mantén todos tus atributos positivos en tu mente hoy. Una razón por la cual brillamos con tanta intensidad es porque solamente vemos lo bueno en ti y en todas las personas... y tú puedes hacer lo mismo.

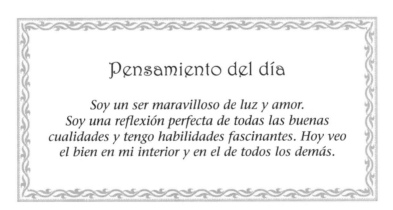

Pensamiento del día

Soy un ser maravilloso de luz y amor.
Soy una reflexión perfecta de todas las buenas
cualidades y tengo habilidades fascinantes. Hoy veo
el bien en mi interior y en el de todos los demás.

∽꩜ 253 ꩜∽

Bendice a todos en silencio

Cuando te encuentres hoy con las personas, envíales bendiciones. Estas oraciones silenciosas no requieren que digas palabra alguna; su efectividad proviene de tu decisión de dirigir buenas intenciones a todas las personas con quienes te cruzas en tu camino.

Estas bendiciones pueden provenir de tu corazón, de tu mente o de tus manos. Sea cual sea la forma que escojas para enviarlas, es efectiva. Observa cómo te sientes cuando lo haces... así como sientes la alegría de dar, puedes percibir una sensación de afinidad con todas las personas que bendices.

Hoy *tú* serás quien más bendiciones recibirá, porque cada vez que honras a la otra persona, esos dones te serán retornados y, además, multiplicados.

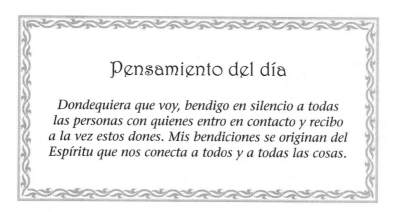

Pensamiento del día

Dondequiera que voy, bendigo en silencio a todas las personas con quienes entro en contacto y recibo a la vez estos dones. Mis bendiciones se originan del Espíritu que nos conecta a todos y a todas las cosas.

254

Pide una asignación divina

Si deseas tener un sentimiento mayor de significado y propósito, comienza hoy por pedir una asignación divina. Pídele al Creador que te asigne una tarea divina alineada con tus intereses y talentos personales, y luego entrégale por completo esta oración al universo con la fe total de que será escuchada y respondida.

La respuesta llega de formas sutiles, y debes entonces estar al tanto de las oportunidades que se te ofrecen, de corazonadas que te urgen a tomar acción o de temas que las personas te mencionan repetidamente. Todos estos son ejemplos de señales que te encaminan hacia tu misión.

El cielo te agradece tu voluntad de servir para traer tranquilidad al mundo. A fin de cuentas, tú eres el mayor beneficiario de la asignación divina, puesto que esto a la vez conlleva múltiples recompensas a tu nombre.

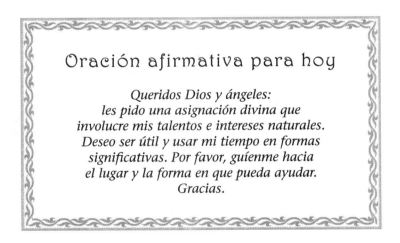

Oración afirmativa para hoy

Queridos Dios y ángeles:
les pido una asignación divina que
involucre mis talentos e intereses naturales.
Deseo ser útil y usar mi tiempo en formas
significativas. Por favor, guíenme hacia
el lugar y la forma en que pueda ayudar.
Gracias.

Cambia la preocupación por la fe

Si piensas en los momentos en que te has preocupado, verás cómo esos miedos se materializaron. En verdad, nunca ha habido, ni habrá, nada que merezca tu ansiedad porque el tiempo, la energía y las emociones malgastadas en la preocupación, exceden por mucho a cualquier problema real que pueda surgir.

Hoy, invierte tu tiempo en la fe la cual es una forma mucho más valiosa de usar tu energía. Esta es la plataforma para la libertad y la felicidad que te permiten disfrutar la vida. Las creencias positivas están relacionadas con la mejoría de la salud física y emocional; y cuando estás relajado y despreocupado estás en la posición máxima de atraer tus deseos.

Comprendemos que puedes preocuparte ocasionalmente y, de hecho, no recomendamos ignorar este sentimiento. Lo que te ofrecemos como una alternativa, es nuestra ayuda. Puesto que estamos continuamente a tu lado, es solamente cuestión de entregarnos tus preocupaciones. Nosotros, a cambio, transmutamos esta energía para que se revele la semilla de amor tras cada emoción humana.

Llenarte de preocupaciones ha activado tu ansiedad en el pasado. Te ayudaremos a crear un nuevo sendero para tu amor, el sendero que te conduce a la fe.

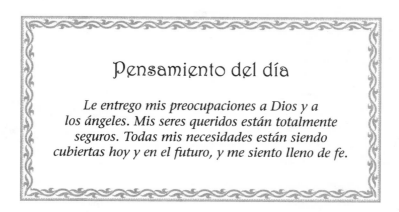

Pensamiento del día

Le entrego mis preocupaciones a Dios y a los ángeles. Mis seres queridos están totalmente seguros. Todas mis necesidades están siendo cubiertas hoy y en el futuro, y me siento lleno de fe.

256

Honra tu sabiduría interior

Tienes sabiduría en tu interior, la cual se deriva directamente del pozo divino de conocimiento infinito. Tus ideas provienen del mismo lugar de donde provienen las ideas del ser humano más sabio que haya vivido en este planeta. Tienes acceso a la misma Fuente que todos los demás.

Tus ángeles te pedimos que honres y confíes en tu sabiduría interior el día de hoy. Puedes ver cuál es el mejor camino para ti, incluso si las personas a tu alrededor no lo entienden. Tu sabiduría se ajusta de forma original a tu propia situación en vez de a las opiniones ajenas.

Si no te sientes seguro de tus ideas, siempre puedes pedirnos a tus ángeles señales que confirmen que estás en el camino apropiado. Cuanto más sigas tu propia sabiduría, más oportunidades tendrás de desarrollar la confianza en tu Dios interior que es la base de la felicidad.

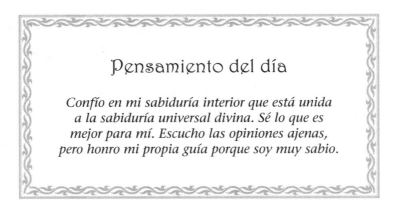

Pensamiento del día

Confío en mi sabiduría interior que está unida a la sabiduría universal divina. Sé lo que es mejor para mí. Escucho las opiniones ajenas, pero honro mi propia guía porque soy muy sabio.

Espera lo mejor

Tus expectativas determinan lo que ves y experimentas. Si anticipas problemas, te enfocarás solo en ellos y eso será lo que verás. Si esperas el éxito, al sintonizarte con él lo verás y lo experimentarás.

Tus expectativas son el timonel que determina la dirección hacia donde te diriges. Espera lo mejor, y advierte lo positivas que serán tus experiencias como resultado de esto.

Considera el día bajo la idea de que *todo el mundo merece lo mejor. Todas las personas tienen grandeza en su interior. Veo y espero cosas maravillosas, y eso es lo que experimento.*

Si descubres que te desvías de este curso en cualquier momento, simplemente, haz una pausa, respira y programa de nuevo tu brújula hacia un resultado positivo. Eres tan fuerte como cualquier ser humano vivo, y tu futuro es prometedor y muy poderoso. Anticipa hoy buenas cosas y disfruta las recompensas de esta decisión.

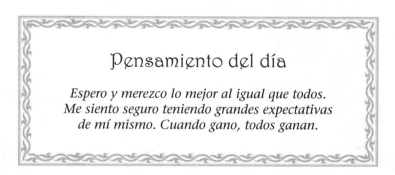

Pensamiento del día

Espero y merezco lo mejor al igual que todos. Me siento seguro teniendo grandes expectativas de mí mismo. Cuando gano, todos ganan.

258

Sana tus remordimientos

Cualquier remordimiento que tengas de tu pasado puede ser sanado con el fin de ayudarte a aligerar tu energía, tu ánimo y tu actitud. Hoy te ayudaremos a retirar pesadas cargas de culpa, vergüenza y remordimiento.

Lo primero que debes saber es que es imposible que interfieras con la perfección de Dios. El amor que está en todas partes es constante e invulnerable. Nadie puede afectar el amor infinito de la Divinidad, el cual existe en el interior de todas las personas y cosas.

Lo único que necesita sanación es la ilusión de que tú puedes traer algo a este planeta que no sea amor y esta emoción eres tú. Siempre que lleves sentimientos perjudiciales de remordimiento en tu mente o en tu corazón, puedes crear un falso sentido de sufrimiento para ti y para los demás.

El día de hoy, cambia tu perspectiva de la oscura impresión que te han dejado la culpa y los remordimientos, y regresa a la luz de la comprensión de tu verdad y origen espirituales. Esto es perdonar: primero te perdonas y luego lo extiendes hacia los demás.

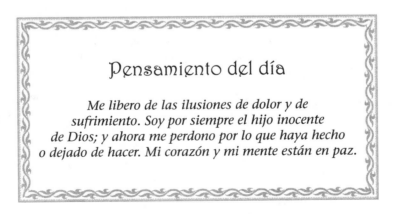

Pensamiento del día

Me libero de las ilusiones de dolor y de sufrimiento. Soy por siempre el hijo inocente de Dios; y ahora me perdono por lo que haya hecho o dejado de hacer. Mi corazón y mi mente están en paz.

Celebra tu originalidad

Tu Espíritu es uno con Dios y con todos los demás, pero en el mundo físico tienes cualidades y talentos que apoyan el propósito personal de tu vida.

Algunas veces te sientes muy distinto a los demás: alienado e incomprendido. Estas son las ocasiones en que te cuestionas tu propio valor. Tus ángeles estamos aquí para asegurarte que tus diferencias no quieren decir que haya algo malo en ti, son solamente parte de tu variación natural.

Hoy, celebra tu originalidad. Cuanto más a gusto te sientas con la singularidad de tus cualidades, más cómodo te sentirás contigo y con los demás. La característica que las personas encuentran más atractiva es sentirse a gusto con su propio ser.

No tienes que cambiar nada para adaptarte ni tienes que pertenecer a nada. ¡Celebra quién eres!

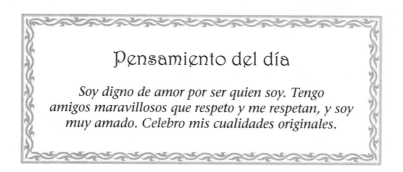

Pensamiento del día

Soy digno de amor por ser quien soy. Tengo amigos maravillosos que respeto y me respetan, y soy muy amado. Celebro mis cualidades originales.

Pide lo que deseas

Es parte del proceso espiritual de crecimiento tener sueños, y no es nada vergonzoso desear algo. El proceso de manifestación te permite practicar tus habilidades creativas otorgadas por Dios.

Todo lo que tienes en tu vida es producto de tus propios deseos, incluyendo los elementos aparentemente indeseables. Te señalamos esto no para culparte, sino para honrar el increíble poder que tienes de atraer cualquier cosa que tengas en tu conciencia.

Hoy, pide lo que *realmente* deseas. Déjate llevar por la exageración al solicitar y esperar que tus deseos sean realizados. Invócanos a Dios y a tus ángeles, así como a otras personas para cumplir tus deseos.

Quedarás agradablemente sorprendido ante la frecuencia con que el universo te responde con un sí: ¡lo único que tienes que hacer es pedir!

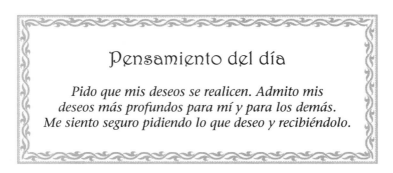

Pensamiento del día

Pido que mis deseos se realicen. Admito mis deseos más profundos para mí y para los demás. Me siento seguro pidiendo lo que deseo y recibiéndolo.

Atraviesa los cambios en tu vida

La manifestación de tus deseos a menudo involucra cambios en tu vida. Lo viejo a veces tiene que derrumbarse para dar cabida a lo nuevo. Tu camino espiritual ha creado un respaldo para que te asegures de que los cambios que realices sean para bien.

¡Dale la bienvenida a la novedad! Es la misma energía de un hermoso amanecer en una mañana perfecta de primavera. Los cambios que estás encontrando son las respuestas a tus oraciones, aunque no puedas verlo todavía.

Tus ángeles estamos contigo a través de estas transiciones, sosteniendo tu mano en cada paso. Siempre puedes pedirnos guía, valor y dirección.

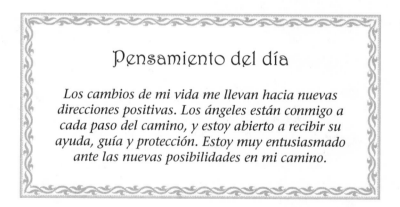

Pensamiento del día

Los cambios de mi vida me llevan hacia nuevas direcciones positivas. Los ángeles están conmigo a cada paso del camino, y estoy abierto a recibir su ayuda, guía y protección. Estoy muy entusiasmado ante las nuevas posibilidades en mi camino.

262

Camina paso a paso

Cada meta y cambio se logra un paso a la vez. Vemos tus aspiraciones y deseos maravillosos, y ¡te aplaudimos por tener metas tan elevadas! Te animamos para que sigas en tu sendero hacia la realización de tus sueños. Solamente recuerda que todo camino se recorre paso a paso.

Mantén tu enfoque centrado en el paso actual que estás dando. No te preocupes por los pasos que darás la próxima semana, el próximo mes o el próximo año. Ellos se encargarán de sí mismos una vez llegado el momento.

Pon toda tu atención en hacer que el momento presente sea magnífico. No importa lo insignificante que parezca, solamente ten en cuenta que incluso la acción más pequeña te lanza hacia delante.

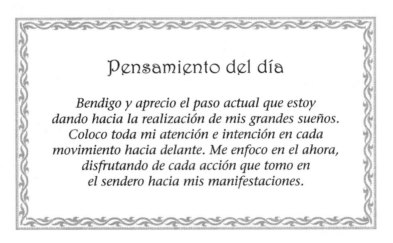

Pensamiento del día

Bendigo y aprecio el paso actual que estoy dando hacia la realización de mis grandes sueños. Coloco toda mi atención e intención en cada movimiento hacia delante. Me enfoco en el ahora, disfrutando de cada acción que tomo en el sendero hacia mis manifestaciones.

263

Todo siempre sale bien

Has vivido experiencias en el pasado en donde te has preocupado por el resultado y sin embargo, al final, todo termina saliendo bien. Tu situación actual también se resolverá perfectamente, entonces relaja tu cuerpo y tu mente, sabiendo que no hay nada que temer.

Dios nunca te ha abandonado en el pasado y nunca lo hará en el futuro. Aunque el universo no puede violar tu libre albedrío si decides atravesar un sendero pedregoso, el amor siempre te rodea a ti y a los demás. Esto amortigua todas las experiencias y te ayuda a ver el orden divino en todas las cosas.

Cada episodio de tu vida te ha ayudado a fortalecerte, a ser más sabio, más paciente y más evolucionado. Tu situación actual es también una oportunidad para atraer más luz a tu mundo... todo saldrá bien. En el intermedio, inhala profundamente y cuando exhales, entrégale tus preocupaciones a Dios.

Pensamiento del día

*Confío en que mi situación actual se resolverá
por sí sola de maneras tan hermosas como me han
ocurrido en el pasado. En verdad, todo está resuelto ahora.
Les entrego todas mis preocupaciones y temores a
Dios y a los ángeles, pues solo el amor es real.*

Comienza en el medio

A veces dejas las cosas para después cuando estás trabajando en un proyecto significativo porque no sabes por dónde comenzar..., el perfeccionismo te ha paralizado y te ha llevado a no actuar. Tus ángeles te sugerimos que te pongas manos a la obra. Comienza en el medio, al final, en cualquier parte. Pero empieza.

Cualquier paso que des hacia tu meta le dará un nuevo soplo de vida. Tu proyecto tomará entonces impulso y te guiará hacia la siguiente acción apropiada. Inicialmente, sin embargo, tienes que dar los primeros pasos.

No te preocupes hoy si comenzaste donde "debías" en tu adorado proyecto. Solamente haz algo relacionado con él, no importa lo pequeño o insignificante que sea. Tu corazón se sentirá regocijado de que hayas invertido tu tiempo en formas significativas.

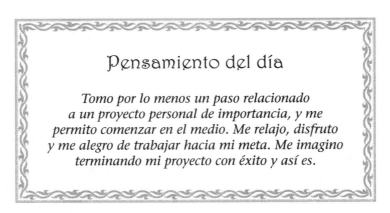

Pensamiento del día

Tomo por lo menos un paso relacionado a un proyecto personal de importancia, y me permito comenzar en el medio. Me relajo, disfruto y me alegro de trabajar hacia mi meta. Me imagino terminando mi proyecto con éxito y así es.

Disfruta del enfoque perfecto

Tienes una mente poderosa, la cual es una con el intelecto divino de sabiduría universal. Eres capaz de enfocarte y concentrarte con facilidad en cualquier cosa que desees, aprendiendo rápidamente y reteniendo cualquier información que escojas.

Hoy, honra el fascinante poder de tu mente, regalo de Dios. Di y piensa solamente pensamientos positivos respecto a tus habilidades para enfocarte, concentrarte y aprender.

Tu mente se comporta exactamente como tú piensas que lo hará, espera entonces lo mejor de ella, y advierte cómo reacciona de acuerdo a tus expectativas. Observa lo natural que se siente permitir que tu cabeza haga lo mejor que sabe hacer: pensar, aprender y enfocarse perfectamente.

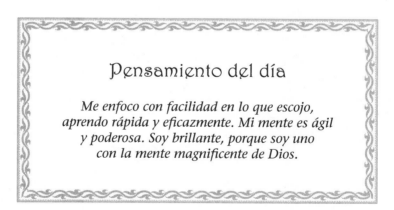

Pensamiento del día

Me enfoco con facilidad en lo que escojo,
aprendo rápida y eficazmente. Mi mente es ágil
y poderosa. Soy brillante, porque soy uno
con la mente magnificente de Dios.

Aprecia la santidad de tu propio valor

Eres digno de todo porque eres una extensión sagrada de la Divinidad. Todo en el cielo es hermoso, fructífero y bendito. Por lo tanto, tú compartes estas cualidades con todos tus hermanos y hermanas.

Hoy, comprende que mereces lo mejor, al igual que todos. Cuando te permites vivir de una manera hermosa, eres un retrato del cielo en la Tierra e inspiras a los demás con tu alegría y tu éxito. Permite que tu luz resplandezca hoy como un regalo para el mundo.

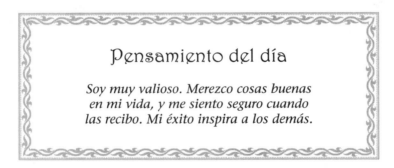

Pensamiento del día

Soy muy valioso. Merezco cosas buenas en mi vida, y me siento seguro cuando las recibo. Mi éxito inspira a los demás.

Disfruta de la santidad del silencio

Hoy tus ángeles deseamos sugerirte que crees un tiempo en silencio para permitir que tu mente y tu cuerpo se relajen por completo. Incluso, cinco minutos en silencio nutren y animan tu alma y tu Espíritu.

Durante este tiempo sagrado desconecta el teléfono, la radio, la televisión, etcétera. Sumérgete en la quietud sin tratar de controlar tus pensamientos, tus emociones o tu cuerpo. En otras palabras, solo sé.

Los momentos que pasas solo en silencio son un regalo para ti. Tu ser interior te agradece tus amorosos cuidados.

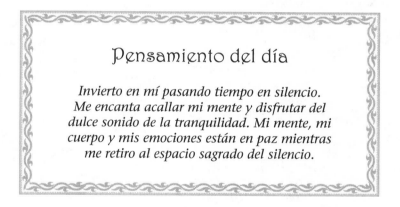

Pensamiento del día

Invierto en mí pasando tiempo en silencio. Me encanta acallar mi mente y disfrutar del dulce sonido de la tranquilidad. Mi mente, mi cuerpo y mis emociones están en paz mientras me retiro al espacio sagrado del silencio.

Advierte la belleza

Hay belleza a todo tu alrededor. Cuanta más atención le prestes, más toma tu vida un cariz mágico y elevado. Comienzas por notar tu propio resplandor como un reflejo de todo lo que te rodea.

Comprométete a ver tanta belleza como te sea posible el día de hoy. Sé testigo del mundo físico a través de las imágenes de la naturaleza, así como entre las personas y sus creaciones. Obsérvala en la variedad de emociones cuando sientes afecto por los demás y cuando ves escenas de amor; y en el plano espiritual cuando sientes nuestra presencia angélica continuamente a tu lado.

Hoy, afirma a menudo que la vida es hermosa. Haz una pausa y embelésate ante este hecho, saboreando cada momento presente.

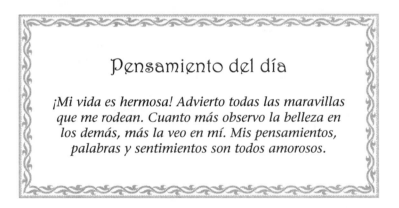

Pensamiento del día

¡Mi vida es hermosa! Advierto todas las maravillas que me rodean. Cuanto más observo la belleza en los demás, más la veo en mí. Mis pensamientos, palabras y sentimientos son todos amorosos.

269

Vives en un universo abundante

El universo pulsa con energía dadora en su crecimiento siempre en expansión. Envía cantidades ilimitadas de amor, el cual es la esencia de toda experiencia deseada. Cualquier cosa que desees es avivada por esta fuerza.

El temor y la preocupación te impiden experimentar el amor y la abundancia del universo, al igual que una abrazadera en una manguera disminuye el flujo del agua. Hoy, ábrete a sumergirte en la corriente permanente del amor y del suministro divino, relajándote ante la certeza total de que todas tus necesidades están siendo cubiertas.

Acuérdate que vives en un universo de abundancia. Busca los ejemplos que lo confirman, y ábrete a recibir los regalos que vienen hacia ti. Cuanto más reposes en la seguridad de este caudal de abundancia, más constante será el flujo de ella en tu vida.

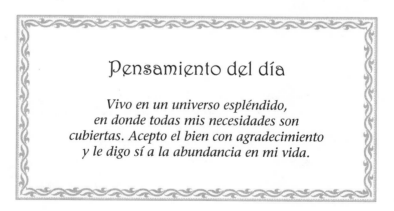

Pensamiento del día

*Vivo en un universo espléndido,
en donde todas mis necesidades son
cubiertas. Acepto el bien con agradecimiento
y le digo sí a la abundancia en mi vida.*

Sueña despierto

Soñar despierto es a menudo el catalizador de la imaginación, en donde tu mente va más alla de las fronteras de la lógica y sondea nuevas posibilidades. Tus ángeles nos preguntamos a menudo por qué esta práctica es desalentada, puesto que es tan vital para el descubrimiento de nuevas ideas e inventos. Te animamos para que te sientes en reposo hoy y dejes que tus pensamientos fluyan libres mientras sueñas despierto en paz.

Explora tus fantasías más descabelladas y las posibilidades infinitas disponibles para ti. Imagínate escenarios de: *qué tal que...*, y visualiza tus deseos convirtiéndose en realidad.

Luego, puede ser que desees escribir las ideas que te vinieron a la mente. No te preocupes si parecen demasiado improbables. Recuerda que acabas de conectarte con la Divinidad, y que hay algo valioso e importante en cada sueño.

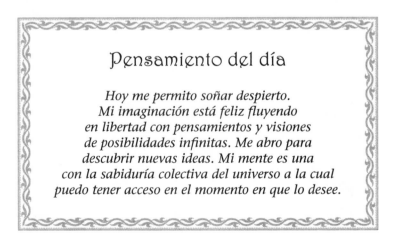

Pensamiento del día

Hoy me permito soñar despierto.
Mi imaginación está feliz fluyendo
en libertad con pensamientos y visiones
de posibilidades infinitas. Me abro para
descubrir nuevas ideas. Mi mente es una
con la sabiduría colectiva del universo a la cual
puedo tener acceso en el momento en que lo desee.

Establece límites sanos

Eres una persona sensible, amorosa y considerada que nunca le haría daño a los sentimientos de nadie. Eres un ángel en la Tierra, y tus ángeles celestiales te pedimos que extiendas el mismo cariño y consideración hacia ti que le extiendes a los demás.

Hoy, nos gustaría trabajar contigo en establecer límites sanos para ti. Esto no significa rechazar o evitar a las personas; simplemente crear un claro entendimiento de lo que es y lo que no es aceptable para ti en una relación.

Esto es especialmente importante si te has sentido usado o si has sido tratado injustamente por alguien. Aunque es posible que las personas se aprovechen deliberadamente de ti, lo más probable es que no se den cuenta de cómo te sientes.

Establecer límites sanos, por lo tanto, involucra ser honesto contigo y con los demás, lo cual es obvio y normal en cualquier relación. Puedes expresar tus emociones sinceras con la misma sensibilidad y amor que le ofreces a los demás. Ellos respetarán tu sinceridad, y establecerás un ejemplo sano de cómo cuidarte.

Cuando eres totalmente honesto con los demás, te sientes más feliz en su compañía. Tu alegría cada vez mayor es un verdadero regalo para ti y para tus seres queridos... ¡es una bendición para el mundo!

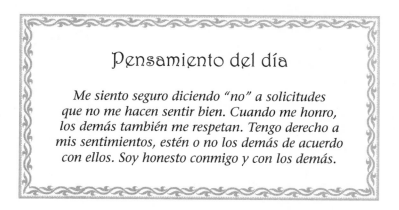

Pensamiento del día

Me siento seguro diciendo "no" a solicitudes que no me hacen sentir bien. Cuando me honro, los demás también me respetan. Tengo derecho a mis sentimientos, estén o no los demás de acuerdo con ellos. Soy honesto conmigo y con los demás.

Honra tu corazón compasivo

Todas las personas hacen lo mejor que pueden, incluyéndote a ti. Recordar esto puede a veces requerir de mucha compasión; trata de tenerlo en cuenta mientras avances en tu día.

Si te descubres juzgando a alguien (o a ti), comprende que todas las personas están haciendo lo mejor que pueden. En vez de enviar juicios, transmite oraciones y sentimientos de cariño.

Tienes un corazón compasivo, y el amor es tu verdadera naturaleza. Te sientes mejor cuando actúas de acuerdo con tu auténtico ser, el cual es comprensivo, amoroso y muy gentil. Siente la alegría de ser quien eres observando a todos a través de los lentes de tu cariñoso corazón.

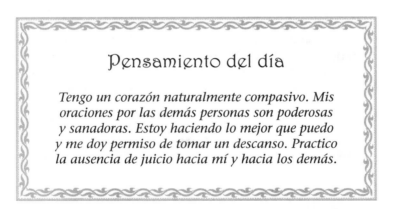

Pensamiento del día

Tengo un corazón naturalmente compasivo. Mis oraciones por las demás personas son poderosas y sanadoras. Estoy haciendo lo mejor que puedo y me doy permiso de tomar un descanso. Practico la ausencia de juicio hacia mí y hacia los demás.

Ten paciencia contigo

Semejante a expresar compasión por ti es el proceso de tener paciencia contigo. Nadie espera que un bebé comience a caminar de inmediato. El progreso de un recién nacido es gradual pero constante, y tu propio crecimiento es igual. Te recordamos que disfrutes del camino en el que estás ahora, aunque parezca que se está tomando más tiempo del que te gustaría.

Con la paciencia viene el progreso. Atrae una actitud relajada y abierta que, acoplada con la fe, es siempre recompensada. Entréganos a tus ángeles cualquier preocupación o ansiedad que tengas respecto al plazo de tiempo que tengas para tus progresos. Enfócate por completo en los pasos que des hoy, y deja que el mañana se encargue de sí.

Paciencia, es otra palabra para liberar el miedo y la preocupación. Recuerda que estamos aquí a tu lado para ayudarte a que te alivies de cualquier tensión o estrés: solo pídelo.

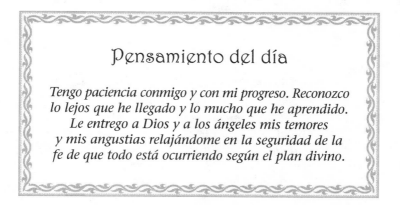

Pensamiento del día

Tengo paciencia conmigo y con mi progreso. Reconozco lo lejos que he llegado y lo mucho que he aprendido. Le entrego a Dios y a los ángeles mis temores y mis angustias relajándome en la seguridad de la fe de que todo está ocurriendo según el plan divino.

274

Aprecia tu cuerpo

Tu cuerpo físico es una de las herramientas más importantes que apoyan tu misión divina de vida: es el habitáculo de tu alma durante su tiempo en la Tierra. Y así como cuidas el hogar en que vives, tu cuerpo anhela atención y aprecio.

Tu ser físico tiene fuerza vital e inteligencia propias. Esto se deriva de su ADN, la estación que conecta los mundos espirituales y físicos que actúan como un conducto entre tu alma suprema (la cual está unida al mundo espiritual mayor) y tu ser interior (el ser encapsulado en tu cuerpo). El equilibrio eléctrico entre estos receptores y conductores opera mejor cuando tu cuerpo está bien cuidado.

El hogar de tu Espíritu anhela alabanzas, aprecio y otras formas de cuidado, al igual que cualquier otra criatura viviente. Cuantas más cosas amables le expreses, mejor te responde.

Hoy, ama y aprecia tu cuerpo. Te recompensará a la vez con energía y vitalidad incrementadas al manifestar su gratitud por tu atención.

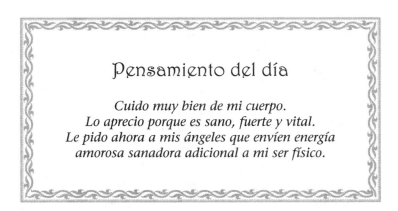

Pensamiento del día

Cuido muy bien de mi cuerpo.
Lo aprecio porque es sano, fuerte y vital.
Le pido ahora a mis ángeles que envíen energía
amorosa sanadora adicional a mi ser físico.

✄ 275 ❧

Acepta los elogios

Así como a tu cuerpo le gusta que lo alaben y aprecien, así también le ocurre a tu alma. Cuando te hablas con palabras de amor, esta parte tuya brilla y resplandece con mayor intensidad. Cuando le hablas así a los demás, tu alma siente calidez y resplandece, y esta energía nutre a todos.

Tu aprecio reconoce que todo el mundo es igualmente digno de amor. Al contrario de la jactancia, no hay competitividad en el amor ni en el aprecio (lo cual es una confusión común).

Cuando alguien te alaba, tu alma ansía aceptar este don, al igual que tu cuerpo disfruta recibir el sustento de los alimentos y las bebidas. El amor y el aprecio son los nutrientes que alimentan tu alma.

Cuando te alaben o te reconozcan hoy, acepta ese don con gratitud y con el corazón abierto. No eludas las palabras amables, acéptalas. Disfruta del aprecio que eso te brinda.

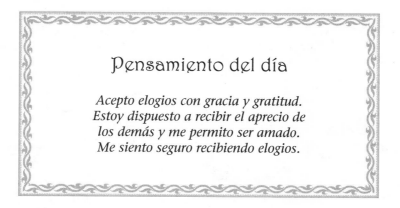

Pensamiento del día

Acepto elogios con gracia y gratitud.
Estoy dispuesto a recibir el aprecio de
los demás y me permito ser amado.
Me siento seguro recibiendo elogios.

Sigue tu guía divina

Tus ángeles nos comunicamos contigo continuamente, respondiendo a tus preguntas y guiándote. Nos escuchas a través de corazonadas, hormigueos, cuando se te pone la piel de gallina, en tus sueños, en tus palabras intuitivas y en tus visiones. También puedes notar señales repetitivas en el mundo físico pues deseamos que te comuniques realmente con nosotros, estos son mensajes reales.

Muchas de nuestras guías son las respuestas a tus oraciones y a tus preguntas de cómo mejorar tu vida. A menudo te animamos para que tomes la acción que apoya tu paz y tu felicidad. Con frecuencia esto significa que las cosas cambiarán lo cual es, a fin de cuentas, lo que has pedido.

Los cambios son seguros para ti si sigues tu guía divina. Advertirás que esto es siempre metódico y ocurre paso a paso. Como una danza rítmica, tú haces un movimiento, y luego nosotros te guiamos al siguiente. Si tratas de ir más rápido que la música del universo, puedes tropezarte y caer. Esto no es culpa de la melodía, ocurre porque te has salido del ritmo.

Pasa hoy un tiempo en callada reflexión, recordando cualquier pensamiento, idea o sentimiento repetitivo que hayas tenido. Si estos mensajes te han pedido que realices algunos cambios positivos, es entonces la guía divina a la que nos referimos. Pídenos que te ayudemos a ponerlos en acción. Podemos prestarte valor, motivación y otras formas de apoyo... solo pídelo.

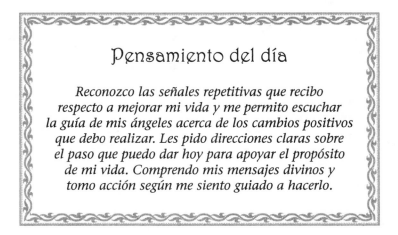

Pensamiento del día

Reconozco las señales repetitivas que recibo respecto a mejorar mi vida y me permito escuchar la guía de mis ángeles acerca de los cambios positivos que debo realizar. Les pido direcciones claras sobre el paso que puedo dar hoy para apoyar el propósito de mi vida. Comprendo mis mensajes divinos y tomo acción según me siento guiado a hacerlo.

Confía en tus decisiones

Eres un alma sabia, y tu corazón te está guiando correctamente. Sientes el llamado a dar un gran giro en tu vida, pero una parte tuya se pregunta si puedes confiar en tu intuición.

Tus ángeles estamos aquí hoy para aconsejarte que tengas fe en tu habilidad de tomar decisiones. Tu corazón sabe lo mejor para ti en este caso, puesto que es una herramienta precisa para medir tu grado de felicidad en general. Confía y sigue sus direcciones.

Hoy, ten confianza en tus decisiones. Entréganos tus dudas para que podamos filtrar la realidad de la ficción. Te ayudaremos a distinguir tu miedo al éxito de los sentimientos verdaderos de advertencia que deben ser escuchados.

Cuando miras en retrospectiva tu vida, puedes ver el patrón intrincado de decisiones que has tomado. Muchas veces tus decisiones más ilógicas en apariencia te llevaron a recibir las mayores satisfacciones, y en este punto de tu vida estás viviendo algo similar. Atiende el llamado de tu corazón... y confía.

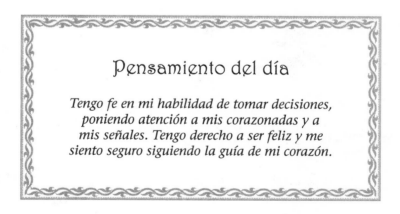

Pensamiento del día

Tengo fe en mi habilidad de tomar decisiones, poniendo atención a mis corazonadas y a mis señales. Tengo derecho a ser feliz y me siento seguro siguiendo la guía de mi corazón.

Fluye al ritmo de la energía

Tienes un misterioso talento natural para estar en el lugar correcto en el momento justo. Tus ángeles estamos trabajando hoy contigo para desarrollar y pulir aún más esta habilidad.

Esto comienza con el entendimiento del flujo de energía, el cual opera exactamente como una corriente de agua o de aire. Has aprendido que un objeto físico tal como una piedra, puede desviar la corriente de un río pero no llega a detenerla.

De igual manera, el tiempo divino significa que confíes en todos los factores involucrados en la respuesta a tus plegarias. Si asumes que habrá un problema, erigirás un muro que es exactamente como un peñasco bajo el agua. El flujo no pasará a través de la roca, se chocará con ella y la pasará.

Hoy, mantén la intención de dejar que el universo siga su rumbo. No te resistas al "empujón" que te anima a expandirte y crecer, más bien disfruta del ritmo que el flujo de la corriente te brinda.

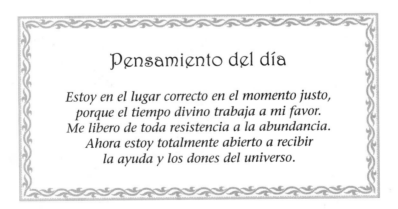

Pensamiento del día

Estoy en el lugar correcto en el momento justo,
porque el tiempo divino trabaja a mi favor.
Me libero de toda resistencia a la abundancia.
Ahora estoy totalmente abierto a recibir
la ayuda y los dones del universo.

279

Ten la certeza de que eres poderoso

Tu fuente de fortaleza es tu Dios interior, Quien es omnipotente. Estás conectado eternamente a esta fuerza, ¡eres poderoso!

La única razón por la cual te sientes a veces impotente es debido a que pierdes la conciencia de tu fuente. Ya que estás continuamente conectado a la energía divina, y Dios es eternamente fuerte, *tu* fuerza no te abandona ni disminuye jamás. De igual manera, jamás puedes abusar de ella, pues está gobernada por completo bajo los principios del amor.

Hoy, recuerda con frecuencia que estás siendo totalmente apoyado por Dios. Esto significa que puedes atraer y manifestar cada uno de tus pensamientos; guarda entonces solamente aquellos que son deseables para ti... Tienes el poder.

Pensamiento del día

Soy fuerte porque Dios está en mi interior,
apoyándome en todas las áreas de mi vida. Soy
un gran sanador, y me siento seguro siendo poderoso.

Disfruta de tu espíritu
y de tu cuerpo juveniles

La chispa del fuego divino en tu alma es tu espíritu que nunca envejece. Tu cuerpo puede reflejar su eterna juventud si le permites la libertad de expresarla.

¿Cómo se expresaría entonces un espíritu juvenil? Cantaría, bailaría y exploraría su mundo. Disfrutaría de la exuberancia de la variedad de emociones y experiencias, descansando cuando fuera necesario y jugando cada vez que lo deseara. No se cohibiría ante nada.

Permite que hoy salga a flote este lado tuyo. Advierte los efectos positivos que dicha energía le brinda a tu cuerpo (incluyendo una apariencia más fresca). La juventud irradia vivacidad, lo cual se traduce en buena salud a todos los niveles.

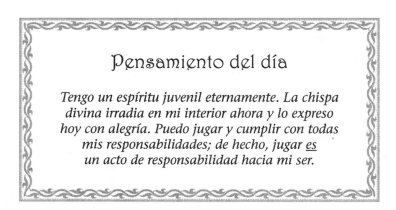

Pensamiento del día

Tengo un espíritu juvenil eternamente. La chispa divina irradia en mi interior ahora y lo expreso hoy con alegría. Puedo jugar y cumplir con todas mis responsabilidades; de hecho, jugar <u>es</u> un acto de responsabilidad hacia mi ser.

Atiende tu llamado

El propósito divino de tu vida te está llamando, pidiéndote que le des un soplo de vida. Como un hijo perfecto del Creador, tienes la habilidad de infundir fuerza vital en una situación potencial.

Tu llamado es la actividad o la carrera en la que con frecuencia sueñas despierto. Te preguntas cómo sería tu vida si te comprometieras a seguirla. Esto es lo que se llama "fase potencial", y es semejante a tener un globo desinflado.

Cuando investigas sobre este camino leyendo al respecto, tomando clases sobre el tema o hablando con otras personas que estén en ese campo, estás inflando parcialmente el globo con fuerza vital. Ahí es cuando el llamado se fortalece; cuanta más energía pongas en eso más fuerte se vuelve. Al poco tiempo, ya no es algo que puedes ignorar.

Hoy, atiende tu llamado permitiéndote reconocer por completo tu deseo de iniciar una jornada tal como una carrera, un proyecto o una actividad como voluntario. Cuanto más energía inviertas en esta aspiración, más vida le inyectas... hasta que finalmente cambia de ser solo un sueño para llegar a convertirse en una realidad.

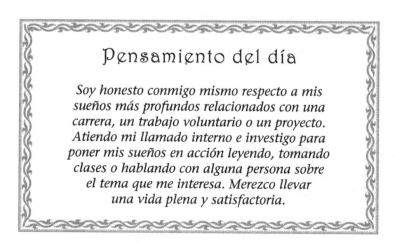

Pensamiento del día

Soy honesto conmigo mismo respecto a mis sueños más profundos relacionados con una carrera, un trabajo voluntario o un proyecto. Atiendo mi llamado interno e investigo para poner mis sueños en acción leyendo, tomando clases o hablando con alguna persona sobre el tema que me interesa. Merezco llevar una vida plena y satisfactoria.

282

Disfruta de relaciones armoniosas

Solamente experimentas dificultades en las relaciones cuando luchas contra la dirección final hacia la cual se dirigen. Cada uno navega en un curso distinto, semejante a un navío en el mar.

A fin de cuentas, no se trata del lugar en donde desembarques al final de tu travesía; se trata de las relaciones entre las personas involucradas en el camino. Las jornadas más fructíferas ocurren cuando los miembros de la tripulación están centrados en el corazón y son honestos mutuamente.

Las relaciones armoniosas se basan en la honestidad mutua, en un escenario en donde las partes se sienten seguras de compartir sus sentimientos verdaderos. Cuando te abres genuinamente con la otra persona, sabes que eres amado por lo que verdaderamente eres.

Las discusiones ocurren cuando las personas sienten temor o se sienten inseguras y se ponen a la defensiva, ya sea verbalmente o a través de acciones. Tus ángeles podemos ayudarte a crear una atmósfera segura infundiendo energía amorosa en los corazones de las dos partes, para ayudarte a seleccionar palabras amables y respetuosas mutuamente. El cariño es el agente protector más poderoso cuando compartes tus sentimientos honestos con la otra persona... es la forma de mantener la unión y el amor.

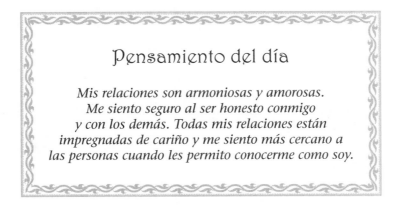

Pensamiento del día

Mis relaciones son armoniosas y amorosas.
Me siento seguro al ser honesto conmigo
y con los demás. Todas mis relaciones están
impregnadas de cariño y me siento más cercano a
las personas cuando les permito conocerme como soy.

Eres digno de amor
tal como eres ahora mismo

No tienes que cambiar para merecer el amor de Dios: eres amor. Siempre has sido amado y adorado por ser tal como eres. Todo en ti es digno de amor.

Por supuesto, apreciamos tu conducta compasiva y amable pero, por favor, entiende que eres amado no importa cómo actúes. Cuanto más puedas mantener esta clase de aceptación hacia ti, más te relajarás y disfrutarás de tus experiencias.

La vida no es cuestión de ganarse la aprobación de los egos ajenos... es cuestión de aceptar las bendiciones que siempre te están siendo entregadas del Espíritu carente de ego. Lo primero es una meta que jamás puede ser lograda, lo segundo *ya* lo has conseguido.

Hoy, relájate en el entendimiento de que tus ángeles te amamos tal como eres ahora mismo. Libera cualquier tensión que tengas respecto a ti, y disfruta hoy de tus dones.

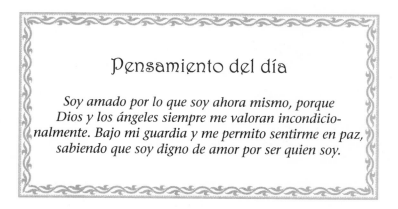

Pensamiento del día

Soy amado por lo que soy ahora mismo, porque Dios y los ángeles siempre me valoran incondicionalmente. Bajo mi guardia y me permito sentirme en paz, sabiendo que soy digno de amor por ser quien soy.

Conéctate con el espíritu
de la naturaleza

Hay una razón por la cual pasar tiempo al aire libre te refresca, independientemente del clima. Es más que el aire, los árboles o los rayos del sol, es el espíritu libre que pernea la naturaleza el que te revive, una fuerza que está presenta en cada hálito de ella.

Esta energía tiene un efecto purificador. Una simple caminata al aire libre retira cualquier residuo añejo causado por estrés, discusiones, preocupaciones y otros contaminantes emocionales. El espíritu de la Madre Naturaleza reemplaza amorosamente las bajas energía con vibración elevada, es semejante a un rayo láser que desintegra elementos indeseados.

Hoy, conéctate con este espíritu pasando un tiempo al aire libre. La naturaleza está en todas partes, incluyendo las calles de la ciudad, no tienes entonces que postergar esta asignación divina hasta que tengas tiempo de conducir al campo. Estos beneficios están presentes dondequiera que haya un contacto directo con la atmósfera.

Sal hoy de tu casa, respira profundo y conéctate con el espíritu de la naturaleza.

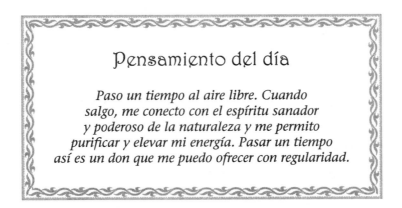

Pensamiento del día

Paso un tiempo al aire libre. Cuando salgo, me conecto con el espíritu sanador y poderoso de la naturaleza y me permito purificar y elevar mi energía. Pasar un tiempo así es un don que me puedo ofrecer con regularidad.

285

Reconoce que todo lo haces bien

¿Cómo sería de distinta tu vida si supieras que todo lo que has hecho ha sido infalible y que jamás puedes cometer errores? ¿Relajarías tu mente y perseguirías tus sueños con mayor entusiasmo? ¿Te sentirías más feliz y más seguro?

Tus ángeles estamos aquí para compartir contigo una verdad espiritual: no puedes cometer errores, todo lo que haces está bien hecho.

En el sentido universal, todo lo que Dios ha creado es perfecto y eso te incluye. Puesto que eres una extensión del Creador, todo lo que haces es a prueba de errores. El juicio humano puede decretar que tanto las creaciones divinas como las mortales son imperfectas, pero eso no cambia el hecho espiritual de su perfección. A menudo, la razón humana no puede tener la visión global que une todo de una forma lógica.

Todo lo que haces proviene de Dios, porque lo único que existe es la Divinidad. ¿Cómo podría entonces haber errores en la creación?

Hoy, relájate en el entendimiento de que todas las decisiones que tomas y todas las acciones que realizas están respaldadas por un sello de perfección. Todas las experiencias terminan por ofrecer crecimiento, amor, paz y sanación, luego no puedes cometer errores.

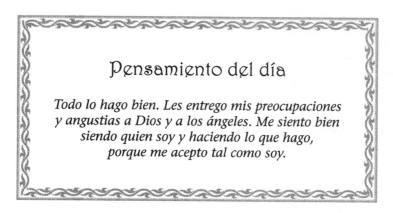

Pensamiento del día

Todo lo hago bien. Les entrego mis preocupaciones y angustias a Dios y a los ángeles. Me siento bien siendo quien soy y haciendo lo que hago, porque me acepto tal como soy.

Despliega tus alas y surca los cielos

Tienes muchos dones para compartir con el mundo, comenzando por tu pura presencia en el planeta. Como la personificación del amor de Dios, atraes bendiciones sanadoras por el solo hecho de estar vivo..., pero aun así anhelas intensamente desplegar tus alas y surcar alturas más elevadas. Deseas experimentar el brillo de la alegría y la realización con más frecuencia. Ansías sentirte libre, sin las complicaciones del peso de la preocupación por el dinero y otros asuntos materiales. Te gustaría dedicar tu tiempo puramente a las actividades que hacen cantar tu corazón.

La verdad es que cuando te ocupas en las actividades que te proporcionan alegría y gozo, la energía involucrada te eleva como un ave que pasa por una poderosa corriente térmica de aire ascendiente. Si esa actividad te reporta ingresos monetarios o no, no es el punto.

Los beneficios residuales de tu felicidad son como una alfombra roja enrollada para nuevas oportunidades, amistades, conexiones de negocios y abundancia. Las personas que viven contentas son consideradas "afortunadas," pero la alegría es el imán que atrae más de lo mismo hacia ti.

Invierte hoy en tu felicidad dedicando tiempo a tus pasatiempos favoritos. Recuerda que estas actividades son fructíferas porque te ayudan a desplegar tus alas.

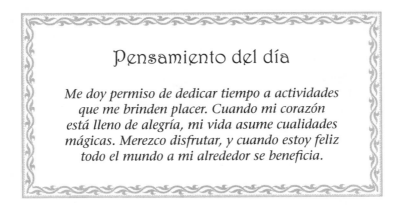

Pensamiento del día

Me doy permiso de dedicar tiempo a actividades que me brinden placer. Cuando mi corazón está lleno de alegría, mi vida asume cualidades mágicas. Merezco disfrutar, y cuando estoy feliz todo el mundo a mi alrededor se beneficia.

Sé pintoresco

No hay seguridad ni ventaja alguna en mezclarse con el paisaje. Tu lado pintoresco es mucho más divertido y vigoroso para ti y para las personas a tu alrededor. Expresa entonces hoy esta parte de ti. Vístete en tonos brillantes, consume comidas de colores vivos y despliega tu naturaleza vibrante contando chistes, jugando, divirtiéndote y siendo tú mismo.

Tu brillo inspira a los demás a relajarse y a ser ellos mismos. Dios creó una amplia variedad de tonalidades en la naturaleza, cada una de las cuales ofrece una vibración distinta y vital. Cuando te expresas con autenticidad, emites un arco iris de energía altamente atractivo.

Pensamiento del día

Me permito ser pintoresco. Disfruto la autenticidad de mi ser y mi naturaleza brillante inspira a los demás. Mis hermosos colores brillan esplendorosamente.

Confía en que estamos contigo ahora mismo

No existe un momento de tu vida en que hayas estado en soledad, pues tus ángeles estamos a tu lado continuamente, observándote siempre. Incluso mientras duermes estamos contigo, así como cuando conduces, trabajas, comes, haces compras, amas, discutes, regateas, creas, descansas, y el resto de tus actividades. Puedes pedir nuestra ayuda cada vez que lo desees. También nos sentimos felices de notificarte nuestra presencia para que recuerdes pedir nuestra ayuda, solo pídela.

Estamos leyendo contigo estas palabras mientras tú las lees. Si deseas, haz una pausa y sintonízate con nuestra presencia. Sabrás que estamos aquí por la sensación de calidez en tu corazón, es el amor que te enviamos siempre.

Siempre estás impregnado del amor divino, incluso cuando no eres consciente de él. Eres muy semejante a un bebé que no ha nacido y que es inconsciente de la fuente de alimentación que le es suministrada a través del cordón umbilical, pero tu conexión al cielo, la cual te alimenta siempre, no puede ser jamás cortada.

Hoy, trata al máximo de recordar nuestra presencia constante a tu lado. Cuanto más nos pidas ayuda, más seremos capaces de dártela.

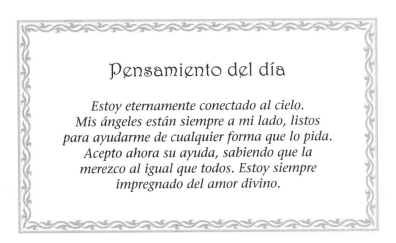

Pensamiento del día

Estoy eternamente conectado al cielo.
Mis ángeles están siempre a mi lado, listos
para ayudarme de cualquier forma que lo pida.
Acepto ahora su ayuda, sabiendo que la
merezco al igual que todos. Estoy siempre
impregnado del amor divino.

Nunca puedes pedir demasiado

Tus ángeles hemos notado que a veces te preocupas de que puedas pedirnos demasiadas cosas. Te preguntas si será egoísta de tu parte o inapropiado pedir nuestra ayuda con asuntos económicos, sanaciones o los llamados detalles de la vida. Hoy quisiéramos tratar el tema de los miedos que podrían originar dudas al pedir o aceptar nuestra ayuda.

El universo es totalmente abundante, contiene posibilidades infinitas y el potencial de vivir todas las experiencias. No hay carencias de nada, por lo tanto, el hecho de que tú recibas no priva a nadie de nada ni evita que alguien disfrute de la abundancia.

Somos seres ilimitados, al igual que tú. Tenemos todo el tiempo del mundo para ayudarte, por eso no te preocupes por molestarnos con tus solicitudes o tus oraciones. Nuestro propósito es apoyarte en todo.

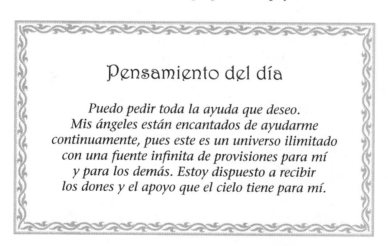

Pensamiento del día

Puedo pedir toda la ayuda que deseo.
Mis ángeles están encantados de ayudarme
continuamente, pues este es un universo ilimitado
con una fuente infinita de provisiones para mí
y para los demás. Estoy dispuesto a recibir
los dones y el apoyo que el cielo tiene para mí.

Deja de juzgarte

A fin de cuentas, la única persona que debes perdonar es a ti mismo. Cualquier enojo, resentimiento o rencor hacia los demás puede remontarse a tus sentimientos por ti. Esta es la razón por la cual algunos de tus intentos de perdonar a los demás han fracasado. Hasta que no logres perdonarte, tus remordimientos desangrarán tus relaciones.

El perdón hacia ti es diferente a aceptar la culpa. Más bien, significa que primero debes enfrentar tu sentimiento de culpabilidad o enojo. Admitir estas emociones libera el poder que ellas tenían sobre ti mientras se mantenían escondidas. La sinceridad contigo mismo te lleva al entendimiento de que no hiciste nada malo, porque nada malo puede ocurrir en el universo de Dios.

Hoy, perdónate por lo que piensas que hiciste o dejaste de hacer. Libera la ilusión de la culpa o del menosprecio. Puesto que eres cien por ciento amor al igual que tu Creador, solamente eres capaz de amarte a ti mismo.

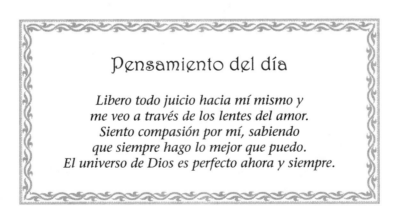

Pensamiento del día

*Libero todo juicio hacia mí mismo y
me veo a través de los lentes del amor.
Siento compasión por mí, sabiendo
que siempre hago lo mejor que puedo.
El universo de Dios es perfecto ahora y siempre.*

Eres un hijo precioso de Dios

Eres el hijo precioso de Dios por siempre. Fuiste creado como un don de gran amor; tu identidad y tu esencia son de por sí apreciadas. Incluso en los momentos en que te sientes solo o indeseado, eres totalmente amado por el Creador.

Mientras lees estas palabras, haz una pausa y siente la profundidad del amor que te acoge ahora mismo. Puedes experimentarlo con mayor intensidad si respiras más profundamente, atrayendo la energía en tu percepción consciente.

Siente lo mucho que eres honrado y reverenciado. Cada uno de los preciosos hijos celestiales recibe este amor y respeto, porque Dios ve más allá de la superficie y ve una creación perfecta siempre. Tus ángeles te pedimos que trates de hacer lo mismo hoy.

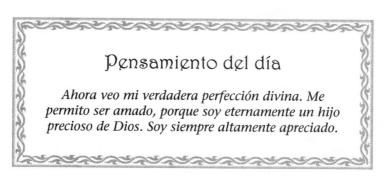

Pensamiento del día

Ahora veo mi verdadera perfección divina. Me permito ser amado, porque soy eternamente un hijo precioso de Dios. Soy siempre altamente apreciado.

Conéctate con la fuente
de todas las respuestas

Tienes acceso a la base de datos más sorprendente del mundo, la cual ofrece consejos, guía y dirección y está localizada en tu interior ahora mismo. La fuente de todas las respuestas está activada y lista en cualquier momento que tengas una pregunta, y no hay problema que no se pueda resolver.

Algunas veces responde directamente con palabras, pensamientos o visiones; en otras ocasiones, envía como respuesta eventos en sincronicidad. Cada una de tus preguntas es respondida con exactitud, siempre y cuando estés abierto y consciente de la respuesta que te llega.

Este manantial de información no es una fuente sobrenatural misteriosa. Es el poder más abierto y natural del universo; es la mente divina de la sabiduría infinita, la cual está enlazada a la tuya.

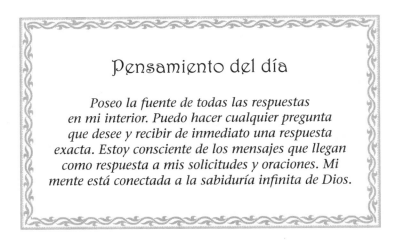

Pensamiento del día

Poseo la fuente de todas las respuestas en mi interior. Puedo hacer cualquier pregunta que desee y recibir de inmediato una respuesta exacta. Estoy consciente de los mensajes que llegan como respuesta a mis solicitudes y oraciones. Mi mente está conectada a la sabiduría infinita de Dios.

Equilibra la diversión y el trabajo

Tienes un ímpetu admirable de realizar cosas significativas en tu vida y en la vida de las personas que te rodean. Eres excepcionalmente responsable en tu cuidado de los demás, y también has realizado un buen trabajo cuidando de ti.

Hoy deseamos enfocarnos en el tema del equilibrio. En vez de considerar este tema como una adición más a tu lista de "cosas por hacer", piensa en él como una ecuación para extraer más alegría, productividad y energía de cada momento.

Cuando tu día está dedicado exclusivamente a trabajar, tu gasto de energía está en desequilibrio, lo cual te deja agotado y deja tu ánimo hambriento y sediento. Las corrientes eléctricas trabajan en un círculo de entradas y salidas, dar y recibir, y tu propio cuerpo funciona en esencia de la misma forma.

Disfrutar de la alegría completa tus circuitos físicos, energizándote de nuevo para que tengas el aliciente de dar y crear. Cuando disfrutas, tu energía se eleva naturalmente, razón por la cual la diversión es tan productiva y esencial como el trabajo.

Juntas, estas dos actividades son los polos positivo y negativo que hacen que la corriente siga generando. Pasa hoy un tiempo disfrutando y un tiempo trabajando, y disfruta de las recompensas que origina este equilibrio.

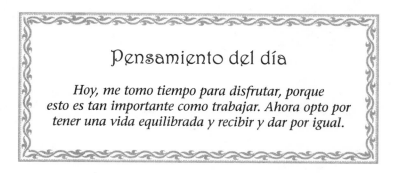

Pensamiento del día

Hoy, me tomo tiempo para disfrutar, porque esto es tan importante como trabajar. Ahora opto por tener una vida equilibrada y recibir y dar por igual.

Observa tu mundo con nuevos ojos

A veces la rutina diaria nubla tu habilidad de advertir los pequeños detalles de tu mundo, pero esas pequeñas cosas son las que hacen la vida agradable y significativa. Una forma de despertar de nuevo tu sensibilidad es imaginar que estás viendo todo a través de los ojos de otra persona.

Hoy, imagínate que una persona que acaba de llegar a tu vida está caminando a tu lado. Este individuo es totalmente amoroso, por lo tanto no tienes que preocuparte por sentirte juzgado, pero sería muy interesante imaginar cómo esa persona vería tu día. Esta nueva perspectiva puede dar luz a algunas rutinas inconscientes que ya no te sirven para tu propósito. Puedes decidir realizar algunos cambios después de ver tu mundo de esta nueva forma.

También es probable que te sientas muy agradecido por todas tus bendiciones y por los amigos y familiares tan maravillosos que tienes en tu vida. Sentirás más aprecio por todos los dones que tienes después de verlos con ojos nuevos.

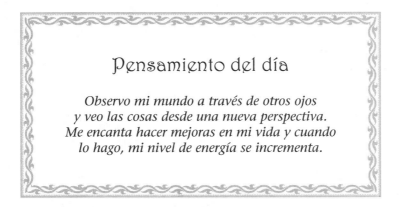

Pensamiento del día

Observo mi mundo a través de otros ojos
y veo las cosas desde una nueva perspectiva.
Me encanta hacer mejoras en mi vida y cuando
lo hago, mi nivel de energía se incrementa.

Escribe un final feliz en el libreto de tu película personal

Algunas veces te preocupas de que tu futuro se presente bien. Es semejante a los sentimientos que puedes tener durante una película muy intensa. La trama es tan complicada que no tienes idea de cómo van a llegar a resolverse los problemas, pero al final los protagonistas están en paz porque superaron todo lo que tuvieron que enfrentar. Todo está bien y hay un final feliz.

En el plano espiritual, nos estamos encargando de tus propias situaciones angustiantes. Tus ángeles hemos adelantado tu "película" hasta el final y hemos visto un final feliz. Cada problema aparente se resuelve por sí mismo, por lo general en formas creativas.

No vamos a arruinar las cosas diciéndote lo que sabemos al haber echado un vistazo en el preestreno de tu película. Además, muchas partes de tu vida quedan libres a la espontaneidad y están a la espera de tu dirección personal. Lo que *sí* podemos decirte es que el final es definitivamente feliz, con muchas escenas conmovedoras y estimulantes en el camino.

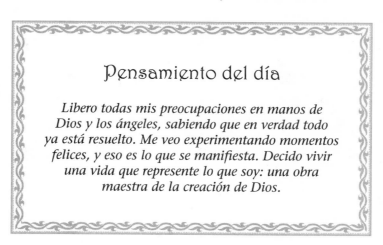

Pensamiento del día

Libero todas mis preocupaciones en manos de Dios y los ángeles, sabiendo que en verdad todo ya está resuelto. Me veo experimentando momentos felices, y eso es lo que se manifiesta. Decido vivir una vida que represente lo que soy: una obra maestra de la creación de Dios.

⌇ 296 ⌇

Saca tiempo para ti

Has trabajado duro y le has dado mucho a los demás. Y por eso tus ángeles estamos aquí para recordarte con cariño que te tomes un tiempo para ti. Ha llegado *tu* momento.

Al igual que le das a los demás, también mereces recibir. Trátate con la misma bondad con que tratas a las personas que amas. Ellas merecen atención amorosa y tú también.

Dejar que las personas te ayuden también las beneficia a ellas. Les permites experimentar la satisfacción de dar. Cuando aceptas con gracia las ofertas de ayuda, las personas se sienten maravillosamente bien con sus habilidades.

Hoy, ponte el sombrero del dador y del receptor. En verdad son los lados opuestos de lo mismo, son de igual importancia.

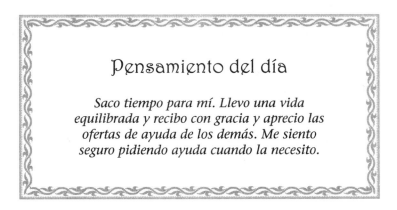

Pensamiento del día

Saco tiempo para mí. Llevo una vida equilibrada y recibo con gracia y aprecio las ofertas de ayuda de los demás. Me siento seguro pidiendo ayuda cuando la necesito.

Confía en que vas por el buen camino

Tus ángeles te aplaudimos por el camino que has tomado y te animamos a que lo sigas. Tus recientes decisiones de realizar cambios positivos en tu vida son el resultado de nuestro trabajo en equipo. Solicitaste nuestra ayuda, te ofrecimos nuestra guía, la escuchaste e implementaste los ajustes. ¡Felicitaciones!

Te amamos incondicionalmente, no importa lo que esté pasando en tu vida ni las acciones que tomes. Tampoco tenemos ninguna reserva en la alegría que sentimos por ti, y nos deleitamos en el resplandor de tu gloria.

Siendo la felicidad la energía terrenal más cercana a Dios, esta emoción es nuestro estado más elevado y el tuyo. Es una forma de amor puro por esta razón, cuando estás feliz, *todos* estamos en la misma onda energética de Dios. Tu alegría es la llave que abre muchas puertas maravillosas en tu vida.

Vas por el camino de la felicidad, sigue tu ruta.

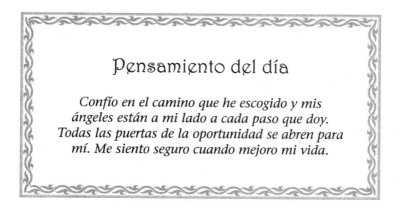

Pensamiento del día

Confío en el camino que he escogido y mis ángeles están a mi lado a cada paso que doy. Todas las puertas de la oportunidad se abren para mí. Me siento seguro cuando mejoro mi vida.

Haz nuevos amigos

Tus ángeles podemos ayudarte con tus amistades, tanto las antiguas como las nuevas, si nos lo pides. Podemos apoyarte en momentos de malos entendidos, ayudarte con tu comunicación y ofrecerte ideas para celebrar el amor que sientes por ellos.

También nos encanta presentarte nuevos amigos. Mientras creces en tu espiritualidad, tus relaciones pueden ir cambiando. Algunas personas que antes considerabas cercanas a ti, ahora están saliendo de tu vida y parece ser que tienes algunos intereses distintos a los de tus seres queridos. Pero no temas..., estas transiciones y cambios pronto se equilibrarán.

Pídenos que te ayudemos con tus amistades. Ten la certeza de que algunas de las personas que has conocido y algunas de las que estás por conocer, son las respuestas a tus oraciones. Ten expectativas de conexiones maravillosas y armoniosas, y los resultados serán inevitables.

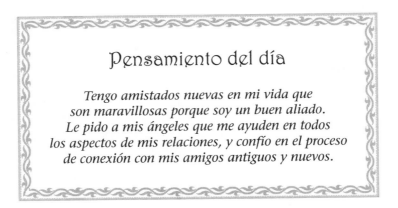

Pensamiento del día

Tengo amistades nuevas en mi vida que
son maravillosas porque soy un buen aliado.
Le pido a mis ángeles que me ayuden en todos
los aspectos de mis relaciones, y confío en el proceso
de conexión con mis amigos antiguos y nuevos.

Alimenta tu corazón

Puede ser que te preguntes cómo satisfacer tu deseo de sentirte más realizado y que tu vida tenga más sentido. Algunos de estos anhelos espirituales y emocionales se confunden con ansias físicas de comida u otras sustancias. Los dos aspectos comparten una misma raíz, pues son señales de que tu corazón necesita más amor.

Hoy, dale a tu centro emocional el nutriente que tanto anhela. Habla con tu corazón con gentileza, tranquilizándolo y pidiéndole que se abra al amor que siempre te rodea. Pídele que confíe en que lo protegerás con nuestra ayuda.

Aliméntate con dosis adicionales de cariño y compasión, y comprende por qué tu corazón puede haberse cerrado debido al deseo bien intencionado de protegerse. Hoy, diviértete, disfruta de tus amistades, de los atardeceres y de la fragancia de las flores.

Cuando cuidas de tu corazón, eres capaz de sentir el placer de dar y recibir amor.

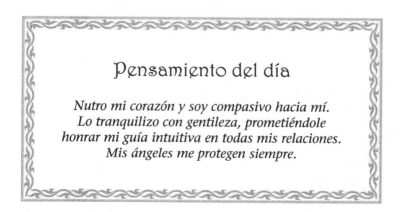

Pensamiento del día

Nutro mi corazón y soy compasivo hacia mí.
Lo tranquilizo con gentileza, prometiéndole
honrar mi guía intuitiva en todas mis relaciones.
Mis ángeles me protegen siempre.

Cree en tus ideas

Muchas de tus ideas son respuestas a tus oraciones. Cuando oras pidiendo la ayuda divina, tus ángeles a menudo te respondemos susurrando sugerencias en tus oídos a través de tus pensamientos, sentimientos, visiones o palabras reales. Por ejemplo, si pides ayuda económica, podríamos enviarte una idea para incrementar tus ingresos.

Al igual que los otros dones que recibes, puedes abrir, usar y disfrutar nuestros mensajes. Jamás dudes de tu capacidad de darle un soplo de vida a un concepto. Eres el hijo sabio de Dios y tienes las mismas capacidades que cualquier otra persona.

Hoy te pedimos que creas en tus ideas. Comienza por escribirlas, luego consúltalas con nosotros con frecuencia, y te ayudaremos a desarrollar un plan de acción. La energía que pones en este proceso atrae muchas bendiciones en el futuro. Fomenta tu idea, y ella te nutrirá una vez que la hayas desarrollado.

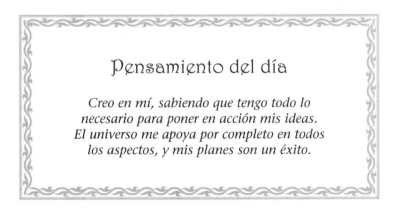

Pensamiento del día

Creo en mí, sabiendo que tengo todo lo necesario para poner en acción mis ideas. El universo me apoya por completo en todos los aspectos, y mis planes son un éxito.

Celebra

En vez de esperar un día de fiesta, un aniversario o un cumpleaños, ¿por qué no celebras hoy? Tienes mucho que apreciar en tu vida. Sabemos que sientes el deseo de realizar cambios, pero aun así tienes muchas razones para regocijarte.

Celebrar envía la energía poderosa de tu gratitud al universo en donde reverbera y crece, trayendo más bendiciones de regreso.

Ya sea que sencillamente desees disfrutar de tu felicidad con tus ángeles o con tus seres queridos (quienes también pueden celebrar sus propias bendiciones), pasa algún tiempo festejando todas las cosas que agradeces.

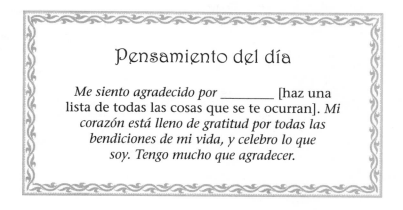

Pensamiento del día

Me siento agradecido por _____ [haz una lista de todas las cosas que se te ocurran]. *Mi corazón está lleno de gratitud por todas las bendiciones de mi vida, y celebro lo que soy. Tengo mucho que agradecer.*

302

Disfruta la dimensión del amor

Algunas veces las personas miden su progreso en la vida por sus ingresos o por la talla de su ropa, pero lo que verdaderamente importa es cuánto has amado en tu temporada en la Tierra. Esto es lo único que cuenta.

Cuando abres tu corazón a sentir, recibir y enviar afecto eres verdaderamente heroico. El viaje a la frontera del amor es el más importante de todos. Tienes todo lo que necesitas para asegurarte una jornada tranquila y fructífera cuando permites que tu corazón se abra al máximo para permitirte dar y recibir más amor. La clave es liberar todos los bloqueos del amor, siendo el principal de ellos el juicio.

Cuando te juzgas o juzgas a alguien, afirmas la existencia de una separación de Dios y de los demás. Este abismo jamás puede ser real, pero creer en él crea la ilusión de que existe y provoca una sensación de alienación del afecto divino.

Hoy, permítete amar más. Mira más allá de los aspectos superficiales de las personas, y comprende que eres uno con ellos... unidos en el amor.

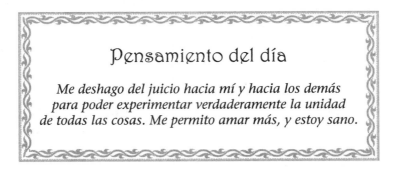

Pensamiento del día

Me deshago del juicio hacia mí y hacia los demás para poder experimentar verdaderamente la unidad de todas las cosas. Me permito amar más, y estoy sano.

303

Reparte sonrisas

Tus ángeles nos hemos enfocado en expandir el amor que sientes, das y recibes. Hoy trabajaremos en demostrar el afecto en forma de sonrisas.

Ya sabes que esta sencilla expresión es contagiosa en el mejor sentido de la palabra. Tu sonrisa inspira alegría en los demás.

Hoy, veamos cuántas sonrisas bien amplias puedes inspirar con la tuya. Al encender velas con tu propia llama iluminas el día de muchas personas (y el tuyo) al repartir tu dicha.

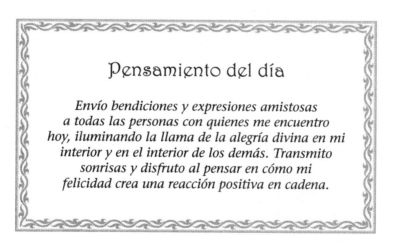

Pensamiento del día

*Envío bendiciones y expresiones amistosas
a todas las personas con quienes me encuentro
hoy, iluminando la llama de la alegría divina en mi
interior y en el interior de los demás. Transmito
sonrisas y disfruto al pensar en cómo mi
felicidad crea una reacción positiva en cadena.*

Enfócate en lo mejor que puede suceder

Algunas veces permites que tu imaginación se explaye en el peor escenario posible, permitiendo que este miedo te paralice y no te deje realizar cambios positivos en tu vida. Tus ángeles deseamos presentarte una nueva perspectiva: en vez de incubar ideas sobre lo peor que podría ocurrir, coloca todo tu enfoque en preguntarte: *¿Qué es lo mejor que podría ocurrir?*

Permite que tu imaginación ande suelta mientras piensas en las maravillosas posibilidades. Mantén tus pensamientos anclados en resultados positivos, y siente entusiasmo mientras consideras estas opciones. El resultado podría incluso exceder todo lo que habías soñado.

Con cada acción que tomas en la dirección de tus deseos, espera lo mejor. Tus expectativas positivas encienden una luz resplandeciente en el paso que estás a punto de dar. Tu sendero iluminado luego asume una cualidad mágica, lo cual te ayuda a manifestar y atraer las mejores posibilidades.

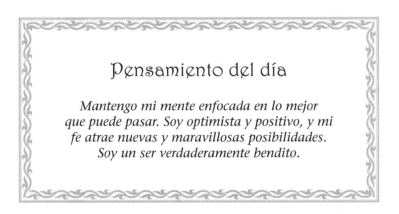

Pensamiento del día

*Mantengo mi mente enfocada en lo mejor
que puede pasar. Soy optimista y positivo, y mi
fe atrae nuevas y maravillosas posibilidades.
Soy un ser verdaderamente bendito.*

Haz que cada paso cuente

Cuando comienzas a trabajar en una nueva meta, el final puede parecer muy lejano. Tus ángeles deseamos recordarte que todas las jornadas importantes comienzan con un primer paso, el cual establece de muchas maneras la tónica para toda la jornada; entonces, haz que ese primer paso cuente.

Toma este paso inicial con entusiasmo y con respeto hacia ti. Coloca todo tu enfoque y energía en el sendero que yace ante ti. Permanece positivo respecto al resultado, sin invertir miedo en tu visión del futuro.

Pronto disfrutarás de los pasos en el camino como un juego divertido que practicas contigo. Tu progreso es sorprendente cuando haces que cuente cada parte del proceso.

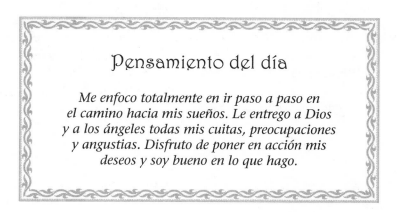

Pensamiento del día

Me enfoco totalmente en ir paso a paso en el camino hacia mis sueños. Le entrego a Dios y a los ángeles todas mis cuitas, preocupaciones y angustias. Disfruto de poner en acción mis deseos y soy bueno en lo que hago.

Ensaya tu futuro

Cuando llegas a una encrucijada en tu vida y no puedes decidir cuál camino tomar, siempre puedes "ensayar" tu futuro como lo harías con la ropa que consideras comprar. De esta manera, puedes percibir la mejor opción para ti.

Primero cierra tus ojos y piensa en las alternativas que yacen ante ti, incluyendo la opción de la indecisión, en donde estás en este momento. Luego, imagina las consecuencias de cada una de las decisiones como si ya la hubieras tomado, y pon atención a cómo reacciona tu cuerpo. ¿Adviertes algún escenario en donde tus entrañas se tensan o se relajan? ¿Cuál opción se siente más natural? ¿Qué prefieres escuchar en tu corazón? Si se obviaran todas las excusas (tales como creer que necesitas más dinero, más tiempo, talento y cosas por el estilo), ¿cuál camino tomarías?

Todas estas consideraciones te ayudarán a tomar una clara decisión, lo cual es esencial en el verdadero compromiso del camino que has escogido. Tu dedicación completa permite ponerle más energía a tu decisión, en vez de hacer una selección tentativa. Cuanto más esfuerzo le pongas a tu proyecto, más poderoso será el resultado, puesto que las energías de dar y recibir siempre se equilibran.

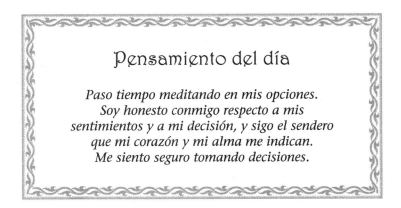

Pensamiento del día

Paso tiempo meditando en mis opciones.
Soy honesto conmigo respecto a mis
sentimientos y a mi decisión, y sigo el sendero
que mi corazón y mi alma me indican.
Me siento seguro tomando decisiones.

Disfruta de un sentimiento de pertenencia

Si a veces sientes que no eres compatible con las demás personas, recuerda que siempre estás en armonía con tus ángeles. Un sentimiento de pertenencia proviene de compartir intereses y hábitos comunes con los demás, por lo tanto a veces esto significa unirse a un club o a una clase relacionada con tu deporte o pasatiempo favorito como una manera de hacer nuevos amigos.

Claro que sí perteneces a este planeta, porque tienes un propósito de vida que el mundo necesita. Eres original, al igual que todos los seres, pero compartes mucho en común con otros (y con nosotros), lo cual exploraremos hoy.

Para encontrar tus similitudes, debes poner un filtro en tu mente que dice: *Solo advertir las cualidades que comparto con los demás.* Una vez que programas esta intención, comienzas a ver las cosas comunes que se te habían pasado por alto cuando tu mente estaba enfocada en encontrar las diferencias entre ustedes.

Hoy, recuerda que estamos siempre contigo. Somos tus compañeros y amigos leales, y así como a *nosotros* nos encanta tu compañía, así también hay gente en la Tierra que se beneficia de tu amistad.

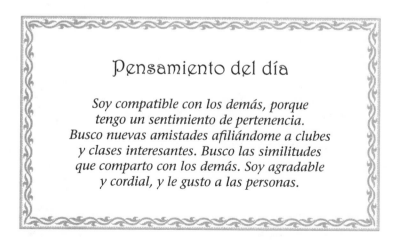

Pensamiento del día

*Soy compatible con los demás, porque
tengo un sentimiento de pertenencia.
Busco nuevas amistades afiliándome a clubes
y clases interesantes. Busco las similitudes
que comparto con los demás. Soy agradable
y cordial, y le gusto a las personas.*

Acepta nuestro amor

Aunque hay momentos en que dudas de tu encanto, tus ángeles te apreciamos siempre. Nunca te juzgamos ni te retiramos nuestro afecto puesto que somos reflejos de Dios y solamente podemos dar amor.

Sí, claro que vemos tus conductas humanas y sabemos que hay momentos en que no te sientes bien respecto a algunos de tus patrones, pero ellos te sirven para un gran propósito, si no, no seguirías repitiéndolos. Es más útil sentir compasión por ser quien eres, en vez de recriminarte por alguna conducta de la cual te arrepientes.

Piensa en algún ejemplo de tu propia vida. ¿Cuál fue la experiencia de aprendizaje más útil para ti: cuando una persona te criticó o te castigó por una acción que realizaste, o cuando alguien escuchó con paciencia tu razonamiento y se ofreció a mostrarte una alternativa?

Considera cómo aplicar esto a tu relación contigo mismo. Acepta con gentileza todo lo que eres y todos tus patrones de conducta. No deseches nada tuyo, porque todo es esencial en el proceso de reclamar tu santidad y tu identidad amorosas.

Guíate con ternura (con nuestra ayuda, si así lo deseas), como una semilla que está apenas brotando en la dirección de los rayos del sol.

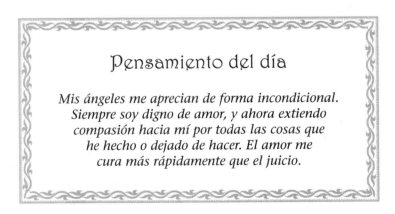

Pensamiento del día

Mis ángeles me aprecian de forma incondicional. Siempre soy digno de amor, y ahora extiendo compasión hacia mí por todas las cosas que he hecho o dejado de hacer. El amor me cura más rápidamente que el juicio.

Sé honesto contigo

*Y*a conoces tus verdaderos sentimientos, y debes seguir su dirección. Si te desafías, tu energía se bloquea en un patrón destructivo en muchas áreas de tu salud física, financiera, emocional y espiritual.

Aunque muchas personas tratan de suprimir sus verdaderos sentimientos para complacer a los demás, eventualmente estas emociones salen a flote y se evidencian, como por ejemplo, en síntomas de enfermedades o bloqueos financieros.

Aunque someterse al deseo ajeno puede parecer una forma de cariño, en realidad te niega a ti y a la otra persona la autenticidad. Tus ángeles podemos ayudarte a tener el coraje de expresar y actuar según tus sentimientos manteniendo el amor, la consideración, el respeto y la armonía en tu relación.

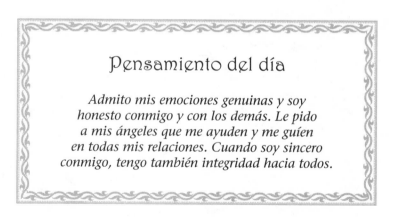

Pensamiento del día

Admito mis emociones genuinas y soy honesto conmigo y con los demás. Le pido a mis ángeles que me ayuden y me guíen en todas mis relaciones. Cuando soy sincero conmigo, tengo también integridad hacia todos.

310

Mereces amor y apoyo

Mereces recibir el amor y el apoyo divinos al igual que todos. Es cierto que eres fuerte y capaz, pero no es necesario que te niegues ni sufras. El dolor no es el camino a la iluminación.

Cuando alejas la ayuda que los ángeles te ofrecemos, sabemos que es porque temes no merecerla. Sentimos compasión total por ti, por eso no juzgamos tus sentimientos. Sin embargo, sí esperamos que consideres nuestra perspectiva. Nos pusimos felices cuando Dios nos designó como tus ángeles guardianes. Nuestra tarea es amarte, apoyarte y guiarte durante tu vida física.

Amarte es fácil y no requiere de tu permiso debido a nuestra conexión de alma a alma. Sin embargo, apoyarte y guiarte solamente pueden ocurrir con tu aprobación. Cuando te olvidas de pedirnos tu ayuda o la respuesta a tus oraciones, se retrasa nuestra misión. Puesto que tenemos todo el tiempo del mundo, no nos frustramos en estas circunstancias, sino que te amamos, ya sea que aceptes o no nuestra ayuda.

Hoy, por favor recuerda que mereces la ayuda del cielo. Esto no es lo mismo que tener un derecho propio; es un proceso natural en donde te apoyamos y te guiamos como parte del plan divino.

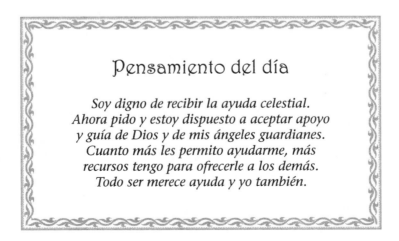

Pensamiento del día

Soy digno de recibir la ayuda celestial.
Ahora pido y estoy dispuesto a aceptar apoyo
y guía de Dios y de mis ángeles guardianes.
Cuanto más les permito ayudarme, más
recursos tengo para ofrecerle a los demás.
Todo ser merece ayuda y yo también.

Aférrate a tus sueños

Tus sueños, metas, ambiciones e intenciones son muy personales. Te pertenecen porque son parte del sendero de tu alma. Solamente tú sabes lo que tu corazón y tu espíritu te están guiando a hacer y a que te conviertas.

Sin importar las circunstancias que surjan en tu vida, lo que pienses de ti, o lo que los demás piensen o hagan, debes aferrarte a tus sueños. Son un componente esencial de la razón por la cual te encarnaste en la Tierra en este momento, son parte de ti, al igual que el fundamento de tus creaciones.

Hoy, acoge tus deseos. Revívelos si no has pensado en ellos por un tiempo, y pídenos a tus ángeles que te ayudemos a ponerlos en acción. Abriremos puertas para ti, y hasta te motivaremos para caminar paso a paso hasta hacerlos realidad.

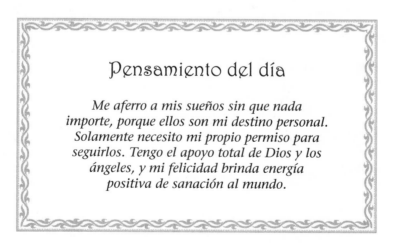

Pensamiento del día

Me aferro a mis sueños sin que nada importe, porque ellos son mi destino personal. Solamente necesito mi propio permiso para seguirlos. Tengo el apoyo total de Dios y los ángeles, y mi felicidad brinda energía positiva de sanación al mundo.

Saborea la dulzura de la vida

Tu vida está destinada a brindarte dulzura, incluso cuando estás realizando tu propósito y otras responsabilidades. La alegría no viene solamente durante los momentos de placer, gran parte de tus satisfacciones se originan cuando prestas un servicio a otra persona.

Puedes disfrutar de más dulzura simplemente notándola. Las ricas texturas de tus relaciones y los finos detalles del humor, del drama, de la alegría, del amor y demás son todos parte de tu maravillosa vida.

Juega hoy contigo mismo, observa cuánto deleite puedes extraer de cada situación. Encuentra las riquezas en cada interacción y experiencia que tengas. Saborea la dulzura que te brinda el día de hoy (y cada día).

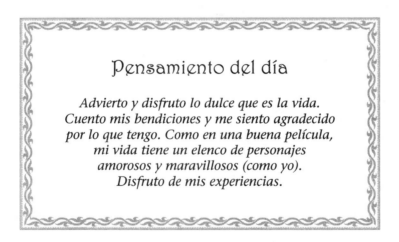

Pensamiento del día

Advierto y disfruto lo dulce que es la vida.
Cuento mis bendiciones y me siento agradecido
por lo que tengo. Como en una buena película,
mi vida tiene un elenco de personajes
amorosos y maravillosos (como yo).
Disfruto de mis experiencias.

313

Haz algo agradable por ti

Siempre estás teniendo consideración hacia los demás, tanto hacia tus seres amados como hacia los extraños. Hoy, date permiso de tratarte con el mismo cariño, haz algo agradable por ti. Ya sabes lo que te gustaría; lo primero que te pasó por la mente cuando leíste este párrafo.

Quizá deseas comprarte ese regalo especial que llevas ansiando hace un tiempo, o recibir un tratamiento de belleza. Sea lo que sea que hagas, tu ser interior siempre aprecia la atención amorosa. La forma en que te demuestres afecto es secundaria; lo más importante es el sencillo acto de ser gentil contigo mismo. Te lo mereces.

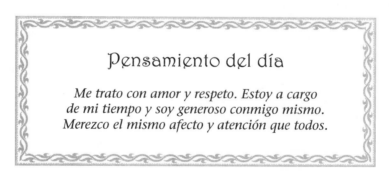

Pensamiento del día

*Me trato con amor y respeto. Estoy a cargo
de mi tiempo y soy generoso conmigo mismo.
Merezco el mismo afecto y atención que todos.*

Goza de una fe inquebrantable

*Y*a sabes la importancia de llenarte de fe en lo que concierne a las manifestaciones y las sanaciones. Tus ángeles estamos aquí para enseñarte algunos métodos, que harán que tu poder de creer cobre ímpetu y se reavive.

La fe es la habilidad de permanecer enfocados en el amor sin que nada importe, confiando en atraer soluciones y milagros maravillosos. Esta creencia cuenta con que el amor va a ofrecer todas las respuestas. La desconfianza, por otro lado, es lo opuesto: te hace creer que tienes que hacerlo todo, y que todas las cosas se logran a través del sufrimiento, la preocupación y la competencia. De estos dos sentimientos, ¿cuál crees que es más feliz y más sano?

Recuerda que cuando pides la respuesta a una plegaria, también puedes pedir que tu fe se incremente.

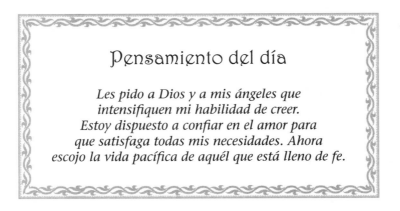

Pensamiento del día

Les pido a Dios y a mis ángeles que
intensifiquen mi habilidad de creer.
Estoy dispuesto a confiar en el amor para
que satisfaga todas mis necesidades. Ahora
escojo la vida pacífica de aquél que está lleno de fe.

✂ 315 ✃

Libera el miedo y la indecisión

No hay nada que temer. Esta emoción es apenas un eco reverberando en las lejanías de tu memoria, desde el momento en que el ego humano intentó separarse de Dios. Por supuesto, tal faena jamás pudo lograrse, entonces se tomó la decisión de crear una "conciencia que compitiera con la mente" para disminuir la percepción de la Divinidad. Es decir, ocurrió una amnesia masiva del amor al intentar parodiar la independencia del cielo. Así nació el libre albedrío.

Para salir de esta trampa debes recordar que eres uno con Dios y con todos los demás. Este hecho sencillo pero profundo te recuerda que todo miedo está basado en una ilusión..., entonces afirma hoy a menudo tu unidad con el cielo. Siente como sale la tensión de tu cuerpo y de tu conciencia cuando reconoces esta verdad espiritual en tu interior y en cada situación.

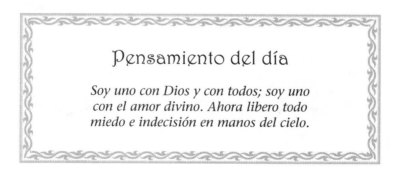

Pensamiento del día

Soy uno con Dios y con todos; soy uno con el amor divino. Ahora libero todo miedo e indecisión en manos del cielo.

Disfruta de pensamientos
y enfoque claros

Tu mente funciona perfectamente. Eres inteligente, sabio y capaz de enfocarte y concentrarte a tu antojo. Todos tus dones mentales derivan del hecho de que estás conectado con la sabiduría infinita del Creador, Quien hace y sabe todo en el universo.

Tu mente siempre está funcionado, incluso cuando parece estar dormida o descansando, reúne información del éter y de tu ambiente físico. Puedes formular cualquier pregunta, y siempre te será entregada la respuesta exacta. Sabes mucho más de lo que eres consciente.

Hoy, disfruta de tu sabiduría especial. Formúlate preguntas durante todo el día y escucha las respuestas. Cuanto más consciente estés de tus dones mentales, más te servirán.

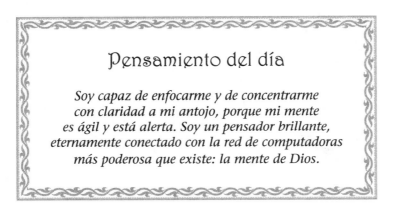

Pensamiento del día

Soy capaz de enfocarme y de concentrarme con claridad a mi antojo, porque mi mente es ágil y está alerta. Soy un pensador brillante, eternamente conectado con la red de computadoras más poderosa que existe: la mente de Dios.

Mantente alegre de corazón

Un corazón feliz está sano, tanto física como emocionalmente. No existe algo así como estar "demasiado alegre", puesto que todo el mundo contiene cantidades ilimitadas de felicidad. Sin embargo, tus ángeles hemos notado que algunas personas desconfían de sentir placer, y en eso es que deseamos enfocarnos hoy.

La complacencia es el estado más seguro del ser porque es el más natural. Cuando estás gozoso, eres verdaderamente tú, es el acto de estar alegre de corazón, el cual le brinda "alegría" a tu "corazón." Lo logras visualizando que respiras energía sanadora, enviando amor a otra persona (puede ser alguien en el mundo espiritual), o pensando despreocupadamente.

Durante el día de hoy, mantén la intención de estar alegre de corazón, atrayendo conscientemente la iluminación de Dios en tu esencia. Permite que este resplandor alimente y nutra tu alma. Emana esto dondequiera que vayas a través de tus ojos, tu aliento y las palabras que dices para que todo el mundo reciba el don de la alegría.

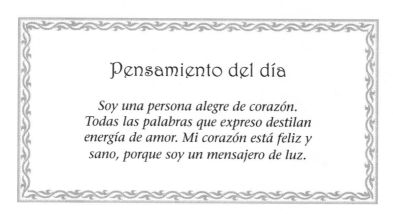

Pensamiento del día

Soy una persona alegre de corazón.
Todas las palabras que expreso destilan
energía de amor. Mi corazón está feliz y
sano, porque soy un mensajero de luz.

318

Mantén en alto tu autoestima

Tus ángeles a veces te vemos sufrir con sentimientos que te hacen creer que no eres apreciado o amado. Deseamos que sepas que aunque esta es una preocupación universal entre los seres humanos, no está basada en la realidad. La verdad es que *eres* apreciado y amado. Las personas te estiman... y tú sabes que *nosotros* te queremos y te adoramos.

Si alguna vez te sientes solo, incomprendido o poco amado, detente e invócanos para que te ayudemos. Te enviaremos de inmediato dosis adicionales de energía divina para que te reabastezcan.

Eres puro amor y no puedes jamás separarte de tu fuente espiritual. Estás siempre envuelto en nuestras alas, lo cual es una expresión de la reverencia magnificente de Dios hacia ti. Mantén en alto tu autoestima, porque eres verdaderamente digno de todo el afecto que el cielo te confiere.

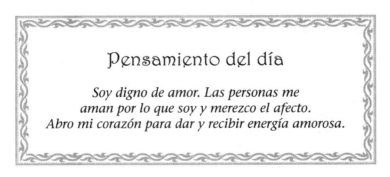

Pensamiento del día

*Soy digno de amor. Las personas me
aman por lo que soy y merezco el afecto.
Abro mi corazón para dar y recibir energía amorosa.*

Estás calificado

En algunos momentos, tu ego intenta disuadirte de seguir tu propósito y tus prácticas espirituales. Si escuchas esa voz, te sientes desalentado y confundido acerca de ti mismo y del significado de tu vida. Hoy tus ángeles trabajaremos contigo para reducir el tamaño de tu ego. Tienes la habilidad para retirar tu sintonía del ruido del miedo y enfocarte en la voz universal del amor.

El primer paso es reconocer los mensajes negativos en el momento en que llegan. Puedes hacerlo advirtiendo las reacciones físicas a los pensamientos de angustia. Cuando tus músculos se tensan y sientes estrés, es un signo de la interferencia del ego. La intervención divina, en contraste, te deja lleno de gozo, seguridad y alegría en el corazón.

Una vez que tu cuerpo te señala que ha sido afectado por el ego, el siguiente paso es comprender que el amor prevalece sobre el miedo. Ya lo sabes, pero puedes olvidar esta verdad cuando enfrentas un conflicto. Invócanos para recordarte tu poderosa naturaleza divina, la cual aleja todas las emociones negativas.

Estás calificado para realizar el trabajo que viniste a realizar a la Tierra. Tienes habilidades y talentos monumentales que heredaste directamente de Dios, el Creador. Disfruta de estas habilidades, pues son dones del cielo.

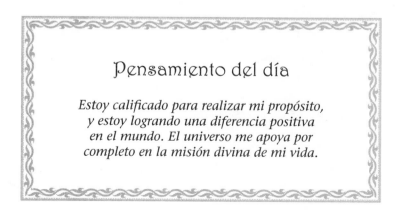

Pensamiento del día

Estoy calificado para realizar mi propósito,
y estoy logrando una diferencia positiva
en el mundo. El universo me apoya por
completo en la misión divina de mi vida.

Captura de nuevo el asombro y el encanto

Los niños ven naturalmente el mundo a través de ojos inocentes. Se deleitan y entretienen con su ambiente, y este sentido de asombro y encanto no tiene que desvanecerse con el tiempo. Puedes extasiarte con tu vida sencillamente declarando que esa es tu intención.

El aburrimiento ocurre debido a la creencia de que los estímulos repetidos se vuelven anodinos. Encuentras que las cosas son sosas cuando tu vida permanece estática y rutinaria. Sin embargo, todo está cambiando siempre en el mundo físico: los colores, la luz y otras tonalidades están siempre en constante cambio. Es imposible que algo permanezca igual en la Tierra debido a la función del tiempo: esto se opone al reino de Espíritu, en donde las cosas permanecen idénticas por toda la eternidad.

Al entrenar tus sentidos para buscar las alteraciones y diferencias sutiles (y a veces no tan sutiles) capturas de nuevo algunas de las emociones juveniles de la vida. Hoy, advierte las ricas variaciones que transcurren en cada experiencia.

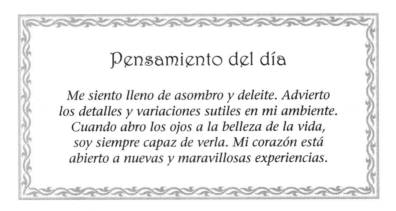

Pensamiento del día

Me siento lleno de asombro y deleite. Advierto los detalles y variaciones sutiles en mi ambiente. Cuando abro los ojos a la belleza de la vida, soy siempre capaz de verla. Mi corazón está abierto a nuevas y maravillosas experiencias.

Retírate y rejuvenece

Cuando te sientes triste o cansado, tus ángeles podemos sostenerte para que regreses a tu estado naturalmente elevado de conciencia y vitalidad. Pasa un tiempo recostado con tus ojos cerrados, y trabajaremos contigo para elevar tus niveles de energía. Descansa tus ojos, respira profundo e invócanos para ayudarte.

Esto es semejante a acudir a un *spa* y recibir un tratamiento. Cada vez que te permites de corazón recibir ayuda, ya sea de una persona amorosa o de nosotros, sientes que tu energía se incrementa. El cansancio procede de demasiada entrega en una sola dirección. Todos los seres necesitan recargarse después de hacer tantas contribuciones.

Permítenos darte, reabasteciendo y rejuveneciendo tu espíritu.

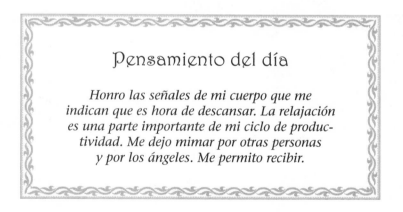

Pensamiento del día

Honro las señales de mi cuerpo que me indican que es hora de descansar. La relajación es una parte importante de mi ciclo de productividad. Me dejo mimar por otras personas y por los ángeles. Me permito recibir.

Sé suave contigo

Claro que deseas ser feliz, sano, próspero y realizarte, pero la ruta hacia estas metas es la gentileza. En realidad te frenas cuando tratas de ir más rápido o te juzgas con dureza. Cuando se trata de tu sendero espiritual, el dolor no equivale al progreso, la paz sí lo hace.

Tus ángeles te pedimos que hoy te trates con suavidad. Trátate con ternura, incluso mientras estés cumpliendo con tus metas y responsabilidades. Piensa en cómo un caballo responde al cuidado amoroso y al entrenamiento con sabiduría en vez de a los golpes de un tirano. ¿No te mereces el mismo respeto que le ofreces a cualquier otro ser viviente?

No estás en una competencia. Tu sendero es hermoso y mucho más fácil de disfrutar si deambulas con la lentitud necesaria para advertir las personas, las flores, los árboles, los pájaros y otros detalles encantadores a lo largo del camino. ¡Disfruta tu día!

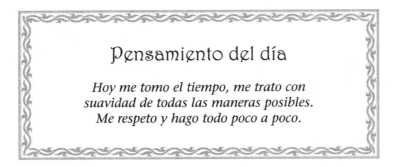

Pensamiento del día

Hoy me tomo el tiempo, me trato con suavidad de todas las maneras posibles. Me respeto y hago todo poco a poco.

Ya eres perfecto

Dios te creó como un ser perfecto. No tienes que luchar por la grandeza, pues no tienes absolutamente ningún defecto ahora mismo. Tu salud, tu espiritualidad, tus emociones, tus relaciones y tu propósito ya son ideales.

La única razón por la cual podrías no ver tu vida de esta manera es porque estás buscando los defectos. Lo que buscas, encuentras. Las imperfecciones son imposibles en el mundo de Dios, pero aun así tú tienes el libre albedrío para ver y experimentar lo que deseas.

Hoy, busca solamente las maravillas en tu interior, en el interior de los demás y en todas las situaciones. Observa el resplandor de luz que se eleva como el amanecer, arrojando lejos la oscuridad.

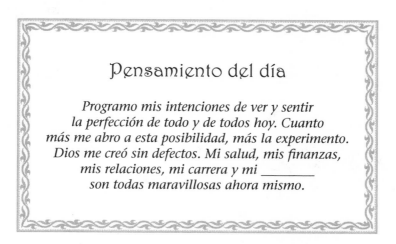

Pensamiento del día

*Programo mis intenciones de ver y sentir
la perfección de todo y de todos hoy. Cuanto
más me abro a esta posibilidad, más la experimento.
Dios me creó sin defectos. Mi salud, mis finanzas,
mis relaciones, mi carrera y mi _____
son todas maravillosas ahora mismo.*

Confía en tus ideas

Muchas de tus ideas son respuestas inspiradas por Dios a tus oraciones. Por ejemplo, deseas una carrera más significativa o una mejor relación, y tus ángeles, los mensajeros de las enseñanzas de Dios, te mostramos cómo crear estas condiciones para ti. Y cuando finalmente tomas acción, los resultados son divinos.

Primero, debes confiar en tus ideas para que puedan asumir todo el peso y la energía de tus convicciones que las respaldan. Cree en ti porque tienes fe en la sabiduría divina, la cual es infalible. Tienes el apoyo de todo el universo. Avanza con confianza mientras instilas vida en tus ideas inspiradas por la Divinidad.

Confía en los pensamientos que recibes hoy que enfatizan el servicio, el amor, la sanación y la inspiración. El enfoque de estas ideas es la generosidad, y cuando ellas se manifiestan siempre otorgan recompensas grandiosas.

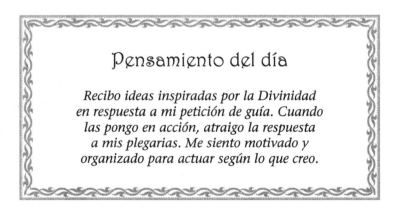

Pensamiento del día

Recibo ideas inspiradas por la Divinidad en respuesta a mi petición de guía. Cuando las pongo en acción, atraigo la respuesta a mis plegarias. Me siento motivado y organizado para actuar según lo que creo.

325

Confía en tus sentimientos

Escuchas los mensajes de tus ángeles principalmente a través de tus sensaciones físicas y emocionales. Nuestra guía te llega como corazonadas, intuición, calidez en el pecho, tensión en los músculos, piel de gallina y cosas por el estilo.

Puesto que a veces vemos que ignoras estas reacciones como "simples sensaciones," te pedimos ahora que confíes en ti. Piensa en todas las veces que has ignorado tus instintos, solamente para luego confirmarlos; es probable que te arrepientas de algunos casos en que no te escuchaste. También a veces temes la intensidad de lo que sientes, y confundes tus emociones con las de otras personas.

Amado, no te preocupes por tener que lidiar con estos asuntos, pues a toda hora tenemos una respuesta disponible para ti. Consúltanos si tienes dudas sobre la validez de tus impresiones. Te daremos señales concretas y guía para ayudarte a que te beneficies de los hermosos mensajes que te entregamos a través de tus sentimientos.

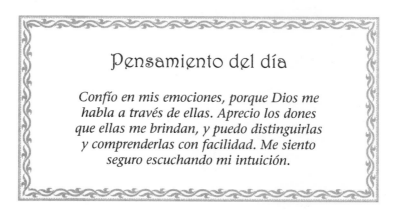

Pensamiento del día

Confío en mis emociones, porque Dios me habla a través de ellas. Aprecio los dones que ellas me brindan, y puedo distinguirlas y comprenderlas con facilidad. Me siento seguro escuchando mi intuición.

Descarga tus tribulaciones

Has llevado tus cargas sobre tus hombros, apabullándote con tribulaciones que interfieren con tu paz y tu felicidad. Tus ángeles te pedimos que hoy nos entregues tus cargas y tus preocupaciones.

Cuando nos entregas tus cuitas, tu mente y tu corazón quedan libres del miedo, abriéndote el camino hacia la creatividad y la sabiduría. Las soluciones llegan con mayor facilidad a aquellos que no sienten temores.

Ahora mismo, respira profundo y permítenos levantar ese peso de tus hombros. Una vez que tu corazón se libera del miedo y la ansiedad, se abre para recibir la ayuda que le ofrecemos.

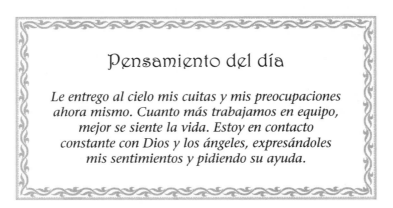

Pensamiento del día

Le entrego al cielo mis cuitas y mis preocupaciones ahora mismo. Cuanto más trabajamos en equipo, mejor se siente la vida. Estoy en contacto constante con Dios y los ángeles, expresándoles mis sentimientos y pidiendo su ayuda.

327

Estamos orgullosos de ti

A lo largo de tu vida, tus ángeles hemos estado a tu lado, experimentando todo contigo. En algunos casos, has pedido nuestra ayuda, y te la hemos brindado con gusto; en otros casos, te has sentido mejor haciendo las cosas por ti mismo.

Durante todo este tiempo, siempre hemos estado orgullosos de ti. Estamos maravillados ahora mismo con todas las ocasiones en que has permanecido fiel a tu verdad. Has crecido, aprendido, entregado y recibido, y estamos total y eternamente complacidos.

Hoy, ten la frente en alto y comprende que eres un individuo valioso. Mereces respeto y honor al igual que todas las personas. Eres una bendición para el mundo.

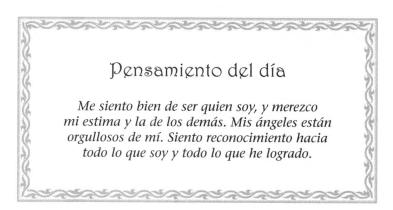

Pensamiento del día

Me siento bien de ser quien soy, y merezco mi estima y la de los demás. Mis ángeles están orgullosos de mí. Siento reconocimiento hacia todo lo que soy y todo lo que he logrado.

Abre las compuertas de la abundancia

Tienes las llaves de la puerta de la abundancia ahora mismo. Esas llaves consisten de un corazón y de una mente abiertos para recibir. La receptividad proviene de la habilidad de ver todas las posibilidades y el potencial en tu interior, en el de los demás y en todas las situaciones. Significa advertir y capitalizar las ideas divinas que te enviamos los ángeles, así como permitir que otras personas te ayuden.

Lo único que tienes que hacer es pedir. Comienza con una sencilla solicitud, la cual puede hacerse en formas variadas: oraciones, afirmaciones, visualizaciones y actividades similares. Cualquier método es válido para activar la acción.

Tu receptividad es el siguiente paso del proceso. El universo transmitirá mensajes que te guiarán hacia la dirección de tu deseo o te enviará directamente lo que deseas. Esto requiere estar alerta y dispuesto a recibir ayuda y dones.

Al seguir este camino, ayudas a muchas personas además de a ti mismo. Sirves como una inspiración a todos aquellos que necesitan un recordatorio de la importancia de pedir ayuda y aceptarla cuando llega.

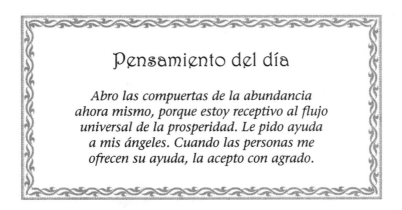

Pensamiento del día

*Abro las compuertas de la abundancia
ahora mismo, porque estoy receptivo al flujo
universal de la prosperidad. Le pido ayuda
a mis ángeles. Cuando las personas me
ofrecen su ayuda, la acepto con agrado.*

Ten paciencia contigo mismo

Estás progresando en tu camino. Todo lo que te ha llevado a este punto de tu vida ha sido una experiencia de aprendizaje. Tienes conocimiento y sabiduría adquiridos con tu ardua labor, los cuales te ayudarán con todos tus proyectos futuros.

Es importante que tengas paciencia contigo mismo. Puede ser que no te des cuenta de lo lejos que has llegado hasta que observes en retrospectiva este momento desde algún punto del futuro. Has dado grandes pasos y has ganado muchísima sabiduría práctica, y todo este aprendizaje ha tomado mucho tiempo.

Hoy, ten paciencia contigo y con tu progreso. Comprende que cada vez que trabajaste, jugaste y descansaste, hubo una razón para hacerlo. Todas esas experiencias han culminado en la maravillosa persona que eres hoy, disfruta entonces amado... relájate.

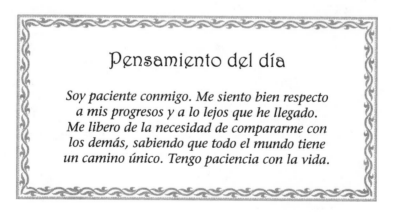

Pensamiento del día

Soy paciente conmigo. Me siento bien respecto a mis progresos y a lo lejos que he llegado. Me libero de la necesidad de compararme con los demás, sabiendo que todo el mundo tiene un camino único. Tengo paciencia con la vida.

Enfócate en las similitudes

Cuando te estás empezando a enamorar de alguien, te enfocas natural-mente en todas las cosas que tienen en común. Esta energía de amor es compartida por todos. Cuando te concentras en las similitudes con las personas en tu vida, atraes comprensión y amor en todas las relaciones.

El ego siente placer cuando te comparas con los demás y te enfocas en las diferencias. Esta es una estratagema para apoyar la ilusión de que estás separado de Dios, de los ángeles y de las personas.

Tu ser superior, en contraste, está centrado en la verdadera naturaleza del amor, busca hoy entonces las características que compartes con los demás. Presta atención a los sentimientos de cariño que esto inspira en tu interior y en tus relaciones. Puede ser que encuentres que tienes más en común con las personas en tu vida que lo que jamás te hubieras imaginado.

Pensamiento del día

Observo las cosas que tengo en común con los demás. Soy uno con Dios y con todas las personas en mi vida, y busco las similitudes entre las personas. Mis relaciones son ahora amorosas y armoniosas.

Elévate por encima de las ilusiones

Cualquier problema aparente está basado en la ilusión de que algo salió mal en el mundo de Dios. Cuando te das cuenta que el orden divino está tras todas las cosas, te relajas en los brazos del universo, el cual sabe lo que está haciendo. Su precisión matemática y su amor son el fundamento para todo lo que ocurre. Por esa razón, todas las dificultades que encuentras provienen de la suposición de que hay algo errado o fuera de orden, y esto es imposible.

Hoy tus ángeles trabajaremos contigo para ver más allá de las falsas impresiones de la verdadera simetría subyacente en todas las personas y cosas. Al hacerlo, realizas una gran contribución, semejante a lo que tus científicos llaman "el efecto del observador", el cual afirma que tu pura presencia cambia lo que estás observando. De la misma forma, cuando vez más allá de la apariencia del caos y adviertes más bien el orden, ayudas a los demás a hacer lo mismo.

Cuanto más eres capaz de elevarte sobre las ilusiones, más el universo de Dios se revela como un paraíso infinito y vibrante. Es el cielo en la tierra para aquellos que observan.

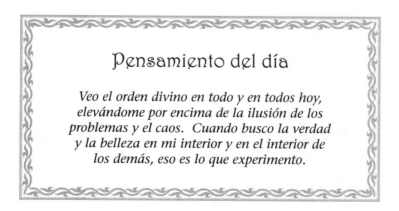

Pensamiento del día

Veo el orden divino en todo y en todos hoy, elevándome por encima de la ilusión de los problemas y el caos. Cuando busco la verdad y la belleza en mi interior y en el interior de los demás, eso es lo que experimento.

Decide qué clase de día deseas tener

Tienes la habilidad y el poder de programar la tónica de tu día. Lo haces determinando el tipo de experiencia que preferirías. Pregúntate: *¿Qué clase de día deseo tener?* Solo tienes que visualizar y sentir las energías más elevadas. Si te descubres enfocándote en escenarios negativos, pídenos que transmutemos en amor esta energía del temor.

Eres el director de tu día. En cualquier situación, hay un posible resultado que es el mejor de todos, y avanzas a ese nivel más elevado a través de tu compromiso de tener experiencias extraordinarias.

Mereces toda la grandeza que la vida te pueda ofrecer. Recolecta hoy tus tesoros, y decide tener un día maravilloso.

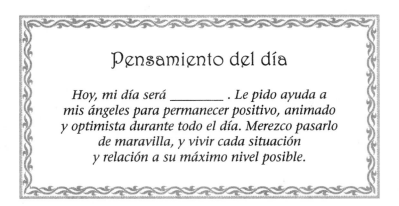

Pensamiento del día

Hoy, mi día será _____ . Le pido ayuda a mis ángeles para permanecer positivo, animado y optimista durante todo el día. Merezco pasarlo de maravilla, y vivir cada situación y relación a su máximo nivel posible.

Relájate porque todo es Dios

Dios es omnipresente, lo cual significa que la Divinidad está en todas partes y en el interior de todas las personas y todas las cosas. Lo único que ves es Dios. Es imposible que alguien o alguna cosa se separe del cielo, no importa lo que parezca.

Aférrate hoy a esta sabiduría. En cualquier situación en que sientas miedo o estrés, repite: *esto es Dios*. Este recordatorio aleja la preocupación de que algo puede estar mal. Recuerda que estás siendo guiado en toda seguridad en todas las circunstancias y lo único que tienes que hacer es escuchar y seguir esta guía con fe.

Hoy, recuerda que la Divinidad está en tu interior y en el de todas las personas, es decir, está en todas partes. Cuando te enfocas en el hecho de que el Creador lo es todo, experimentas el amor envolvente del cielo. Los problemas aparentes comienzan a desvanecerse al encontrar soluciones que jamás siquiera habías soñado.

Relájate ahora, porque todo es Dios.

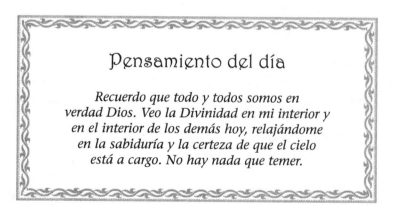

Pensamiento del día

Recuerdo que todo y todos somos en verdad Dios. Veo la Divinidad en mi interior y en el interior de los demás hoy, relajándome en la sabiduría y la certeza de que el cielo está a cargo. No hay nada que temer.

334

Pon esta situación en manos de Dios

La mejor forma de resolver una situación que provoca preocupación o ira es entregándosela a Dios. Hoy, coloca eso que te está molestado en las manos capaces y prestas del Creador. No tienes que pasar por esto solo, nunca.

Angustiarte por una situación solo le añade combustible. Liberar la situación en manos de Dios significa que terminará solucionándose en formas milagrosamente armoniosas. También te libera de los efectos tóxicos del estrés o la ira.

Si necesitas ayuda para dejar que las cosas fluyan, por favor invócanos. Nunca interferimos con tu libre albedrío, pero podemos ayudarte a ver la luz en todas las opciones pacíficas que están disponibles para ti.

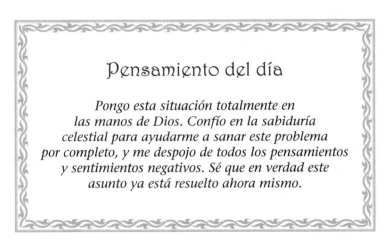

Pensamiento del día

Pongo esta situación totalmente en las manos de Dios. Confío en la sabiduría celestial para ayudarme a sanar este problema por completo, y me despojo de todos los pensamientos y sentimientos negativos. Sé que en verdad este asunto ya está resuelto ahora mismo.

Bendice tu pasado

Tus experiencias y relaciones pasadas te han dejado grandes regalos tales como sabiduría, enseñanzas, fortaleza, paciencia y más. Ahora es el momento de hacer las paces con tu pasado y saber que todo ocurrió por una razón hermosamente divina. No te arrepientas de lo ocurrido, pues te convirtió en la maravillosa persona que eres hoy.

Bendice tu pasado y cualquier cosa de él que necesite sanación. Lo que sea que esté sopesando tu mente o tu cuerpo se beneficiará hoy de tus intenciones amorosas.

Envía energía sanadora a tu vida, en todas las direcciones del tiempo. Honra a tu madre, a tu padre, y a cualquier persona de tu historia personal que te llegue a la mente. Cuantas más bendiciones le otorgues a tu pasado, más regalos recibirás en tu presente.

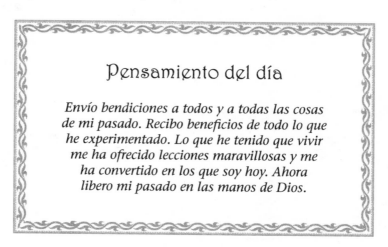

Pensamiento del día

Envío bendiciones a todos y a todas las cosas de mi pasado. Recibo beneficios de todo lo que he experimentado. Lo que he tenido que vivir me ha ofrecido lecciones maravillosas y me ha convertido en los que soy hoy. Ahora libero mi pasado en las manos de Dios.

Tu orden divino trabaja a la perfección

Como hijo de Dios, has heredado dones espirituales de tu Creador, y estos dones trabajan todo el tiempo a la perfección. Puesto que tu poder es una extensión de Dios, no puede jamás ocurrir que se bloquee o se reduzca, siempre está irradiando su intensidad total, listo para ser aprovechado al máximo.

Empoderas tus pensamientos, sentimientos y deseos para la acción. Al ser tu poder como un rayo láser, debes tener cuidado respecto a dónde lo envías. Detente a seleccionar solamente pensamientos que reflejen los deseos de tu corazón, y no pongas energía en tus temores, no vaya a ser que los manifiestes en forma física.

Eres guiado divinamente en todo lo que haces con tus dones proporcionados por Dios. Hoy, úsalos para amplificar tus pensamientos y sentimientos de amor. En un solo día, puedes incrementar en gran medida la cantidad de amor que experimentas en tu vida. Tu poder celestial puede aumentar cualquier cosa para ti, permite entonces que se dirija hacia el amor.

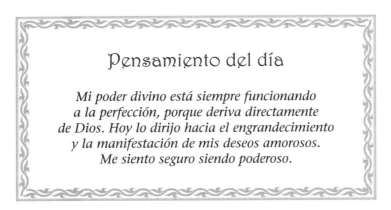

Pensamiento del día

*Mi poder divino está siempre funcionando
a la perfección, porque deriva directamente
de Dios. Hoy lo dirijo hacia el engrandecimiento
y la manifestación de mis deseos amorosos.
Me siento seguro siendo poderoso.*

337

Celebra tus nuevos comienzos

Este es un momento de cambios positivos para ti. Es importante que te enfoques en lo que te está llegando, en vez de preocuparte por lo que estás dejando ir. Si estás en un ciclo de crecimiento, puedes sentirte abrumado por todas las lecciones de vida que te llegan al tiempo. Sin embargo, ahora las cosas empezarán a calmarse un poco.

Hoy, tus ángeles deseamos presagiar y celebrar los nuevos comienzos en tu vida. Te estás aventurando en aguas desconocidas, y es natural que te sientas nervioso o incluso temeroso. Te estamos tomando de la mano en cada paso, y no te dejaremos desfallecer. Es seguro para ti avanzar, sigue consultando tu guía interior, la cual es el sistema de comunicación directa conectada con la Divinidad.

Reformula cualquier angustia y transfórmala en entusiasmo respecto a las maravillosas oportunidades que yacen ante ti. Estás en el umbral de nuevas y espectaculares oportunidades que enriquecerán tu vida en formas que no has llegado siquiera a soñar.

Amado, celebra hoy tus nuevos comienzos. Son el inicio de algo increíblemente fascinante y hermoso.

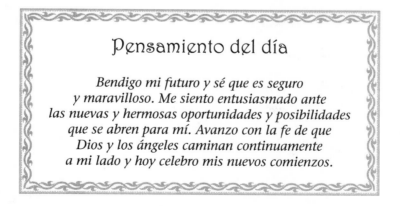

Pensamiento del día

Bendigo mi futuro y sé que es seguro
y maravilloso. Me siento entusiasmado ante
las nuevas y hermosas oportunidades y posibilidades
que se abren para mí. Avanzo con la fe de que
Dios y los ángeles caminan continuamente
a mi lado y hoy celebro mis nuevos comienzos.

Disfruta del amor eterno

El afecto que has compartido con otras personas o animales es una conexión que jamás puede romperse. Incluso en las relaciones que terminaron mal, el amor permanece intacto, por alguna razón estuvieron juntos. El cariño que compartieron creó una magia que los elevó por la eternidad, incluso después de que la relación se terminó.

El amor es una energía perpetua que jamás puede disiparse, sino que crece y toma innumerables formas. Hoy, súbete a la cresta de la ola en donde esta emoción te ha elevado. Agradece el afecto que has compartido en todas las relaciones... es un don sagrado y permanente de Dios.

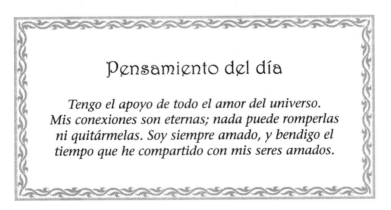

Pensamiento del día

Tengo el apoyo de todo el amor del universo.
Mis conexiones son eternas; nada puede romperlas
ni quitármelas. Soy siempre amado, y bendigo el
tiempo que he compartido con mis seres amados.

Cruza las puertas abiertas

Ahora se abren para ti las puertas de la oportunidad, no hay nada que sea excluido o bloqueado para ti. La pregunta es cuál puerta cruzar, puesto que es totalmente tu opción.

Algunas veces podrías sentirte abrumado por la enorme cantidad de opciones disponibles, o podrías cuestionar tu habilidad de cruzar cierta puerta. Hoy, tus ángeles te ayudaremos a ver las posibilidades que están abiertas para ti, prestándote la claridad y el valor de cruzar el umbral de tus sueños. Entréganos los miedos, preguntas o reservas que tengas respecto a este proceso.

Algunas veces avanzar significa dejar algunas cosas atrás. Te guiaremos con seguridad y apoyo a través de este cambio.

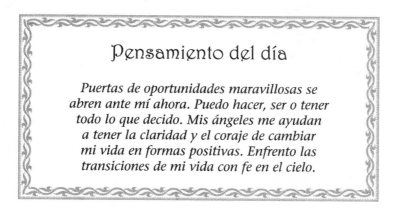

Pensamiento del día

Puertas de oportunidades maravillosas se abren ante mí ahora. Puedo hacer, ser o tener todo lo que decido. Mis ángeles me ayudan a tener la claridad y el coraje de cambiar mi vida en formas positivas. Enfrento las transiciones de mi vida con fe en el cielo.

Confía en que tus oraciones están siendo respondidas

Aunque no puedes ver los resultados, tus oraciones están siendo respondidas. El universo está trabajando en tu beneficio actualmente tras bambalinas, y la manifestación de tu deseo es inminente. Tu papel, mientras tanto, es mantener la fe y seguir tu guía interna, el resto déjalo a Dios y a tus ángeles. Nos encanta trabajar para apoyarte en el nombre del amor y la paz. Cuando asciendes en la felicidad, nosotros nos elevamos también contigo, entonces, ¿todavía te preguntas por qué trabajamos con tanta diligencia para incrementar tu gozo?

La voluntad de Dios irradia como los rayos del sol, proporcionándonos a todos la gloria total. Mientras te guiamos hacia el cálido sendero del amor, las respuestas a tus plegarias brotan ante ti como flores.

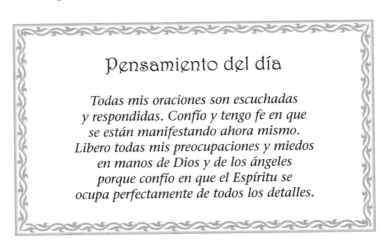

Pensamiento del día

*Todas mis oraciones son escuchadas
y respondidas. Confío y tengo fe en que
se están manifestando ahora mismo.
Libero todas mis preocupaciones y miedos
en manos de Dios y de los ángeles
porque confío en que el Espíritu se
ocupa perfectamente de todos los detalles.*

341

Adopta la felicidad como lema

No tienes que luchar o sufrir para conseguir la felicidad, pues es el estado natural de tu ser. Dios es completamente glorioso, y como vástago del Creador, tú compartes esta característica eterna. Solamente pareces estar triste cuando te alejas de la luz y contemplas la ilusión de la oscuridad. Observa hoy la Fuente radiante, enfócate en la Divinidad en todo lo que piensas, dices y haces; y ten la certeza de que todo está bien.

La felicidad es tu estado natural del ser, de hecho, ella mora ahora mismo en tu interior. Para revelarla y disfrutarla, solo debes ser honesto contigo y con los demás. Tus ángeles te prestamos el valor y la fortaleza para hacerlo, si nos pides tu ayuda.

Tienes derecho a ser feliz, así como lo tienen todos los hijos de Dios. La voluntad del Creador para todo el mundo es la felicidad, y nuestra tarea es poner eso en acción. Hoy, permítenos ayudarte a sentir la alegría que es tu derecho de nacimiento y tu esencia espiritual.

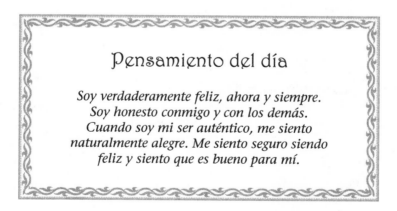

Pensamiento del día

Soy verdaderamente feliz, ahora y siempre.
Soy honesto conmigo y con los demás.
Cuando soy mi ser auténtico, me siento
naturalmente alegre. Me siento seguro siendo
feliz y siento que es bueno para mí.

Confía en que tus seres queridos están a salvo

Entréganos a tus ángeles cualquier preocupación o angustia respecto a tus seres queridos, y ten la certeza de que están totalmente a salvo. Los estamos protegiendo con la sabiduría y el cuidado infinitos de Dios, y tu amor también asegura esa protección.

Nada puede perjudicar a un ser que ha sido creado por la Divinidad, pues el alma es eternamente feliz, sana y viva. Estamos cuidando a las personas que tú amas, porque tú y Dios nos lo han pedido, y les enviamos bendiciones y guía para ayudarlos durante el camino.

Sigue recitando tus hermosas oraciones por el bienestar de tus seres queridos. Confía en que estamos cuidándolos espectacularmente en todos y cada uno de los momentos de sus vidas, acogiéndolos en la seguridad del tierno abrazo celestial.

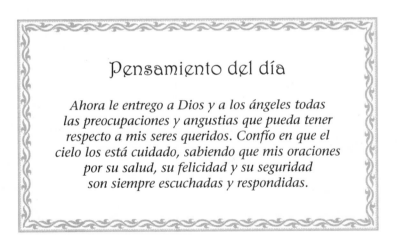

Pensamiento del día

Ahora le entrego a Dios y a los ángeles todas las preocupaciones y angustias que pueda tener respecto a mis seres queridos. Confío en que el cielo los está cuidado, sabiendo que mis oraciones por su salud, su felicidad y su seguridad son siempre escuchadas y respondidas.

Confía en tus decisiones

Tienes que tomar una decisión respecto a algo, y estás en pugna respecto a las ventajas y las desventajas de las opciones. Ya sabes hacia cuál dirección te estás inclinando, pero temes las consecuencias negativas que puedan producirse como consecuencia de tu decisión.

Tus ángeles estamos aquí para ayudarte a hacer las paces con tu decisión. Resuelve no pensar respecto a las opciones con las que estás lidiando, dejando para más tarde el tema. Durante este periodo de incubación, tu mente está más relajada y abierta a los mensajes divinos que has pedido.

Deja ir todo sentimiento de afán. Cuanto más logres calmar tu mente respecto al tema, más claras y aparentes se volverán tus opciones. En este momento, ya no es ni siquiera cuestión de decidir, la respuesta es tan obvia que se convierte en un despertar.

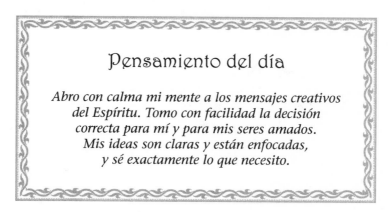

Pensamiento del día

Abro con calma mi mente a los mensajes creativos del Espíritu. Tomo con facilidad la decisión correcta para mí y para mis seres amados. Mis ideas son claras y están enfocadas, y sé exactamente lo que necesito.

344

Deja que las ideas te lleguen

La mente universal tiene ideas infinitas con las que siempre puedes conectarte. Las recibes en respuesta a una pregunta que ya le has formulado al universo con percepción clara y calmada. Hoy, pídele al Espíritu ayuda o guía con cualquier tema que desees. Puedes formular tu pregunta por medio de un pensamiento o expresarla en voz alta.

En algún momento de tu día, siéntate con calma y advierte las ideas que te llegan a la mente después de cada pregunta. Estas ideas son dones del Universo para ti. Estás calificado y listo para actuar según las ideas que recibes, y toda la creación te apoya para que las pongas en práctica.

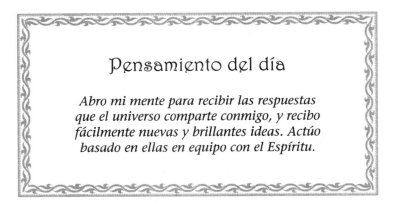

Pensamiento del día

Abro mi mente para recibir las respuestas que el universo comparte conmigo, y recibo fácilmente nuevas y brillantes ideas. Actúo basado en ellas en equipo con el Espíritu.

∽ 345 ∾

Disfruta de la abundancia infinita

Todo lo que necesitas para cumplir con el propósito divino de tu vida se te ofrece continuamente. ¿De qué te gustaría recibir más? Cualquier cosa que se te ocurra te es dada, la clave es permanecer conectado con el Espíritu a través de la oración y la meditación, y luego tomar acción según te sientas guiado. Este programa de trabajo en equipo te permite relajarte, y enfocarte en prestar servicio con alegría.

Por favor no te preocupes por detalles terrenales tales como que no tengas suficiente tiempo, dinero, ideas o cosas por el estilo. Esas necesidades te son provistas mientras avanzas en tu camino.

Hoy, ten fe en que tu mundo es infinitamente abundante. Todas las cosas están renaciendo, creciendo y regenerándose eternamente. El universo está constantemente dándote sus dones a ti y a todo aquel que trabaje en equipo con el flujo celestial.

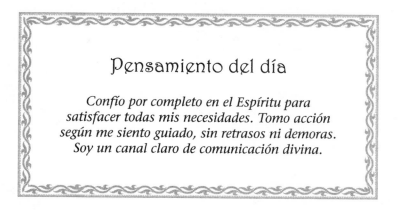

Pensamiento del día

Confío por completo en el Espíritu para satisfacer todas mis necesidades. Tomo acción según me siento guiado, sin retrasos ni demoras. Soy un canal claro de comunicación divina.

346

Honra tu sensibilidad

Tu sensibilidad es un don que te permite escuchar la guía divina, percibir tus propias emociones y las ajenas, tener compasión y respetar la naturaleza. Amado, aprecia esta parte de ti como el tesoro que es.

Honra tu gentileza evitando hoy las energías anodinas. Tus ángeles te protegeremos y te alejaremos de cualquier situación o relación negativa. Te guiaremos en tus decisiones respecto a las comidas y bebidas para que tu dieta nutra también tu sensibilidad.

Cuando te tratas con el respeto y el cariño que mereces, se incrementan el aprecio y amor que sientes por ti. Confía en que todo es una bendición, y te sentirás feliz por el don de tu sensibilidad.

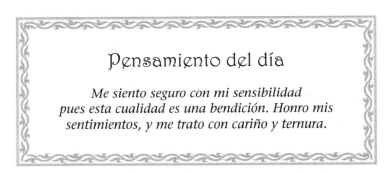

Pensamiento del día

Me siento seguro con mi sensibilidad
pues esta cualidad es una bendición. Honro mis
sentimientos, y me trato con cariño y ternura.

347

Descubre tu naturaleza pacífica

Amado, no tienes que hacer nada para convertirte en un ser pacífico... ya lo eres. Si no te sientes así ahora mismo, invócanos para que te ayudemos.

El miedo no te mantiene a salvo, ni tampoco resuelve el problema. Solamente una mente tranquila puede escuchar con claridad la voz de la Divinidad, la cual te calma y te guía hacia las soluciones que anhelas.

Sin importar la situación que estés viviendo, siempre encontrarás la respuesta a través de tu paz interior. Hoy, conviértete en un explorador que se aventura en tus adentros. Haz que tu meta sea la serenidad, no como algo que debe adquirirse o ganarse, sino como un tesoro que yace a la espera de que lo encuentres.

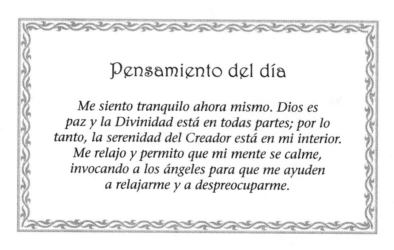

Pensamiento del día

Me siento tranquilo ahora mismo. Dios es paz y la Divinidad está en todas partes; por lo tanto, la serenidad del Creador está en mi interior. Me relajo y permito que mi mente se calme, invocando a los ángeles para que me ayuden a relajarme y a despreocuparme.

Acoge tu prosperidad

Cuando cuentas tus bendiciones, más te llegan. La ruta a la prosperidad tiene sus cimientos en la gratitud y la percepción de abundancia. La guía de hoy es muy sencilla y directa: presta atención a todos los ejemplos de dadivosidad del universo. Hay una amplia variedad de ellos: profusión de tiempo, de opciones, amor, belleza, etcétera.

Cuando adviertes la prosperidad en un área de tu vida, comienzas a atraerla en las demás áreas.

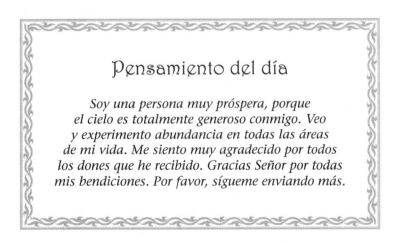

Pensamiento del día

Soy una persona muy próspera, porque el cielo es totalmente generoso conmigo. Veo y experimento abundancia en todas las áreas de mi vida. Me siento muy agradecido por todos los dones que he recibido. Gracias Señor por todas mis bendiciones. Por favor, sígueme enviando más.

Acoge tu salud

Al igual que con la prosperidad, la salud es un punto de vista que uno tiene. Cuanto más te enfocas en tu bienestar y en el de los demás, más lo vives. Hoy, mira más allá de las apariencias terrenales de enfermedad y sufrimiento, y observa el bienestar en el interior de todas las personas (especialmente en ti).

Entréganos a tus ángeles cualquier preocupación que tengas respecto a tu salud, haciendo lo máximo posible para concentrarte en la luz que reside en tu interior y en el de todos. Cuanto más te enfoques en esta iluminación, más intenso será su resplandor. El brillo de la Divinidad en el interior de todas las personas es como un faro que destierra toda oscuridad. En este lugar está la gracia y la quietud perfecta que Dios creó en el interior de todos los seres.

Ya estás sano, y lo están también todas las personas de tu vida. Afirma esto con frecuencia, y siente esta verdad en tu cuerpo. Encuentras exactamente lo que deseas. Programa hoy tu intención de buscar la salud. Si solamente ves el bienestar, eso es lo que experimentarás como resultado.

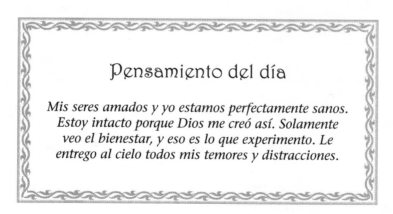

Pensamiento del día

Mis seres amados y yo estamos perfectamente sanos. Estoy intacto porque Dios me creó así. Solamente veo el bienestar, y eso es lo que experimento. Le entrego al cielo todos mis temores y distracciones.

350

Espera que todo salga bien

Pon todo tu enfoque en anticipar que todo lo que te preocupa saldrá bien. Tus experiencias positivas respecto a tu situación las guiarán hacia la dirección deseada.

Recuerda que las angustias son energías influyentes que son percibidas como deseos por el universo.

Cuando sufres, atraes ansiedad a tu experiencia. No permitas que el temor se apodere de ti, más bien entreganos tus miedos.

Sostener expectativas positivas o negativas toma la misma cantidad de tiempo y esfuerzo. Te garantizamos que el resultado de tu situación actual será bueno, pero tu experiencia con el proceso de llegar a ese punto es influenciado por lo que crees que ocurrirá. Si presagias problemas, te cruzarás con ellos en tu camino. Por otro lado, si anticipas armonía, entonces eso será lo que vivirás. De cualquier manera, todo terminará saliendo bien, pero ¿cuál camino prefieres tomar? Tus expectativas determinan tu trayectoria.

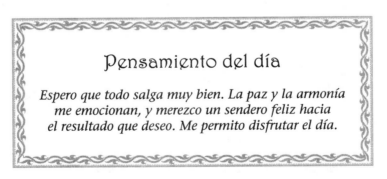

Pensamiento del día

Espero que todo salga muy bien. La paz y la armonía me emocionan, y merezco un sendero feliz hacia el resultado que deseo. Me permito disfrutar el día.

351

Escucha a tu niño interior

No importa qué edad tengas, tu niño interior siempre necesita atención, cuidados y amor. Los niños adoran los elogios y les encanta expresarse libremente. Hoy, tus ángeles te animamos para que escuches esa parte tuya.

Si sientes que tu ánimo y tu entusiasmo han decaído, es muy probable que sea una señal de que tu niño interior requiere atención. Cuando escuchas sus necesidades, la recompensa es que se incrementan tu energía y tu alegría. Toma un momento ahora mismo para acallar tu mente y pensar en ese pequeño que vive en tu interior, y advierte tus sentimientos. Pregúntale: ¿Cómo puedo expresarte mi cariño hoy?"

Escucha la respuesta que te llega en forma de pensamiento, sensación, visión o palabras. A tu niño interior le encanta cuando lo escuchas y se siente todavía mejor cuando actúas según sus solicitudes.

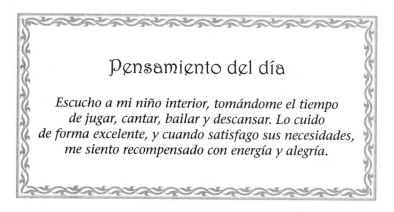

Pensamiento del día

Escucho a mi niño interior, tomándome el tiempo de jugar, cantar, bailar y descansar. Lo cuido de forma excelente, y cuando satisfago sus necesidades, me siento recompensado con energía y alegría.

Asume el mando de tu tiempo

Tienes ambiciones, intenciones y sueños maravillosos. Tus ángeles estamos aquí para ayudarte a asumir el mando de tu tiempo y así poder actuar según tus deseos.

No necesitas mucho tiempo para lograr tus sueños más sublimes. La mayor parte de ellos se manifiesta a través de pequeños pasos, puedes entonces dedicarle a tu meta incluso media hora al día y aún así lograr progresos sorprendentes.

Mantente alerta a la tendencia del ego de posponer tus aspiraciones y ambiciones con actividades no relacionadas con estos. A esto lo llamamos "tácticas de retraso," pues son esquemas inconscientes que retardan tu trabajo hacia tu propósito y tus sueños. Algunas tácticas comunes son las conductas adictivas.

Si te sientes desviado por distracciones que tú mismo fabricas, invócanos y te ayudaremos a enfocarte en los pequeños pasos que yacen frente a ti ahora. Administra tu tiempo, y al hacerlo, tomarás el mando de tu vida.

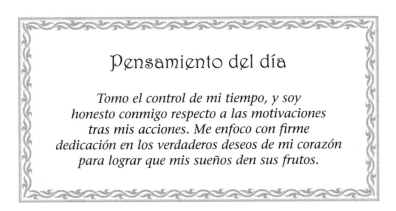

Pensamiento del día

*Tomo el control de mi tiempo, y soy
honesto conmigo respecto a las motivaciones
tras mis acciones. Me enfoco con firme
dedicación en los verdaderos deseos de mi corazón
para lograr que mis sueños den sus frutos.*

Sé honesto contigo

¿Cuáles son algunos de los sentimientos que sería útil admitir hoy ante ti? Es posible que esta pregunta active respuestas que provengan de tus pensamientos o sentimientos.

La honestidad contigo mismo es el proceso del convertirte en tu mejor amigo. Así como los amigos íntimos lo comparten todo, así una relación sana contigo mismo es la base de una comunicación verdadera.

Algunas veces temes ver tus deseos reales porque te preguntas si te vas a sentir seguro realizando cambios en tu vida. En dichas ocasiones, te sientes más seguro manteniendo tus emociones escondidas para que ni siquiera tú puedas percibirlas. Sin embargo, los sentimientos contenidos siempre encuentran la manera de ser reconocidos, y la ruta más sana es admitirlos ante ti. Ten la certeza de que tus ángeles te estamos apoyando a través de este proceso, y también estamos a tu lado si decides realizar algunas mejoras en tu vida.

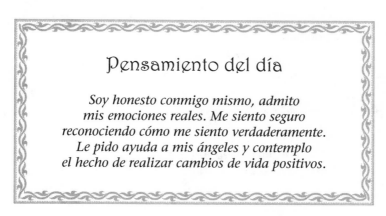

Pensamiento del día

Soy honesto conmigo mismo, admito mis emociones reales. Me siento seguro reconociendo cómo me siento verdaderamente. Le pido ayuda a mis ángeles y contemplo el hecho de realizar cambios de vida positivos.

Reconoce tu genio interior

La sabiduría de tu ser interior rebasa todos los límites imaginables. Estás conectado con la Fuente universal, la cual tiene acceso a todo el conocimiento. Tu sabiduría proviene del mismo lugar que la de cualquier genio que haya vivido sobre la Tierra: directamente de la mente de Dios. Esta es la razón por la cual es importante pensar y hablar de manera amorosa respecto a ti. Cuando pones en duda tu inteligencia, te estás refiriendo al Creador.

Al igual que todos, tienes un genio en tu interior. Las personas que parecen ser las más brillantes, son aquellas que escuchan su sabiduría interior y la ponen en acción. Tus ángeles podemos ayudarte a aprovechar esta parte de tu bodega del conocimiento. Podemos ayudarte a escuchar, confiar, comprender y actuar acorde, lo único que tienes que hacer es pedirlo.

Hoy, deléitate en la seguridad de que eres sabio. Incluso si ahora mismo no sabes nada, siempre puedes conectarte con la información que buscas. Solamente acalla tu mente, piensa en una pregunta y escucha la respuesta que te llega.

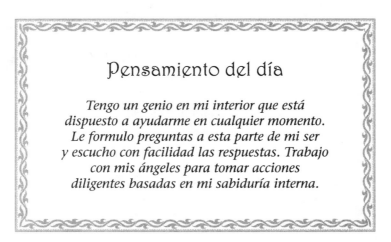

Pensamiento del día

*Tengo un genio en mi interior que está
dispuesto a ayudarme en cualquier momento.
Le formulo preguntas a esta parte de mi ser
y escucho con facilidad las respuestas. Trabajo
con mis ángeles para tomar acciones
diligentes basadas en mi sabiduría interna.*

Confía en tu sabiduría interior

*Y*a sabes las respuestas a las preguntas relacionadas con tu situación actual. En momentos de tranquilidad, escuchas tu sabiduría interna que te guía, y hoy tus ángeles te aconsejamos que confíes en esta fuente. Ya sabes qué hacer, por lo tanto tu pedido no está relacionado con nueva información, ni siquiera con recibir guía, más bien es cuestión de que puedas confiar en que tu decisión te llevará a nuevas direcciones positivas.

Estamos aquí para asegurarte la validez de tu sabiduría interior. Sea lo que sea que estés enfrentando, te está llamando a que tengas fe, sin que sepas mucho sobre tu futuro. Esa es la razón por la cual tiene doble importancia que mantengas expectativas positivas respecto a los resultados.

Todos los resultados son siempre beneficiosos en última instancia, porque solamente cosas buenas pueden ocurrir en el universo de Dios. Incluso las circunstancias más espantosas en apariencia conceden bendiciones a todas las almas involucradas.

Tus expectativas positivas te ayudan a atraer el resultado más grandioso posible, elevando tu experiencia en el camino a su consecución.

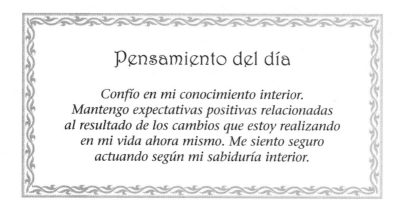

Pensamiento del día

Confío en mi conocimiento interior.
Mantengo expectativas positivas relacionadas
al resultado de los cambios que estoy realizando
en mi vida ahora mismo. Me siento seguro
actuando según mi sabiduría interior.

356

Entregále tus cuitas a Dios y a los Ángeles

Amado, ¿qué te atormenta o te preocupa? No te guardes esos sentimientos para ti solo. ¡Entregánoslos a tus ángeles!

Respira profundamente ahora mismo, sintiendo nuestra amorosa presencia. Al exhalar, envíanos tus cuitas, y las atraparemos y las llevaremos hacia la luz. Una vez que has liberado estas preocupaciones, sentirás la libertad de vivir despreocupadamente. Esto no implica que seas irresponsable, como algunas personas creen equivocadamente; más bien, significa que avances en tus deberes con amor, pasión y entusiasmo. Las preocupaciones detienen el progreso de tus responsabilidades, convirtiéndolas en obligaciones.

Hoy despreocúpate entregándonos todas tus cuitas tan pronto seas consciente de ellas. Entregánoslas todas, y descansa ante la sabiduría de que el cielo te está ayudando en tu sendero.

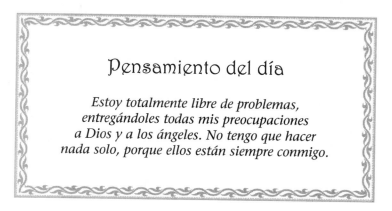

Pensamiento del día

Estoy totalmente libre de problemas, entregándoles todas mis preocupaciones a Dios y a los ángeles. No tengo que hacer nada solo, porque ellos están siempre conmigo.

Avanza sin miedo

Puedes avanzar sin temores en el sendero de tus sueños, sin ansiedad ni reservas. En todo lo que haces, siempre estás protegido, siempre y cuando nos pidas ayuda y luego sigas la guía que te ofrecemos. Hoy, atrévete a dar un paso en dirección a tus sueños. Hazlo con toda la confianza de que estamos a tu lado. No caerás, y si temes, te atraparemos.

Recuerda trabajar con nosotros como tus compañeros eternos, consultándonos antes de tomar decisiones o acciones. No te diremos lo que tienes que hacer; sin embargo, te ofreceremos guía y sugerencias útiles que están siempre basadas en el amor y el respeto hacia ti. Estamos a tu lado, animándote hacia la felicidad que te pertenece.

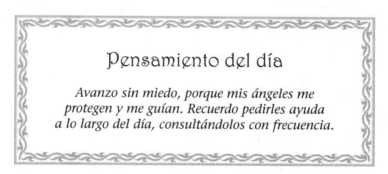

Pensamiento del día

Avanzo sin miedo, porque mis ángeles me protegen y me guían. Recuerdo pedirles ayuda a lo largo del día, consultándolos con frecuencia.

Acogénos como tus verdaderos amigos

Durante toda tu vida y en cada una de las circunstancias que te acontecen, tus ángeles te apreciamos y te adoramos. Nunca vacilamos en el afecto puro que sentimos por ti, porque siempre vemos la bondad y la belleza que Dios ha creado, nunca vemos la ilusoria superficie. Por el contrario, nos enfocamos en la luz brillante que irradia en tu interior y a tu alrededor. Si pudieras ser testigo de esta iluminación, verías por qué te amamos tanto.

Hoy, comprende que somos tus verdaderos amigos en todas las circunstancias. Confiamos en ti, te admiramos y te respetamos por ser quien eres. Somos tus compañeros constantes y jamás te dejaremos. A lo largo de toda tu vida, siempre puedes tener la certeza de que te amamos.

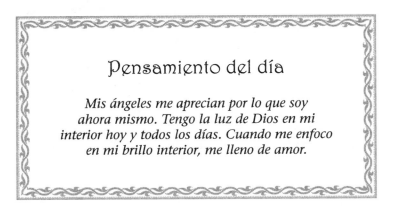

Pensamiento del día

*Mis ángeles me aprecian por lo que soy
ahora mismo. Tengo la luz de Dios en mi
interior hoy y todos los días. Cuando me enfoco
en mi brillo interior, me lleno de amor.*

359

Recuerda pedir nuestra ayuda

Tus ángeles estamos listos y somos capaces de ayudarte con todo lo que necesitas hoy. Nunca te preocupes porque nos estés pidiendo demasiado. Somos seres ilimitados que podemos ejecutar labores múltiples al mismo tiempo, así es que puedes pedirnos todo el apoyo que desees.

Preferimos que pidas nuestra ayuda al comienzo de cualquier cosa que hagas. De esta manera, podemos involucrarnos desde el puro inicio y así asegurarnos de que las cosas funcionen con facilidad desde el comienzo hasta el final. Sin embargo, si olvidas invocar nuestra ayuda, no hay problema alguno. Somos capaces de intervenir cuando así lo desees, incluso si las cosas han llegado muy lejos. Cualquier momento es bueno para pedir nuestra ayuda. Siempre estamos aquí para ti, ese es el propósito de nuestra existencia.

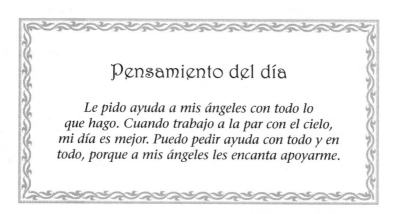

Pensamiento del día

Le pido ayuda a mis ángeles con todo lo que hago. Cuando trabajo a la par con el cielo, mi día es mejor. Puedo pedir ayuda con todo y en todo, porque a mis ángeles les encanta apoyarme.

360

Disfruta de tu naturaleza ilimitada

En el transcurso de este año, tus ángeles te hemos hablado de que somos seres ilimitados que podemos ayudarte con todo. Hoy, deseamos enfocarnos en el hecho de que *tú* también posees un potencial sin límites. Las únicas restricciones que tienes son las que tú mismo te impones. Algunas veces, dichas decisiones provienen de tus creencias personales, las cuales, una vez que las adoptas, dan como resultado tus experiencias limitadas.

¿Cómo podría Dios, el Creador infinito e ilimitado, hacer algo que no compartiera estas cualidades? Todos y todo lo que proviene de la Divinidad tampoco tiene restricciones.

Posees un amplio rango de habilidades que todavía nos has descubierto o explorado. Básicamente, eres un ser capaz de cualquier cosa que puedas concebir, porque todas las actividades están gobernadas por la imaginación. Con el tiempo, aprenderás a capitalizar este hecho, pero por hoy, enfoquémonos en despojarte de esa creencia restrictiva para que puedas experimentar tu naturaleza infinita.

Piensa por un momento en un área de tu vida que sientas que carece de algo. La impresión de escasez señala una creencia en las limitaciones. Cada vez que comienzas con la frase: "No tengo suficiente..." estás descubriendo una restricción autoimpuesta.

Busca estas ideas en tus pensamientos y en tus palabras el día de hoy, y contrarréstalas con afirmaciones positivas tales como: "Tengo abundancia de..." y "Soy ilimitado en mi...". Como hemos dicho antes, las palabras son tu punto de comienzo para la manifestación y la creación. Afirma tu infinidad y advierte cómo pronto comienzas a experimentar tu libertad por ti mismo.

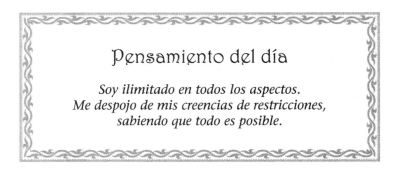

Pensamiento del día

Soy ilimitado en todos los aspectos.
Me despojo de mis creencias de restricciones,
sabiendo que todo es posible.

361

Explora nuevas posibilidades

Parte de tu infinidad proviene del número ilimitado de opciones disponibles para ti. Puedes hacer cualquier cosa que deseas. Algunas veces, estas opciones pueden abrumarte por su extensión, y ahí es cuando te retiras a la comodidad de tu rutina. Esto está bien siempre y cuando comprendas que *eres tú* quien ha optado por esto. Si alguna vez sientes que eres una víctima o un prisionero de tus hábitos, es hora de que reconsideres tus decisiones.

Siempre tienes la opción de decidir cómo deseas pasar tu día. Si sientes lo contrario, entonces has olvidado las decisiones originales que te llevaron a tu situación actual. Toma entonces un momento para recordar la razón por la cual tomaste algunas de ellas. Esto te ayudará a ver que siempre has sido el que ha tomado las decisiones en tu vida, incluso si permitiste que alguien las tomara por ti. Recuerda que a fin de cuentas no tienes que hacer nada que no desees. Siempre has tenido libertad en todos los asuntos.

Hoy, siente alborozo ante todas las alternativas que tienes ante ti, y explora nuevas posibilidades. Puedes comenzar a investigar algo que te gustaría ensayar por primera vez el año que viene. Escoge un sendero que entusiasme tus pasiones, que las renueve con la energía fresca que contienen las posibilidades.

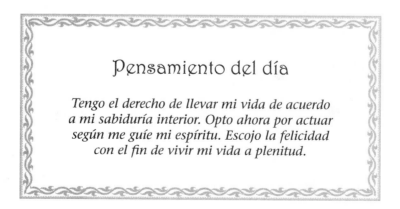

Pensamiento del día

Tengo el derecho de llevar mi vida de acuerdo a mi sabiduría interior. Opto ahora por actuar según me guíe mi espíritu. Escojo la felicidad con el fin de vivir mi vida a plenitud.

362

Valora cada momento

Cada momento del día es un don precioso. En el interior de todas las circunstancias, sin importar las apariencias, puedes encontrar la hermosa luz del amor divino brillando con resplandor. Permite que este resplandor te brinde hoy su calidez.

Tu ternura tiene un efecto sanador en todos a tu alrededor. Los demás pueden no entender por qué se sienten tan bien en tu compañía, pero aun así se sienten atraídos hacia ti, se sienten atraídos hacia tu luz, la cual les recuerda su hogar celestial.

Aprecia cada momento de tu día, incluso si algunos de ellos parecen ordinarios o dolorosos. Cuando amas tu momento, extraes la máxima cantidad de alegría de tu vida, pues la felicidad solo puede ser apreciada en el presente.

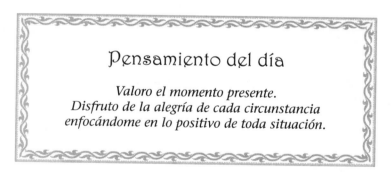

Pensamiento del día

Valoro el momento presente.
Disfruto de la alegría de cada circunstancia
enfocándome en lo positivo de toda situación.

Revisa tu año

Tus ángeles deseamos hoy revisar contigo el año pasado. ¿Qué es lo primero que te viene a la mente cuando piensas en esto? ¿Qué aprendiste? ¿Cuáles son algunos de tus recuerdos favoritos? ¿Qué te gustaría cambiar y experimentar el año que viene?

Podemos ayudarte a prepararte para el futuro mirando con honestidad el pasado. Toda situación te ofrece oportunidades de aprendizaje y crecimiento, algunas veces los momentos más dolorosos te inspiran los cambios y las mejoras más dramáticos en tu vida.

No te arrepientas de nada de lo ocurrido en los meses pasados. Todo momento fue una obra maestra, puesto que has vivido como un hijo magnífico de Dios. Usa tus recuerdos como catalizadores para preparate y lanzarte en un futuro todavía más fascinante.

Tus ángeles estamos contigo durante cada día del año, listos para ayudarte cuando así lo solicites.

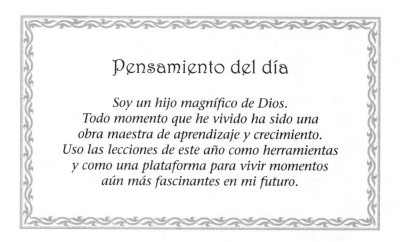

Pensamiento del día

Soy un hijo magnífico de Dios.
Todo momento que he vivido ha sido una
obra maestra de aprendizaje y crecimiento.
Uso las lecciones de este año como herramientas
y como una plataforma para vivir momentos
aún más fascinantes en mi futuro.

364

Afirma el Año Nuevo

¿Qué te gustaría vivir el año que viene? ¿Qué te gustaría cambiar? Si supieras que todo es posible y que todo está disponible para ti, ¿qué pedirías?

Ahora es el momento de invertir toda tu energía en los meses venideros afirmando lo que deseas. Como te hemos enfatizado, todo lo que deseas se manifiesta a través de las palabras que expresas, piensas y escribes.

Hoy, reúne una lista mental o escrita de tus sueños para el año próximo. Convierte toda meta en una afirmación, expresando con firmeza que tu deseo ya se ha realizado. Agradece al universo por la manifestación de estos deseos, expresando gratitud porque las respuestas a tus oraciones han excedido tus expectativas.

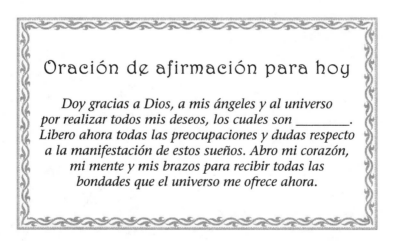

Oración de afirmación para hoy

Doy gracias a Dios, a mis ángeles y al universo por realizar todos mis deseos, los cuales son _____. Libero ahora todas las preocupaciones y dudas respecto a la manifestación de estos sueños. Abro mi corazón, mi mente y mis brazos para recibir todas las bondades que el universo me ofrece ahora.

El amor es la clave de todo

En todo lo que haces, el amor es la clave. Tu corazón es el portal a través del cual fluye la energía divina hacia ti, ábrelo entonces y permítete sentir. Cuando lo haces, es como un inmenso camión de gasolina que lleva combustible a un vehículo. Un corazón receptivo experimenta la vida a un nivel más rico y profundo, advirtiendo los detalles sutiles de cada situación.

Pídenos que te ayudemos a abrirte aún más hoy. Ahora que te encuentras al filo de un nuevo año, toma este don contigo al cruzar este umbral.

De todas las resoluciones posibles para el Año Nuevo, la más grandiosa de todas es: amar más y con mayor intensidad, y sentir y experimentar el cariño en todas sus formas.

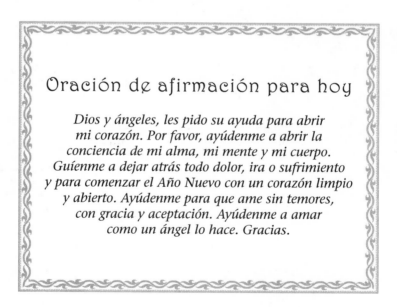

Oración de afirmación para hoy

Dios y ángeles, les pido su ayuda para abrir mi corazón. Por favor, ayúdenme a abrir la conciencia de mi alma, mi mente y mi cuerpo. Guíenme a dejar atrás todo dolor, ira o sufrimiento y para comenzar el Año Nuevo con un corazón limpio y abierto. Ayúdenme para que ame sin temores, con gracia y aceptación. Ayúdenme a amar como un ángel lo hace. Gracias.

ACERCA DE LA AUTORA

La doctora **Doreen Virtue** pertenece a la cuarta generación de metafísicos en su familia. Es autora del libro y las cartas oráculas *Sánese con los ángeles*; de *Archangels & Ascended Masters (Arcángeles y maestros ascendidos)* y *Angel Therapy (Terapia angélica)*, entre otras obras. Sus productos están disponibles en muchos idiomas alrededor del mundo.

Ha sido clarividente durante toda su vida y ha trabajado con los reinos de los ángeles, los arcángeles, los elementales y los maestros ascendidos. Doreen posee varios doctorados, maestrías y licenciaturas en psicoterapia, y fue directora de departamentos psiquiátricos para pacientes internos y ambulatorios en varios hospitales.

Doreen se ha presentado en los programas de CNN, *The View* y en otros especiales para radio y televisión. Para mayor información sobre Doreen y los talleres que realiza alrededor del mundo, para subscribirse a la revista electrónica gratis de mensajes angelicales, visitar su foro de mensajes en el internet, o para enviar sus historias sobre sanaciones con los ángeles, por favor vaya a **www.AngelTherapy.com**.

Puede escuchar su programa semanal de radio en vivo, y llamar para una sesión, visitando **HayHouseRadio.com**®.

NOTAS

NOTAS

NOTAS

NOTAS

NOTAS

NOTAS

Esperamos que haya disfrutado este libro de Hay House.
Si desea recibir nuestro catálogo en línea donde ofrecemos
información adicional sobre los libros y productos de
Hay House, o si desea obtener mayor información sobre
Hay Foundation, por favor, contacte:

Hay House, Inc.
P.O. Box 5100
Carlsbad, CA 92018-5100

(760) 431-7695 ó (800) 654-5126
(760) 431-6948 (fax) ó (800) 650-5115 (fax)
www.hayhouse.com®

Visite **www.HealYourLife.com**® para centrarse,
recargarse y reconectarse con su propia magnificencia.
En esta página se destacan boletines electrónicos, noticias
sobre la conexión entre la mente, el cuerpo y el espíritu
y la sabiduría transformadora de Louise Hay y sus amigos.

¡Visite **www.HealYourLife.com** hoy mismo